认知人力资本、
非认知人力资本与地区经济增长

张懿 著

中国金融出版社

责任编辑：黄海清
责任校对：孙　蕊
责任印制：陈晓川

图书在版编目（CIP）数据

认知人力资本、非认知人力资本与地区经济增长/张懿著．—北京：中国金融出版社，2023.9
ISBN 978－7－5220－2130－0

Ⅰ.①认…　Ⅱ.①张…　Ⅲ.①人力资本—关系—区域经济发—研究—中国　Ⅳ.①F249.21②F127

中国国家版本馆 CIP 数据核字（2023）第 147027 号

认知人力资本、非认知人力资本与地区经济增长
RENZHI RENLI ZIBEN，FEIRENZHI RENLI ZIBEN YU DIQU JINGJI ZENGZHANG

出版发行　中国金融出版社
社址　北京市丰台区益泽路 2 号
市场开发部　（010）66024766，63805472，63439533（传真）
网上书店　www.cfph.cn
（010）66024766，63372837（传真）
读者服务部　（010）66070833，62568380
邮编　100071
经销　新华书店
印刷　北京九州迅驰传媒文化有限公司
尺寸　169 毫米×239 毫米
印张　13.75
字数　196 千
版次　2023 年 9 月第 1 版
印次　2023 年 9 月第 1 次印刷
定价　60.00 元
ISBN 978－7－5220－2130－0

总　　序

我们有幸正在目睹并亲历一场革命——库恩所说的经济学“范式革命”。

托马斯·库恩（Thomas S. Kuhn，1922—1996）在《科学革命的结构》中将科学理论的发展归纳为“常规状态”（Normal Science）、“反常”（Anomaly）、“危机”（Crisis）与“科学革命”（Scientific Revolutions）四个阶段，而“范式转换”（Paradigm Change）则是科学革命的关键标志。库恩所谓的“范式”（Paradigm），是指“某个科学共同体在一段时期内公认为是进一步实践的基础，它们包括定理、理论、应用和仪器在一起——为特定的连贯的科学研究提供模型”。① 库恩阐释说，当科学理论处于“常规状态”时，某科学共同体内部成员已就解释该领域的现象达成一致共识和信念，除了在教科书中，他们无须为每一个基本概念进行辩护，从而可以把自己的注意力集中在那些相对细致、相对深奥的问题上；② 随着科学理论的进一步发展，人们发现有些现象无论怎么努力都无法纳入原有范式，这时科学理论就进入所谓的“反常”阶段；③ 随着反常现象不断积累，当科学家们意识到如果没有大规模的范式破坏就无以改变这种处境时，科学理论就进入“危机”阶段；④ 库恩把“危机”看作新理论出现的前提，

---

① 托马斯·库恩. 科学革命的结构（第四版）［M］. 金吾伦，胡新和，译. 北京：北京大学出版社，2012：8.

② 同注①，第16～20页。

③ 同注①，第44～55页。

④ 同注①，第56～65页。

因为“一个科学理论，一旦达到范式的地步，要宣布它无效，就必须有另一个合适的候选者取代它的地位才行”；对整个科学共同体来说，科学家拒斥先前已经接受的理论范式，总是同时伴随着是否准备接受另一个理论范式的决策，只有经历了“危机”的炼狱，科学理论才会为自己的重生迎来“革命”。①“革命”一词通常被用于政治领域，库恩认为，当它被用于科学领域时，二者存在非常大的相似性：“政治革命通常是由政治共同体中某些人逐渐感到现存制度已无法有效应付当时环境中的问题而引发的”，同样，“科学革命也起源于科学共同体中某一部分人逐渐感觉到他们无法利用现有范式有效地探究自然界的某一方面”，因此“在政治发展和科学发展中，那种能导致危机的机能失灵的感觉都是造成革命的先决条件”。②

整个20世纪前半叶，当代主流经济学在马歇尔新古典经济学的基础上取得一系列辉煌胜利。经济学逐步形成一个公理化的“理性经济人假设”体系，并以此基点为包括个人、企业、政府在内的经济主体建立起相对稳定的偏好排序，进而根据“显示偏好”理论推导出的效用函数计算每个经济主体的最优效用，从而为各种经济行为提供分析与决策的依据。这就是主流经济学构建的“理论范式”，其逻辑之严密、形式之精致堪与物理学媲美，被誉为“社会科学皇冠上的明珠”。但正如库恩指出的，人类思想史业已表明，任何科学理论在发展过程中都会被解释力更强、解释范围更广的理论体系所超越，它是人类认知水平不断深化的体现。过去100年，这种超越在物理学中起码出现过三次，即相对论对经典力学的超越，量子力学对相对论的超越，以及目前仍在探索中的弦理论对量子力学的超越。当然，这种超越不是一般意义上逻辑演绎过程的超越，它首先体现在对旧理论、旧范式的逻辑前提即它的基本假设的质疑和超越上。

当代主流经济学的“研究范式”事实上是一个仿照自然科学的建构模

① 托马斯·库恩．科学革命的结构（第四版）［M］．金吾伦，胡新和，译．北京：北京大学出版社，2012：67－68.

② 同注①，第79页。

式、建立在“理性经济人假设”公理体系基础上的逻辑演绎系统，它以全称命题的形式包含两个极强的预设：第一，人的行为是“理性”的。第二，人的行为是“自利”的。但20世纪60年代以后，随着行为经济学与实验经济学的崛起与发展，“理性经济人假设”面临着日益严峻的挑战。行为经济学家通过严格控制条件下可重复、可预测的行为实验发现了大量无法被主流经济学“研究范式”解释的“异象”（Anomalies），也就是库恩所说的“反常”现象。这些“异象”主要包括：第一，人们的行为显著违背了“理性经济人假设”中一致性公理的要求，如人们行为决策过程中存在着系统性的偏好逆转、损失厌恶、后悔厌恶、框架效应、禀赋效应、锚定效应、羊群效应、时间偏好不一致性等。第二，人们的行为显著违背了“理性经济人假设”中自利原则的要求，如人们在囚徒困境和公共品博弈中的合作行为、在最后通牒博弈中的拒绝行为、在独裁者博弈中的给予行为、在公地悲剧博弈中的自组织行为、在信任博弈中的信任和可信任行为、在礼物交换博弈中的馈赠和报答行为、在第三方制裁博弈中的利他惩罚行为，等等。根据这些在可控制、可重复、可预测的行为实验中观察到的系统性偏差，行为经济学家认为，人的行为不仅具有“理性”和“自利”的一面，也包含“非理性”和“非自利”的成分。在这个对人的行为描述更加全面的“理论范式”中，主流经济学的“理性经济人假设”只是一个特例。

面对行为经济学的挑战，主流经济学家在相当长的时间内表现得不屑一顾。他们的反驳主要基于两条理由：首先，那些通过行为实验发现的非理性、非自利行为只是一些“噪声”，或者是一些偶然发生的决策错误，在更大的样本观察中，它们会以“随机项”的形式互相抵消，从而不会改变“理性经济人假设”模型的基本判断。其次，从人的行为到心理状态至多是一种推测，并不构成对“理性经济人假设”的证伪。例如，当一个人不惜自己承担成本去惩罚团队中的搭便车者时，人们既可以把它归因为“利他惩罚”，也可以把它归因为嫉妒或报复；当一个人进行慈善捐赠时，人们既可以把它归因为某种“利他主义”行为，也可以把它归因为一种对声誉效应或广告效应的追求。因此，对行为作出的心理推测只是一种主观臆断，不能作为科学研究的依据。正如萨缪尔森当年曾经断言："效用或偏好作为一种主观心理状态是观察不到的，经济学家所能看到的只有人们的行为，因此经济学家只关注人的行为。"①

但随着科学技术的不断进步，萨缪尔森的担忧今天已不复存在。20世纪末和21世纪初，脑科学领域取得一个重大突破，即无创的活体大脑观察技术。神经科学家现在已经可以深入包括人在内的生物的大脑内部，观察和研究大脑在思维、认知和决策过程中所表现出来的基本状态和特征。神经经济学（Neuroeconomics）就是在这样的背景下诞生的，它为行为经济学家提供了一种全新的技术工具，可以用来回应主流经济学家的上述反驳。2004年，苏黎世大学行为经济学家恩斯特·费尔（Ernst Fehr）及其团队进行了一场著名的神经实验，揭示出利他惩罚是由人类大脑中自我奖赏系统所驱动的。这一研究表明，利他惩罚行为无须外部利益驱动，惩罚者可以从行为本身获得自我激励。这一研究成果以封面文章的形式发表于2004年8月的《科学》杂志。②2006年，美国认知神经科学家乔治·摩尔（Jorge Moll）带领团队对慈善捐赠作了深入研究，结果发现在完全匿名条件下进行捐赠的被试者所激活的也是人类大脑中的自我奖赏系统，而在考虑声誉效应或广告效应条件下捐赠的被试者所激活的则是负责理性计算的前额叶皮层，从而严格区分出人类利他行为和自利行为的不同神经基础。该文发表在2006年10月出版的《美国科学院院报》上。③ 最近10多年来，行为经济学家通过神经实验已经清晰定位了人类绝大多数非理性和非自利行为的脑区并阐明了它们的神经机制，其中包括浙江财经大学经济行

① Samuelson P. Foundations of Economic Analysis [M]. Cambridge: Harvard University Press, 1947: 24 - 32.

② Quervain J F D, Fischbacher U, Treyer V, et al. The neural basis of altruistic punishment [J]. Science, 2004, 305 (5688): 1254 - 1258.

③ Moll J, Krueger F, Zahn R, et al. Human front - mesolimbic networks guide decisions about charitable donation [J]. Proceedings of the National Academy of Sciences of the United States of America, 2006, 103 (42): 15623 - 15628.

为与决策研究中心（CEBD）团队对风险偏好[①]、损失厌恶[②]、道德困境[③]、信任和利他行为[④]所作的一系列神经实验研究，从而将行为经济学对“理性经济人假设”的批判，从一个单纯的“行为—心理”层面推向更微观、更具实证性的“大脑—神经元”层面，为人们科学地认识人类的经济行为与经济决策提供了坚实的基础。这些研究表明，行为经济学家发现的人的非理性、非自利行为并非只是一种随机扰动的“噪声”或偶然发生的“错误决策”，它们实际上是一种本体论意义上的、有着深刻的心理和生理基础的系统性行为模式。

面对新的挑战，主流经济学家不得不采取以守为攻的策略，把进化论作为反驳行为经济学家的最后一道防线。他们质疑人类的非理性和非自利行为何以能通过自然选择而留存下来，因为非理性和非自利行为往往会降低行为主体在演化过程中的“适应度”（fitness），从而被严酷的生存竞争所淘汰。他们认为，一种不能在进化过程中取得稳定存在的生物性状，是否有资格作为论证的武器来证伪“理性经济人假设”？正如英国著名演化生物学家理查德·道金斯（Richard Dawkins）在《自私的基因》一书中所说，“成功的基因有一个最突出的特性，就是它无情的自私性。这种基因的自私性常常会导致个体的自私性”，“如果你认真地研究了自然选择的方式，你就会得出结论，凡是经过自然选择进化而产生的任何东西，都应该是自私的”。[⑤]这样的观点与主流经济学家的思想如出一辙。比如张五常在

---

① Ye H , Chen S , Huang D , et al. . Modulating activity in the prefrontal cortex changes decision – making for risky gains and losses: A transcranial direct current stimulation study [J]. Behavioural Brain Research, 2015 (286): 17 –21.

② Ye H, Chen S , Huang D , et al. . Transcranial direct current stimulation over prefrontal cortex diminishes degree of risk aversion [J]. Neuroscience Letters, 2015 (598): 18 –22.

③ Hang Y , Shu C , Daqiang H , et al. . Modulation of neural activity in the temporoparietal junction with transcranial direct current stimulation changes the role of beliefs in moral judgment [J]. Frontiers in Human Neuroscience, 2015 (9).

④ Haoli Z , Daqiang H , Shu C , et al. . Modulating the activity of ventromedial prefrontal cortex by anodal tDCS enhances the trustee' s repayment through altruism [J]. Frontiers in Psychology, 2016 (7).

⑤ Dawkins R. The Selfish Gene [M]. New York City: Oxford University Press, 1976: 3 –5.

《经济解释》一书中说："经济学的基础假设是：每个人的行为都是自私自利的。那就是说，每个人都会为自己争取最大的利益，无论是勤奋、休息、欺骗、捐钱……都是以自私为出发点。"①

面对这种质疑和反驳，行为经济学家不得不为他们发现的非理性和非自利行为寻找演化论的依据。但他们碰到的一个重大困难是如何为演化过程建模。因为演化的一个重要特性是"随机性"，包括行为主体内部的随机变异和来自外部环境的随机扰动。在复杂系统中，演化过程的随机性虽然会导致某种确定性的"秩序涌现"，但对这类复杂系统的"涌现"现象，一般无法在数学上给出解析性的描述。20世纪末，经济学引入计算机仿真模拟技术来研究这类复杂系统，并由此诞生了一门新兴的学科——计算经济学（Computational Economics）。21世纪初，行为经济学家开始运用仿真实验研究经济行为的演化问题，并取得许多重大发现。② 例如，2001年，罗伯特·艾克塞罗德（Robert Axelrod）及其团队开创性地通过计算机仿真模拟揭示了囚徒困境博弈中的合作机制。③ 2004年，美国桑塔费学派经济学家萨缪·鲍尔斯（Samuel Bowles）和赫伯特·金迪斯（Herbert Gintis）通过计算机仿真模拟研究了人类强互惠行为演化均衡的实现。④ 2007年，哈佛大学演化动力学家马丁·诺瓦克（Martin A. Nowak）及其团队通过基于个体行为建模（Agent - based Model）的计算机仿真模拟发现了合作行为及利他惩罚演化均衡的内在机理。⑤ 2015年，我国台湾政治大学计算经济学家陈树衡（Chen S. H.）通过社会网络建模（Social Network - based Model）的计算机仿真模拟研究了人类信任行为和可信任行为演化均

① 张五常．经济解释［M］．香港：花千树出版社，2001：23.

② 叶航．公共合作中的社会困境与社会正义——基于计算机仿真的经济学跨学科研究［J］．经济研究，2012（8）.

③ Riolo R L, Cohen, Michael D, Axelrod, Robert. Evolution of cooperation without reciprocity［J］. Nature, 2001, 414（6862）: 441 - 443.

④ Bowles S, Herbert Gintis. The evolution of strong reciprocity: cooperation in heterogeneous populations［J］. Theoretical Population Biology, 2004, 65（1）: 17 - 28.

⑤ Hauert C, Traulsen A, Brandt H, et al.. Via freedom to coercion: The emergence of costly punishment［J］. Science, 2007, 316（5833）: 1905 - 1907.

衡的机制①。浙江财经大学经济行为与决策研究中心团队通过个体行为建模和社会网络建模的计算机仿真实验对公共品博弈②、二阶社会困境③、囚徒困境空间博弈中人类合作行为演化均衡④等方面进行了研究。这些研究对我们理解人类的非理性和非自利行为给出了演化论解释，有力地支持了行为经济学对主流经济学“理性经济人假设”的批判。这些研究表明，人类大脑和心智中的“偏好”是“演化”过程中自然选择内化的结果；从“行为”到“偏好”，从“偏好”到“演化”，是行为经济学对主流经济学研究范式进行批评、置疑和超越过程中一个完整的“证据链”；离开中间的任何一个环节，由行为经济学家所主导的经济学“范式革命”都将是不完备的。

库恩曾经指出，一个科学理论的“研究范式”，不仅包含了它的基础假设、基本定律、基本命题及相关的应用分析模式，也包含了它在研究过程中所使用的特定的研究方法，即它的研究手段和技术工具。⑤ 从某种意义上说，正是科学技术发展所导致的新的研究手段和技术工具的出现，才使我们得以发现旧范式无法解释的“异常现象”。在物理学和天文学中，许多“异常现象”的发现都依赖电子显微镜、天文望远镜和粒子加速器技术的突破。因此，从行为实验到神经实验，从神经实验到仿真实验的发展，本身就是行为经济学“范式革命”逐步取得成功的重要标志，它们是行为经济学家的“电子显微镜”、“天文望远镜”和“粒子加速器”。作为行为经济学特有的研究方法和技术工具，行为实验对应着行为经济学家对

---

① Chen, S. H., Chie, B. T., Zhang, T. Network - based trust games: An agent - based model [J]. Journal of Artificial Societies and Social Simulation, 2015, 18 (3): 5.

② Ye H, Tan F, Ding M, et al.. Sympathy and Punishment: Evolution of Cooperation in Public Goods Game [J]. Journal of Artificial Societies and Social Simulation, 2011, 14 (14): 20.

③ Ye H, Chen S, Luo J, et al.. Increasing returns to scale: The solution to the second - order social dilemma [J]. Scientific Reports, 2016, 6 (1): 31927.

④ Li Y, Ye, Hang. Effect of the migration mechanism based on risk preference on the evolution of cooperation [J]. Applied Mathematics and Computation, 2018 (320): 621 - 632.

⑤ 托马斯·库恩. 科学革命的结构（第四版）[M]. 金吾伦，胡新和，译. 北京：北京大学出版社，2012：8.

行为范式的探索研究，神经实验对应着行为经济学家对偏好范式的探索研究，仿真实验对应着行为经济学家对演化范式的探索研究；在此基础上，它们共同构筑起整个行为经济学理论大厦，为经济学的“范式革命”提供创新的元素和质料。21 世纪以来，作为行为经济学三大研究方法和技术工具的行为实验、神经实验和仿真实验本身，也在不断地深化和发展。比如，为了解决实验室实验（Laboratory Experiment）的外部有效性问题，行为实验发展出了田野实验（Field Experiment）的分析技术；为了解决脑成像（Brain Imaging）的因果推断问题，神经实验发展出了脑刺激（Brain Stimulation）的分析技术；为了解决个体行为建模的社会关联问题，仿真实验发展出了社会网络建模的分析技术。因此，目前行为经济学的研究方法和技术工具事实上包含以行为实验、神经实验、仿真实验为代表的“三大领域”，以及以实验室实验、田野实验、脑成像、脑刺激、个体行为建模、社会网络建模为代表的“六个方向”，它们对行为经济学整个学科体系的研究范式起着极为重要的支撑作用，如下图所示。

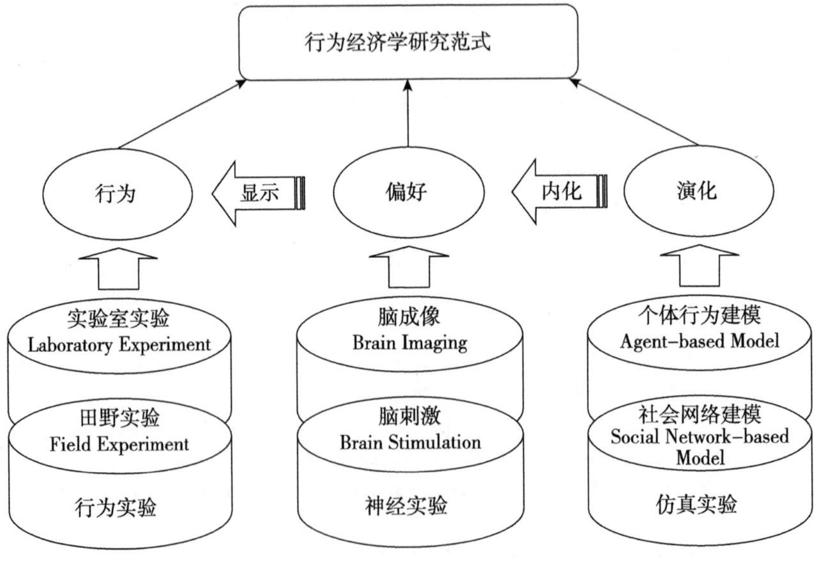

行为经济学研究方法与研究范式的关系

浙江财经大学经济行为与决策研究中心（Center for Economic Behavior and Decision – making，CEBD）目前是国内唯一在行为经济学研究方法“三大领域”和“六个方向”上都具备研究能力并同时开展研究的科研机构。CEBD 的前身是浙江大学跨学科社会科学研究中心（Interdisciplinary Center for Social Sciences，ICSS）。2003 年，我与汪丁丁教授、罗卫东教授一起创建了 ICSS，把通过科学实验手段探索和推动经济学基础理论与研究方法的创新作为一个主要突破方向。近 20 年来，该团队培养了 40 多名既经过主流经济理论严格训练，又具有批判精神和跨学科视野的优秀博士和博士后。他们在《经济研究》《管理世界》《世界经济》《经济学季刊》《心理学报》等国内重要期刊发表相关论文 60 余篇，在 *Scientific Reports*、*Frontiers in Psychology*、*Journal of Artificial Societies and Social Simulation*、*Behavioural Brain Research*、*Theory and Decision*、*Macroeconomic Dynamics*、*Journal of Economic Dynamics & Control*、*Economics Letters*、*Economics Bulletin* 等国际知名 SSCI 和 SCI 期刊发表相关论文 40 余篇；出版相关专著和译著 20 余部，主持或参加了包括国家社会科学重大项目、重点项目和一般项目，国家自然科学面上项目和青年项目，教育部后期资助重大项目、一般项目和青年项目在内的各类研究课题 50 余项；获得教育部人文社科优秀成果奖、中国大学出版社图书奖、省市哲学社会科学优秀成果奖等各类学术奖励 20 余项。2006 年以来，我开始对招收的硕士研究生和博士研究生实行定向分类的指导与培养，分别侧重于实验室实验、田野实验、脑成像实验、脑刺激实验以及基于个体行为建模和社会网络建模的计算机仿真实验，逐步在行为经济学研究方法的“三大领域”和“六个方向”上实现了全覆盖。

2015 年，由于许多优秀博士生面临毕业分配问题，我无力将他们全部留在浙江大学，于是在浙江省特级专家王俊豪老校长的大力支持下，浙江财经大学整体引进了我们团队。2016 年，CEBD 正式成立。2017 年，CEBD 获批浙江省哲学社会科学 A 类重点研究基地，由我出任基地学术委员会主席兼首席专家，浙江财经大学党委副书记、理论经济学学科带头人卢新波教授出任基地主任，我的学生罗俊副教授和姜树广博士任基地副主任。2019年4月，首届中国行为与实验经济学论坛在浙江财经大学成功举办。该论坛由《经济研究》编辑部、中国人民大学经济学院、清华大学经济管理学院、南开大学商学院、暨南大学经济学院、上海财经大学经济学院、浙江财经大学经济行为与决策研究中心和南京审计大学泽尔滕经济学实验室共同发起，来自剑桥大学、加州大学圣地亚哥分校、新加坡南洋理工大学、诺丁汉大学等海外知名大学，以及清华大学、北京大学、浙江大学、中国人民大学、复旦大学、上海交通大学、北京师范大学、南开大学、武汉大学、山东大学、厦门大学、上海财经大学、中山大学、暨南大学、华东师范大学、上海外国语大学等国内顶级大学的260余位专家学者分别围绕个体行为决策、行为博弈、市场设计、田野实验、行为金融、神经经济学等主题，展开了热烈的学术交流和讨论。在大会主会场上，我以论坛首任主席的身份作了“理论建构：行为经济学的使命”的主旨报告，系统梳理了行为经济学过去的发展历程、目前的发展困境及未来的发展方向。我在报告中指出，行为经济学基于对传统的经济学“理性假设”和“自利假设”的挑战，发展了行为实验、神经实验和仿真实验等新的研究方法，但仍面临缺乏简洁的逻辑起点和一致的逻辑解释等主要困境。我认为，要最终完成经济学的范式革命，行为经济学应该将行为人假设、行为博弈假设、演化均衡假设纳入公理体系，利用量子概率论的叠加原理把理性与非理性、自利与非自利等对立的行为融进一个分析系统，构建一个新的经济学逻辑框架。量子概率论与经典概率论的区别在于，它以波的形式描述两种（或 n 种）不同概率事件相互纠缠的叠加状态，从而在经典概率论的全概率公式之外引入一个叠加项；由于叠加项可以大于零或小于零，因此量子概率的计算结果会与经典概率产生偏移，而这种偏移却可以在很大程度上解释经典概率论无法解释的异象。如果叠加项取值为零，量子概率则蜕化为经典概率。因此，经典概率论只是量子概率论的一个特例。这一特性表明，建立在量子概率论基础上的经济学新范式将把传统的主流经济学作为一个特例包含在内，其关系就如爱因斯坦的相对论与牛顿的经典力学一样，从而使这一新的理论范式既能解释传统经济学可以解释的现象，也能解释传统经济学无法解释的异象。

CEBD 的宗旨是“秉持批判精神与跨学科视野，致力于通过科学实验手段（包括行为实验、神经实验和仿真实验）探索经济学基础理论与研究方法的创新，推动经济学研究范式的革命”。目前，CEBD 拥有全职研究人员22 名，海外和国内知名大学的特聘或兼职研究人员 8 名，全职博士后研究员6 名，全日制脱产攻读学位的硕士、博士研究生12 名。中心拥有一个占地250 平方米和 45 个封闭隔间的神经与行为经济学实验室（Neuro & Behavior EconLab），以及包括研究生和博士后工作室、电子阅览室、讨论室、会议室在内的研究空间600 余平方米。中心配备了功能性近红外脑成像仪（fNIRS）2 台、64 通道 EEG 相关电位脑记录仪 3 台、VR 虚拟现实与生物反馈系统 2 台（套）、多导生理记录仪 2 台（套）、桌面眼动仪 3 台、经颅直流电刺激仪（tDCS）10 台（套），以及用于计算机仿真的大型服务器和数据存储设备等行为科学、心理科学、认知科学、神经科学和计算机科学的基础研究设备。

出版“行为经济学研究方法和实例丛书”是 CEBD 的一项重要学术任务。丛书编辑的宗旨是“通过丰富、具体的研究实例，向读者全面介绍以行为实验、神经实验和仿真实验三大领域，以及实验室实验、田野实验、脑成像实验、脑刺激实验、个体行为建模仿真实验、社会网络建模仿真实验六个方向为代表的行为经济学前沿研究方法，从而探索和推动经济学基础理论的创新与经济学研究范式的革命。”该套丛书精选了 CEBD 8 位优秀博士生的博士学位论文，并经过作者全面和认真的修订，丛书首成。丛书研究的具体内容涉及互惠、利他、公平、信任、合作、风险偏好、损失厌恶、禀赋效应、身份标签、群体偏向、器官捐献和宗教信仰等行为经济学的基本议题。通过阅读和学习，我们希望有志于行为经济学研究的读者能够全面了解并掌握行为经济学的前沿研究方法，能够独立或以团队形式完成相关的行为经济学研究。为了达成这一目的，我们在每本书的附录中尽可能详尽地向读者提供有关的实验设计、实验步骤、实验材料和实验的原始数据，以及相关的Z－tree、MatLab和NetLogo等实验程序编写的源代码。我们希望该丛书能够成为一套指导行为经济学研究的实验指南和实验手册，从而推动我国行为与实验经济学的发展。

叶航
于杭州下沙高教园区丽泽苑
2019年10月

自　序

在这个充斥着很多不确定性的时代，那些可能深刻重塑生活方式和行为模式的事件，无论在哪个领域，总是以令人猝不及防的姿态倏然袭来：极端天气、流行疫病、地缘冲突、科技革命……于我而言，还有博士生涯的悄然结束。尽管从收到录取通知书到站在大学的讲台上已经过去了整整七年，但坦白讲，对于这段跌宕起伏的人生旅程中不经意间改变命运轨迹的各种突发性偶然，我几乎从未真正做好迎接它们的准备。然而，我至少可以从两个方面获得些许宽慰：一是心理学和行为经济学的研究表明，由特定时间点上掌握相关信息的有限性造成的客观无知使人类永远无法对未来作出完美预测并谋划应对之策。因此，在不确定性压力下的挣扎、迷茫和混沌感，实际上源自人类固有的认知缺陷。二是我从未感到孤单。不计其数的人或指点迷津，或带来启迪，或提醒鞭策，或给予鼓励，助我在这条应对这些不确定性的成长之路上披荆斩棘、乘风破浪。

中国开放型经济进入新的发展阶段，从全球范围内配置创新资源，吸引、集聚全球创新人才，不断提升本国或本地区人力资本质量，优化人力资本结构，推动产业结构优化升级，努力寻找经济增长新动力已经成为我国当前重要战略任务。中国产业结构优化升级和经济高质量发展需要高质量的人力资本提供智力支撑，如何加快实现从传统数量型“人口红利”向质量型“人才红利”转变是我国当前迫切需要研究的理论和政策问题。

党的十九大报告指出，中国特色社会主义进入新时代，中国经济已由高速增长阶段转向高质量发展阶段，经济高质量发展需要加快实现从要素驱动、投资驱动向创新驱动的转变，而创新驱动实质上是人才驱动。国家对拥有专业技能人才的需求正在急剧增长，人才日益成为我国创新驱动发展、企业转型升级的核心竞争力。近年来，有关非认知技能的研究已经成为教育和经济领域研究的热点①。一个国家或地区人力资本质量的高低既取决认知人力资本的培养，也取决于非认知人力资本的积累。对不同类型人力资本进行投资不仅能提高劳动者的生产率和收入水平，而且对社会的公平稳定与福利方面都会产生积极而深刻的影响。

事实上，人力资本具有明显的异质性，教育水平并不能反映出劳动者具备的创造力、想象力、领导力和团队协作能力的高低，而这些能力却代表了一个国家的“软实力”，对一国经济的可持续发展起到至关重要的作用。新人力资本理论认为，能力才是人力资本概念的核心，人力资本内涵不仅强调认知能力的生产技能，还要关注非认知能力的非生产技能②。认知人力资本与非认知人力资本在技能上存在差异，进而决定了不同类型人力资本对技术创新和技术模仿所带来的经济效应也存在差异。随着新人力资本理论的发展，一些学者认为，只考虑一种类型的人力资本已经在某种程度上扭曲了人力资本的形成过程，会造成人力资本效应的有偏估计③。

本书基于新人力资本理论发展，将认知人力资本和非认知人力资本纳入一般均衡模型，构建了开放经济条件下人力资本质量指数模型，并进一步探讨认知人力资本、非认知人力资本与地区经济增长之间的关系。本书第 1 章是绪论；第 2 章回顾了人力资本与经济增长理论相关文献；第 3—4 章是理论模型的构建；第 5 章测算了中国不同省份人力资本质量指数；第

① 周金燕．非认知技能的概念及测量进展［J］．全球教育展望，2020，49（5）：53－66.

② Heckman, J. J., and Y. Rubinstein. The Importance of Noncognitive Skills: Lessons from the GED Testing Program［J］. American Economic Review, 2001, 91（2）: 145－149. Heckman, J. J., J. Stixrud, and S. Urzua. The Effects of Cognitive and Noncognitive Abilities on Labor Market Outcomes and Social Behavior［R］. NBER Working Paper, 2006: 411－482. Heckman, J. J., and Kautz, T. Hard evidence on soft skills［J］. Labor Economics, 2012, 19（4）: 451－464.

③ 李晓曼，曾湘泉．新人力资本理论——基于能力的人力资本理论研究动态［J］．经济学动态，2012（11）：120－126. 王麒麟．技能形成、人力资本与经济增长［J］．劳动经济评论，2015，8（1）：54－71.

6—7 章是实证研究；第 8 章是本书总结，以及进一步研究展望。本书研究为建立科学的人才分类评价机制，加快我国企业和地区人力资本结构优化，减少人力资本错配，提高人力资本质量提供了科学依据。

本书为浙江省哲学社会科学重点研究基地“浙江财经大学经济行为与决策”研究成果，它是“行为经济学研究方法与实例丛书”中的一本，这套丛书由叶航教授策划。感谢浙江财经大学经济学院国际贸易学科对本书出版给予的资助。

张懿

2023 年 6 月

目　录

图目录

表目录

1 绪 论

1.1 研究背景与意义

1.1.1 研究背景

党的十九大报告提出，中国特色社会主义进入新时代，我国经济已由高速增长阶段转向高质量发展阶段。从高速增长阶段向高质量发展阶段转变是对资源、资本、技术和劳动力等生产要素进行重新配置和重大调整的动态过程，是把生产要素从生产率水平低的部门向生产率水平高的部门转移的动态过程。随着经济全球化程度不断加深，我国开放型经济也进入新的发展阶段，物质资本、人力资本、技术等生产要素的跨国流动规模不断扩大，使世界范围内的要素禀赋、贸易结构、产业结构和经济增长率也在发生重大变化。因此，我国生产要素的配置和调整不仅要基于国内经济发展状况，同时还要考虑全球范围的要素资源配置。

长期以来，中国地区经济增长存在不平衡的问题。全要素生产率是促进经济增长的重要源泉，国内外学者通过对不同国家和地区的数据进行分析，发现经济增长的长期动力是全要素生产率的提高，而不是生产要素的积累（Hall 和 Jones，1999；蔡昉，2013）。如何提高全要素生产率，实现经济可持续发展，进而摆脱“中等收入陷阱”的困扰，平稳跨入高收入阶段是我国当前面临的重要议题。全要素生产率的提高源于技术进步和要素优化配置，新古典增长理论将技术进步视为全要素生产率的代名词，通过加大研发投入、提高科技水平促进经济发展。世界银行将全要素生产率进一步分解为资源重新配置效率和索洛残差，说明资源优化配置和技术进步都能促进全要素生产率的增长。

习近平总书记指出："发展是第一要务，人才是第一资源，创新是第一动力"。随着中国开放型经济进入新的发展阶段，高质量的经济发展要求我们不断提升人力资本质量，优化人力资本结构，吸收全球创新资源，推动全要素生产率增长，实现经济可持续发展。人力资本是提高生产率和实现经济长期可持续增长的主要动力源泉之一，人力资本具有明显的异质性，人力资本质量和人力资本结构差异是国家之间、地区之间和企业之间生产率存在差异的重要影响因素。蔡昉（2013、2017）认为，中国经济增长所表现出的全要素生产率提高，其主要原因是劳动力从农业部门转移到非农业部门的资源重新配置。随着经济增长方式的转变，在提高全要素生产率上中国仍有很大的空间，但要结合一定的人力资本条件和制度因素。在此背景下研究中国人力资本质量与地区经济增长差异之间的关系显得尤为重要。本书对开放经济下人力资本质量与地区经济增长差异进行实证研究，并进一步研究中国不同省份人力资本质量与全要素生产率的关系，为我国在经济高质量转型过程中提高人力资本质量、优化人力资本结构、减少人力资本错配提供科学依据，同时为国家实施教育体制改革和各地政府制定就业相关的政策提供一定的理论依据。

1.1.2 研究意义

中国经济发展进入新阶段，经济发展的特征已由高速增长阶段向高质量发展阶段转变，经济结构的优化升级需要高质量的人力资本提供支撑。科学认识和度量人力资本，进而研究人力资本在中国经济发展中的作用具有重要的现实意义。本书基于计量模型建立不同类型人力资本的度量指标，有利于了解中国人力资本的分布及发展动态，为深入研究人力资本在中国经济发展中的作用提供依据。本书结合教育投入现状对人力资本进行度量，有助于量化教育政策实施的效果，为建立科学的人才评价体系和制定有效的人才激励政策提供参考。本书借鉴 Xiang 和 Yeaple（2018），Hsieh 等（2013），Heckman 等（2006）等相关文献，构建了开放经济下人力资本生产模型，结合中国宏观和微观数据测算出不同类型人力资本生产率及人力资本质量指数，使中国人力资本指标测算与国际接轨，还可以将中国的人力资本现状与发达国家和其他发展中国家进行比较。

美国经济学家舒尔茨（Schultz，1960）最早提出人力资本的概念，认为人力资本是通过投资使劳动者获得知识、技能、健康等，人力资本投资方式有医疗保健、学校教育、在职培训和迁徙流动等。该理论的中心思想是人力资本投资会提高劳动者的生产能力，进而带来未来收入水平的提高。由于人力资本质量很难准确度量，舒尔茨提出可以通过考察提高某种能力的重要活动来替代，由此奠定了传统人力资本模型的研究路径，即分析投资活动与收入之间的关系。比如，Becker（1964）强调了学校教育对人力资本积累的重要性，以及在职培训与生命周期工资增长理论；Spence（1974）提出的信号理论认为高学历代表高技能，有高学历的人在新环境中获得新技能的可能性更大。这些研究的前提假设都认为人的能力是天生的，而且将人的能力片面地理解为一种认知能力。1993 年 Barro 和 Lee 首次提出采用受教育程度对人力资本存量进行度量和分类，由于测量和验证假设的便利，国内外大量的实证研究将平均受教育年限作为人力资本的代名词（Mankiw、Romer 和 Weil，1992；Jones，2014；Malmberg，2017；姚先国、张海峰，2008；黄燕萍等，2013；刘智勇等，2018），但忽略能力只考虑受教育水平在某种程度上扭曲了人力资本的内涵，会造成人力资本效应的有偏估计。

从佩恩表 9.0 的指标上看，亚洲国家如韩国、日本、新加坡平均受教育年限普遍较高，而全要素生产率指标却远不如挪威、爱尔兰、瑞士等欧洲国家；英国平均受教育年限要高于美国，但全要素生产率指标却低于美国，这也意味着平均受教育年限高的国家全要素生产率不一定高。平均受教育年限指标并不能反映出人力资本具备的创造力、想象力、领导力和人际交往能力的高低，而这些能力却代表了一个国家的“软实力”，对一国经济的可持续发展起到至关重要的作用。Heckman 和 Kautz（2012）指出，尽管这些技能对个人发展和社会进步非常重要，但它们并不能从标准化考试中体现，因此很难对其进行量化。Hanushek 和 Woessmann（2011）认为，应该建立系统性的指标来衡量这些能力并进行国际比较。本书模型的构建基于新人力资本理论的假设前提，新人力资本理论认为能力才是人力资本概念的核心，与传统人力资本理论相比，新人力资本理论关注的是人力资本形成过程，从认知能力与非认知能力重新定义人力资本，并且发现了非认知能力的经济价值。

中国地域辽阔、人口众多，各个地区的教学资源水平和数量也参差不齐，为了创造公平公正的教育机会，高考成为选拔人才的主要方式，使得应试教育成为中国当前的主要教育模式，它为培养认知人力资本奠定了良好的基础。世界范围内亚洲国家普遍采用应试教育，而欧美国家则实行素质教育。应试教育下“高分低能”的现象层出不穷。随着时代的发展、科技的进步，经济发展转向创新驱动，中国近年来对教育体制进行改革，全面推进素质教育，大力培养创新型人才，我们无法从考试成绩或者受教育年限指标推知各省份实施素质教育的效果，在对人力资本进行比较的文献中非认知人力资本往往被忽视。本书从新的角度比较了中国不同省份的人力资本，根据职业选择对非认知人力资本的积累进行评估，以此来反映不同地区实施素质教育所带来的经济效应。

开放经济条件下，不同类型人力资本的流入和流出也会影响该地区人力资本的比较优势。因此，将国际贸易引入人力资本模型，考虑人力资本作为中间产品在全球范围内流动具有非常重要的意义。开放经济条件下，人力资本质量指数与劳动力供给弹性系数有关，与劳动力需求弹性系数无关。这是因为如果从全球范围内对人力资本要素进行配置，那么每个地区的人力资本质量不再受本地劳动力市场需求的限制，但仍然与当地劳动力市场供给有关。本书人力资本模型构建分别考虑了封闭经济条件下和开放经济条件下人力资本质量指数计算公式的差异，使得不同地区人力资本质量的计算更贴近现实。

本书通过一般均衡模型构建了开放经济下人力资本质量指数，该指数由认知人力资本和非认知人力资本两个维度共同决定。本书将人力资本质量指数与平均受教育年限进行比较分析，并进一步研究了不同地区人力资本质量与全要素生产率之间的关系，进而提出提高人力资本配置效率和促进经济持续增长的若干建议。本书研究为加快我国企业和区域人力资本结构优化，建立科学的人才分类评价机制提供科学依据，具有广阔应用前景。

1.2 人力资本质量的内涵及构成

在研究人力资本质量与地区经济增长的关系之前，首先要了解人力资本质量的内涵，因此，本书对其相关概念进行界定，具体包括认知能力与非认知能力、认知人力资本与非认知人力资本、认知职业与非认知职业。人力资本质量由认知人力资本和非认知人力资本两个维度共同决定，人力资本质量指数由认知人力资本生产率和非认知人力资本生产率加权得到。

1.2.1 认知能力与非认知能力

认知能力可以用智力水平来表示。20 世纪 70 年代，Jensen（1969）与 Herrnstein（1973）首次提出智商在学业成就和社会分层中的重要作用，他们认为个体在智商上的差异导致其在教育水平、职业地位和收入上的差异，并且认为这种智商差异是先天造成的，后天无法改变。Herrnstein 和 Murray（1994）在其论文中再次指出智力水平可以用智商测试成绩来衡量，它可以预测不同个体在教育水平、经济和社会行为表现上的差异。比如在美国，如果你想预测一个孩子是否会在高中辍学，那么你最好知道他的智商测试成绩，而不是他父母的收入水平或教育水平。如果你是一位企业雇主，想要预测求职者的工作效率，假设面试官只给了你一项关于求职者的信息，那么你最好了解一下求职者的智商测试成绩，而不是简历、大学成绩单、推荐信，甚至是求职面试表现。他们认为智力水平在社会分层过程中的作用越来越重要，并起到决定性作用。美国心理学家 Cattell（1987）把认知能力分为两类，即流体智力（fluid intelligence）和晶体智力（crystalized intelligence）。流体智力侧重于解决新问题的能力，它是以神经生理发展为基础的认知能力，如知觉、记忆、运算速度、推理能力等，用智商测试分数来衡量。而晶体智力主要体现已有的知识水平，它以流体智力为基础，如词汇、知识、计算、言语理解、常识等方面的能力。因此，教育对流体智力测量得分的影响较小，而晶体智力的测量得分会随着教育程度的提高和年龄的增长而提高（黄国英、谢宇，2017）。Heckman 等（2006）提出对认知能力的测试通常包含五项认知技能：算术推理、单词记忆、段落理解、数学知识和编码速度，该测试来自美国陆军职业能力倾向测试（ASVAB）。从测试单元得到的综合分数可用于构建武装部队素质分数（AFQT），AFQT 被广泛地作为度量认知能力的一种重要方法（Cameron 和 Heckman，1998、2001；Ellwood 和 Kane，2000；Heckman，1995；Neal 和 Johnson，1996；Osborne – Groves，2004）。

关于非认知能力的概念，学术界并没有形成统一定论。心理学家使用人格特征（Personality Traits）或人格心理（Personality Psychology）与认知能力一起开展相关研究。而经济学家则习惯使用“非认知能力”（Non – cognitive Skills or Abilities）这一概念来表示那些除了认知能力以外的能力，因此在经济学术界非认知能力的界定是相对于认知能力而言的。早在 1975 年，美国经济学家舒尔茨在《应对非均衡能力的价值》（The value of the ability to deal with disequilibrium，1975）一文中就提到，在经济非均衡的条件下，某些与生产技能无关的能力可能会被凸显和强调，这些能力被称为“应对非均衡的能力”。由于受制于传统人力资本理论框架，这种能力的重要性并没有被学术界所重视。经济学家 Bowles 和 Gintis（1976）重新阐释了这一概念，强调了非认知能力的经济价值，认为企业雇主在招聘员工时更看重员工在工作中表现出来的诸如稳定性、可靠性等特征。Moss 和 Tilly（1995）在研究中发现，动机、团队合作能力、举止风度以及交往能力在帮助劳动者在劳动力市场上取得成功起到非常重要的作用。近年来，非认知能力开始受到经济学家的关注，它对经济行为的影响已经成为当前经济学领域研究的热门话题。以诺贝尔经济学奖获得者 Heckman 为代表的经济学家与心理学家进行合作开展了一系列相关研究。代表性的文献有：Heckman 和 Rubinstein 在《美国经济评论》期刊上发表的题为《非认知技能的重要性：来自 GED 测试项目的经验启示》（The importance of non – cognitive skills：Lessons from the GED testing program，2001），Heckman 等在 NBER 发表的题为《认知能力和非认知能力对劳动力市场表现和社会行为的影响》（The effects of cognitive and non－cognitive abilities on labor market outcomes and social behavior，2006），以及 Kautz、Heckman 等在 NBER 发表的题为《培养和衡量技能：提高认知能力和非认知能力促进人生的成功》（Fostering and measuring skills：Improving cognitive and non－cognitive skills to promote lifetime success，2014）等。在这些文献中，他们强调了认知能力和非认知能力对工资收入、学校教育、职业选择、工作经验和生活行为的影响。关于非认知能力的测度主要参考了 Rotter（1966）提出的内外点控制量表和 Rosenberg（1995）提出的自尊量表，目前在经济学界被广泛使用的是大五人格因素量表。

通俗地讲，认知能力反映智商水平，非认知能力反映情商水平，而从个体在社会不同领域取得的成功来看，智商与情商一样重要。本书将沿用经济学领域较多使用的“非认知能力”这一概念，其主要原因是本书重点关注的是“非认知能力”这一整体概念对人力资本积累和生产所带来的影响，并非其中某一个体人格特征对人力资本形成的影响。因此，采用“非认知能力”这样一个具有丰富内涵的综合性概念对本书的研究目标而言是较好的选择。另外，关于“非认知能力”的相关研究目前国内尚处于起步阶段，代表性的文献主要有程虹、李唐（2017）基于中国企业—员工匹配调查数据研究了人格特征等非认知能力对劳动力工资的影响。黄国英、谢宇（2017）基于中国家庭追踪调查数据研究发现，认知能力与非认知能力对青年劳动者收入具有稳健的促进作用。乐君杰、胡博文（2017）同样利用中国家庭追踪调查数据，实证分析了非认知能力对中国劳动者工资收入的影响。盛卫燕、胡秋阳（2019）基于 2010—2016 年中国家庭追踪调查微观数据实证分析了认知能力与非认知能力对我国技能溢价的影响。鉴于此，本书从认知能力和非认知能力出发，研究人力资本形成和发展更容易引起相关学者的广泛共鸣，有利于后续研究工作的开展和深入。

1.2.2 认知人力资本与非认知人力资本

根据新人力资本理论对两种能力的强调不同，我们可以将人力资本划分为认知人力资本和非认知人力资本。从人力资本理论的发展来看，人力资本具备两个基本特征：一是劳动者本身所具备的知识、技术、能力及其他相关特征所带来的收益；二是这些特征能通过医疗保健、学校教育、在职培训等投资活动提高劳动者生产力进而带来收入水平的提高。根据这两个基本特征，认知人力资本和非认知人力资本分别表示劳动者身上具备的能带来未来收益的认知能力与非认知能力，并且这些能力可以通过教育、培训、工作等后期人力资本投资来获得（周金燕，2015）。

按照上述人力资本的两个基本特征，本书认知人力资本研究框架包括认知能力的经济价值和认知能力的投资机制两个方面；非认知人力资本研究框架包括非认知能力的经济价值和非认知能力的投资机制两个方面。认知能力和非认知能力的经济价值主要通过这两种能力对经济行为的影响来体现，如对受教育年限、职业选择、工作经验和工资收入等方面的影响。Heckman、Stixrud 和 Urzua（2006）就对认知能力和非认知能力对上述经济行为和劳动力市场表现进行了实证研究，证明了认知能力和非认知能力差异很好地解释了不同个体在劳动力市场表现差异。而且他们认为对某些经济行为，非认知能力的解释力要强于认知能力。人力资本投资不仅能提高劳动者的生产率和收入水平，而且对社会的公平稳定与福利方面都会产生积极而深刻的影响。关于投资机制，部分学者提出家庭教育对劳动者个体人力资本积累起到非常重要的作用。Cunha 等（2010）研究表明，幼儿时期的家庭教育有助于降低成年的犯罪率。认知能力和非认知能力的自创性和并协性使早期人力资本投资回报率大于后期的人力资本投资回报率，后期人力资本投资对早期投资不足的弥补作用较小且成本较高（张苏、朱媛，2018），因此人力资本投资具有生命周期的特点。

综上所述，本书人力资本模型的构建贯穿了生命周期的不同发展阶段，它可以用来解释不同个体的投资选择，如受教育程度、人均教育支出等，也可以解释不同个体的发展结果，如不同职业选择、就业工资等，并将两者相互联系，如个体的人力资本投资影响职业选择，而不同地区的认知人力资本和非认知人力资本生产率水平取决于个体对不同类型人力资本的积累。

1.2.3 认知职业与非认知职业

随着新人力资本理论的发展，近年来很多文献开始探讨非认知能力在经济学中的作用，比如 Heckman 和 Rubinstein（2001）研究了毅力和自律性作为非认知能力对收入的影响，Kuhn 和 Weinberger（2005）研究了领导能力与收入之间的关系，Heckman 等（2006）发现自尊对个人收入具有正向的促进作用，Hummels 等（2014）研究了沟通能力对工资的影响，Deming（2017）研究了社交能力在劳动力市场中的作用。尽管对非认知能力的分类和度量没有达成共识，但基于现有文献对非认知能力的解读，非认知能力的具体内容可以包括自信、自尊、专注、成就动机、自律、坚毅、领导能力、社交技能等。匹配理论表明，在非认知能力上有比较优势的劳动者更倾向于选择非认知职业，以领导能力为衡量标准，如果某个职业的特征是为下属提供指导和方向，则该职业只有具备领导能力的个体才能够胜任，那么该职业属于非认知职业。同理，如果某个职业特点反映出具备其他非认知能力才能胜任，则该职业属于非认知职业。美国劳工部组织开发的职位分析系统 O＊NET（Occupational Information Network），吸收了多种职位分析问卷（如 PAQ、CMQ 等）的优点，目前已经取代了职业名称词典（Dictionary of Occupational Titles，DOT）成为美国广泛应用的职位分析工具。O＊NET 系统能够将职位信息和工作者特征统一起来，提供工作导向的职位分析和任职者导向的职位分析，同时考虑组织情境、工作情境体现出不同职业的特定要求。Chong Xiang 和 Yeaple（2018）根据 O＊NET 提供的职业特征将不同职业划分为认知职业和非认知职业，比如他们根据 O＊NET 提供的 8 个职业特征对职业进行分类：指导和指导下属；工作作风上的领导；协调他人的工作和活动；发展和建立团队；培训和发展新员工；招聘和提拔员工；监测和控制资源和支出；协调或领导他人工作。这些特征是将领导能力作为衡量非认知人力资本的标准，当然这只是非认知能力的一个特征。

对不同职业进行划分是因为在不同职业类别下考试成绩对劳动者生产率的影响程度不同。大量文献的实证研究表明，军队资格考试（AFQT）成绩与他们的工资呈现较强的正相关性（Neal 和 Johnson 1996，Altonji 和 Pierret，2001），但并没有对不同群体进行细分。Chong Xiang 和 Yeaple（2018）采用美国青年调查数据发现，在与领导能力相关的职业中，他们的 AFQT 成绩与工资的相关性比其他职业要小。当他们采用领导能力标准将职业划分为认知职业和非认知职业时，实证结果表明非认知职业考试成绩与工资的回归系数小于认知职业的回归系数。同时，创业能力与 AFQT 考试成绩的回归系数为负。因此，基于认知能力和非认知能力对不同职业进行划分非常重要，尽管工作量较大，但结合不同职业特征分析认知职业就业份额和非认知职业就业份额有利于本书开展人力资本质量的相关研究。

1.3 研究内容与方法

1.3.1 研究内容

人力资本与经济增长是经济学研究的热点问题，本书研究是对现有文献作进一步的补充，并试图回答以下四个问题：第一，中国不同省份平均受教育年限指标与认知人力资本生产率指标排序是否存在差异？第二，非认知人力资本生产率对人力资本质量存在怎样的影响，这个维度是否重要？第三，人力资本质量指数作为衡量不同地区人力资本质量水平的综合指标，与平均受教育年限相比，哪个指标更科学？第四，中国不同地区的人力资本质量差异能否解释中国不同区域的经济增长差异？不同类型人力资本对全要素生产率的影响机制和效应有哪些？本书研究基于上述问题开展，主体分为三个部分：开放经济下中国人力资本质量的度量与分析；开放经济下中国人力资本质量与地区经济增长差异；开放经济下中国人力资本质量与全要素生产率研究。全书具体内容安排如下。

第 1 章为绪论部分。首先阐释了本书研究的背景和意义，并对人力资本质量的内涵和构成进行划分和界定，明确了本书重点研究的人力资本质量的概念。其次根据研究提出的问题明确了本书的重点研究内容，结合相关文献梳理了可以采用的研究方法。最后提炼出了本书的研究难点及可能的创新点。该章节可以帮助读者厘清全书思路，明确本书的研究出发点和研究意义。

第 2 章为文献回顾。首先回顾了传统人力资本理论的形成和发展，传统人力资本理论研究的前提假设都认为人的能力是天生的，重点考察人力资本投资活动与产出之间的关系，而能力则被排除在考察范围之外。而新人力资本理论认为能力才是人力资本概念的核心，以赫克曼为代表的经济学家认为能力不应局限于认知能力，还应该包括非认知能力，并对传统人力资本模型的假设进行修正。在对国内外人力资本与经济增长相关文献进行梳理的过程中，我们发现对人力资本分类与度量仍然基于传统人力资本理论研究的前提假设，大多数学者仍将平均受教育年限作为人力资本的统计变量。然而经济全球化与劳动者收入差异新研究动态表明，企业异质性和劳动力异质性可以很好地解释劳动力收入差异，匹配理论在经济学上的运用为人力资本理论发展提供了新的视角。因此，本书研究可以填补国内关于开放经济下人力资本质量与地区经济增长关系方面的空白，具有明显的理论创新价值。

第 3 章是综合分析框架，在这一章中提炼出人力资本与经济增长的经典理论模型，为下文实证研究提供理论依据。Lucas（1988）和 Romer（1990）的模型说明了人力资本差异是不同国家之间收入差异的主要因素。与静态分析相对，经济学家还发现单个国家的增长时常显著不同于世界性的平均增长，进而表明国家间的相对收入也有很大差异，最引人注目的例子是增长奇迹和增长灾难。同样地，人力资本还可以用来解释不同国家之间经济增长的差异。在经济增长模型中，MRW 模型被学者广泛使用于经验研究，而 Barro 和 Sala - i - Martin 模型则被大多数学者运用于经济增长收敛的实证研究，以揭示不同因素对地区经济增长差异的影响。上述三个经典模型都是将人力资本作为投入要素进入生产过程进而对经济增长产生影响，而 Nelson - Phelps（1966）则提出人力资本通过影响技术创新和技术模仿对全要素生产率产生作用来促进经济增长。在此基础上，Benhabib 和 Spiegel（1994）模型实证检验了人力资本在不同国家全要素生产率中所起的作用。VAM（2006）模型则将人力资本结构与技术差距相结合，分析了不同类型人力资本对全要素生产率所起的重要作用。

第 4 章是理论模型。本书借鉴 Xiang 和 Yeaple（2018）、Hsieh 等（2013）、Heckman 等（2006）等建模思想，构建了开放经济下人力资本生产模型。本书模型的构建基于以下两个前提假设：第一，认知能力测试成绩可以反映出不同地区认知人力资本的绝对优势，同时劳动者人力资本的积累也会受到职业选择的影响。第二，非认知职业就业份额可以反映出不同地区非认知人力资本的比较优势，从职业选择数据中可以推断出不同地区在培养非认知人力资本上的比较优势。一般均衡模型构建的基本思路是：首先，通过劳动力个体的选择行为得到不同地区不同类型人力资本的总供给；其次，根据企业生产行为获得该地区不同类型人力资本的总需求；最后，在国际要素市场出清的条件下实现均衡。采用该理论模型可以对不同地区认知人力资本生产率和非认知人力资本生产率进行量化，最后得到人力资本质量指数的计算公式。

第 5 章是中国人力资本质量的测度与分析。根据第 4 章的理论模型，首先采用中国宏观和微观数据计算出中国人力资本生产弹性系数，再对中国劳动力供给弹性系数和劳动力需求弹性系数进行估算，然后测算出中国 31 个省份不同类型人力资本生产率及人力资本质量指数。理论模型中人力资本质量与人均产出密切相关，基于测算的数据，书中对中国省际人力资本质量与人均产出之间的关系进行量化。最后我们采用 31 个省份 2008—2017 年的面板数据对认知人力资本、非认知人力资本与人均产出进行了实证分析，分析结果表明，以平均受教育年限作为人力资本的代理变量会高估人力资本对人均产出的影响。

第 6 章是开放经济下中国人力资本质量与地区经济增长的实证研究。本章结合第 3 章提出的人力资本与经济增长的综合分析框架，运用中国省际层面的相关数据对人力资本质量与地区经济增长进行实证研究。本章我们采用系统 GMM 两步估计法对面板数据进行回归估计，实证结果表明，人力资本质量提高对经济增长的促进效果最大，人力资本质量每提高 1%，中国人均产出增长率会提高 0.14% ~0.17%，且效果非常显著。不同类型人力资本对经济增长的效应不同，认知人力资本生产率和非认知人力资本生产率的提高都会促进地区经济增长，非认知人力资本对人均产出增长率的影响非常显著。

第 7 章是开放经济下中国人力资本质量与全要素生产率的实证研究。在这一章里主要是以实证分析的方法对开放条件下人力资本影响全要素生产率的机制进行分析。文中首先梳理了国内外全要素生产率的测算方法，在对相关文献进行整理的过程中，我们发现对于中国省际全要素生产率的测算，大多数学者采用数据包络分析法（DEA）。本书也采用数据包络分析法对中国省际全要素生产率的增长进行测算。本章首先基于全样本数据检验了开放条件下人力资本质量对全要素生产率、技术进步和技术效率的影响，然后比较分析了不同类型人力资本对全要素生产率的影响。实证结果表明，中国人力资本质量的提高对全要素生产率增长和技术进步都有显著的促进作用，而技术模仿效应并未发挥作用。人力资本的技术创新是经济增长的重要源泉，并且认知人力资本的促进作用要强于非认知人力资本。

第8章是结论和政策启示。本章首先综述了本书的主要研究结论，然后对相关指标的经济学含义进行说明，并基于上文的研究结论提出提高人力资本质量、促进中国经济可持续发展的政策建议。

1.3.2 研究方法

本书综合应用多种研究方法，主要采用文献分析法、理论分析法、一般均衡分析法、比较分析法和实证分析法等研究方法。

（1）文献分析法。在写作准备阶段，笔者收集了国内外大量关于人力资本与经济增长的理论文献和实证文献，然后根据传统人力资本理论、新人力资本理论、人力资本与经济增长实证研究和经济全球化与收入差异四条主线分别对文献进行梳理和归纳整理，对文献中呈现的建模思想、数据处理、计量方法和主要观点等进行提炼。在对中外文献进行深入、系统研究的基础上，找准本书研究的切入点和创新点，逐步对全书的研究思路进行构建。对相关文献进行回顾和梳理可以让我们从总体上把握国内外关于人力资本度量的研究进展。正是基于对大量文献的阅读，笔者才能发现以平均受教育年限作为人力资本的代理指标会造成人力资本效应的有偏估计，进而提出本书理论的创新点以及实证分析框架。这一方法主要应用于本书第2章和第3章。

（2）理论分析法。关于人力资本作用机制的理论分析，本书在第3章提炼了人力资本与经济增长的6个经典理论模型，分别是Lucas（1988）模型、MRW（1992）模型、Barro和Sala－i－Martin（1992）模型、Nelson－Phelps（1966）模型、Benhabib和Spiegel（1994）模型以及VAM（2006）模型，这些经典模型为下文的实证研究提供了理论依据。前 3 个模型是将人力资本作为投入要素直接进入生产过程进而对经济增长产生影响，而后 3 个模型则是将人力资本与技术进步相结合，通过提高全要素生产率来促进经济增长。因此，本书的实证研究也分为两条主线：一条主线是分析开放经济条件下中国人力资本质量与地区经济增长，另一条主线是分析开放经济条件下中国人力资本质量与全要素生产率的关系。

（3）一般均衡分析法。在本书第 4 章，我们将认知人力资本和非认知人力资本纳入一般均衡模型，利用相关数据推导出认知人力资本生产率和非认知人力资本生产率，再利用两者的加权平均得到人力资本质量指数。一般均衡模型又称为“局部均衡模型”，指的是通过要素价格调整使要素市场达到均衡。本书人力资本质量测度的理论模型将一般均衡模型在劳动力市场上加以应用，构建了开放经济条件下人力资本的生产模型。理论模型先通过劳动力个体的选择行为得到不同地区不同类型人力资本的总供给，再根据企业生产行为获得不同地区不同类型人力资本的总需求，最后在国际要素市场出清的条件下实现均衡。通过瓦尔拉斯一般均衡理论，我们认为当劳动力市场处于均衡状态的时候，生产要素的价格将有一个确定的均衡值，而劳动力的需求与供给也会有一个确定的均衡值，由此可以推导出不同类型人力资本的生产率。

（4）比较分析法。在本书第 5 章，我们计算了中国省际认知人力资本生产率、非认知人力资本生产率和人力资本质量指数，并对不同省份的相关指标进行比较，以此来说明不同省份认知人力资本、非认知人力资本发展水平的高低。本书还将人力资本质量指数与平均受教育年限指标排序进行对比，发现两者存在差异，平均受教育年限高的省份人力资本质量指数不一定高，这是因为人力资本质量不仅取决于认知人力资本，还与非认知人力资本密切相关。对相关指标进行比较分析还可以帮助我们了解中国不同省份人力资本的发展趋势和变化规律。

（5）实证分析法。在本书第 6 章和第 7 章，我们实证分析了开放经济条件下中国人力资本质量与地区经济增长以及全要素生产率之间的关系。我们通过建立计量模型定量分析了中国人力资本质量指数的增加在多大程度上促进中国人均产出的增加，以及东部、中部、西部地区人力资本对经济增长的影响效应如何，认知人力资本和非认知人力资本对不同地区经济增长的影响有何不同。我们还检验了人力资本对全要素生产率的预期效应和理论研究结果。计量模型以第 3 章的经典模型为基础，然后采用了混合 OLS、固定效应、随机效应、SYS－GMM 两步法、FGLS 等估计方法进行回归，还进行了一些稳健性检验，使计量结果尽量稳健可靠，具体计算过程由软件 STATA 15.1、DEAP2.1 来实现。

1.4 研究难点与创新

1.4.1 研究难点

本书的研究难点主要有以下几个方面。

（1）认知职业与非认知职业的划分。随着新人力资本理论的发展，越来越多的学者开始关注非认知能力对经济行为产生的影响，然而关于非认知能力的度量指标，经济学界并没有达成共识。由 Costa 和 McCrae（1992b）构建的大五人格分类法是目前被普遍接受并广泛应用于实践的度量方法，它包括严谨性、外向性、顺同性、开放性和情绪稳定性五个非认知维度。其中，严谨性反映了个体的胜任感、责任心和事业心；外向性则体现了个体的领导力、进取心和活跃程度；顺同性表明个体愿意与他人合作，宽容和信任他人；开放性则体现了个体的好奇心和创造力；情绪稳定性说明个体抗压能力较强、自信和乐观。如果我们将职业特性与非认知能力的五个维度进行逐一匹配，工作量无疑是非常巨大的。相关文献指出，可以采用是否具备领导能力作为划分认知职业和非认知职业的标准（Xiang 和 Yeaple，2018）。他们还指出可以将领导力作为区分认知职业和非认知职业的重要维度，考虑其他没有被考试成绩所捕捉到的非认知能力，比如沟通能力、团队协作能力。因此，由于职业种类繁多，在数据处理时我们要对全国将近三万个抽样个体的职业进行划分。本书按照 ISCO－88 的职业分类标准，将政府官员和管理者以及服务和销售人员划分为非认知职业，其他职业则归类为认知职业。

（2）认知人力资本和非认知人力资本净出口率的测算。假设不同类型的劳动力可以作为贸易中间品在全球范围内进行流动，出口劳动力不需要贸易成本，进口劳动力需要花费 τ^k 的贸易成本，用 x_i^k 表示 k 地区 i 类型劳动力的净出口率，具体计算公式如下：

$$x_i^k = \frac{L_i^{kS} - L_i^{kD}}{L_i^{kS}}, i = c, n$$

x_c^k、x_n^k 两个指标的计算涉及贸易要素含量的计算。根据 Costinot 和 Rodriguez - Clare（2014）文献中的贸易要素含量的计算步骤，首先使用美国 2000 年人口普查数据获得认知型和非认知型工人在不同行业的工资账单数据；其次使用 NBER 生产力数据库来获取制造业产出的数据，并使用联合国工业发展组织数据库来获取服务业产出的数据，计算出每个行业贸易中体现的认知型服务和非认知型服务的价值，即净出口乘以认知（非认知）工资与产出之比；最后对各个行业的数值进行求和，并将总和除以整个国家的总产出。计算贸易要素含量的另一种方法是使用不同行业就业人数作为原始数据，而不是工资账单。根据 Davis 和 Weinstein（2001）的文献，他们把每个行业的净出口价值乘以认知（非认知）就业人数与产出之比，然后计算出各行业的总和，再除以某个国家认知（非认知）就业人数。

由于国内缺乏按照认知型劳动力与非认知型劳动力划分的工资数据，而从数据上看要素含量的交易价值很小，因此本书人力资本净出口率计算采用国际科技合作项目参加人数的数据，其统计口径为出国项目人数和来华项目人数。具体内容还分为考察访问、国际会议、合作研究、培训、展览会及其他。与认知职业和非认知职业的划分标准一致，本书将参加考察访问和国际会议人员划分为非认知人力资本，其他人员划分为认知人力资本，并计算了中国认知人力资本和非认知人力资本的净出口率。

（3）研究数据的获取。本书研究的数据既需要劳动者个体和上市公司的微观数据，也需要中国不同省份的宏观数据。在研究过程中需要找到劳动力个体信息和就业信息匹配的数据库，我们从中国家庭追踪调查（China Family Panel Studies，CFPS）数据库中找到了匹配的微观数据。CFPS 数据库由北京大学中国社会科学调查中心实施，旨在通过追踪收集个体、家庭、社区三个层次的数据，以反映中国社会、经济、人口、教育和健康的变迁。2010 年，CFPS 工作人员正式开始基线调查，此后又分别于 2012 年、2014 年、2016 年开展了三轮全样本的追踪调查。CFPS 数据库提供了 14960 户家庭、42590 位个体四年的相关数据，我们以此对劳动力供给弹性系数进行估算。劳动力需求弹性系数的估算需要寻找中国企业—职工匹配的详细数据，我们从同花顺 ifind 数据库中找到了相关数据。该数据库提供了中国上市公司信息和每个公司员工结构指标，由此可以计算出中国不同省份认知职业和非认知职业的就业份额。对贸易要素含量的计算还需要搜寻不同行业不同类型工人的工资数据和就业信息数据，以及不同行业进出口贸易数据和产出数据。因此，数据的获取是本书面临的难题之一。

1.4.2 可能的创新

与以往研究相比，本书研究有以下三个方面的创新之处。

第一，拓展了人力资本的研究范式和理论框架，本书从认知人力资本与非认知人力资本两个维度对中国不同省份人力资本进行研究分析。与传统人力资本理论相比，新人力资本理论打开了能力形成的“黑箱”，推翻了劳动者同质性的前提假设。劳动者本身存在认知能力和非认知能力上的差异，根据劳动者具备的认知能力和非认知能力的不同，我们可以将人力资本划分为认知人力资本和非认知人力资本。在对中国人力资本质量进行测度时，我们首先根据职业特点对人力资本进行分类，其次利用中国省级层面宏观数据和劳动者个体的微观数据计算出认知人力资本生产率和非认知人力资本生产率，最后由两者加权得到开放经济下中国省级人力资本质量指数（HCQI）。关于“非认知能力”的相关研究目前国内尚处于起步阶段，相关文献仅从微观角度研究认知能力和非认知能力对劳动者工资收入的影响。而本书将微观数据和宏观数据相结合，运用最新的人力资本生产模型，区别以往单一维度的人力资本观，进一步丰富了人力资本理论的发展。

第二，本书将要素国际贸易引入人力资本模型，考虑人力资本作为生产要素在全球范围内流动，构建了开放经济条件下认知人力资本生产率与非认知人力资本生产率加权得到人力资本质量指数的计算公式，使得对中国不同省份人力资本质量的度量更贴近现实。自由贸易条件下，人力资本质量指数只取决于劳动力供给弹性系数，与劳动力需求弹性系数无关。这是因为不同地区劳动力的需求不再受到本地区劳动力市场的限制，该地区的劳动力市场的需求与供给并不一定相等，并且生产要素国际贸易使不同地区认知人力资本和非认知人力资本的价格与全球价格趋于一致。由此，根据一般均衡模型，我们可以推导出开放经济条件下和封闭经济条件下人力资本质量指数的不同表达式。

第三，人力资本质量指数的高低可以进一步解释不同地区经济增长的差异。本书从理论和实证两方面深入研究开放经济下人力资本质量对地区经济增长差异的影响。在理论模型的构建中，本书将认知人力资本生产率、非认知人力资本生产率与不同地区的收入差异相联系。将人均产出差异分解为不同类型人力资本生产率的差异和产出全要素生产率的差异，并在实证研究中进行检验。研究表明，人力资本质量指数的高低可以进一步解释中国不同地区经济增长的差异。实证研究还进一步分析了开放经济条件下中国人力资本质量与全要素生产率之间的关系，迄今为止这方面的研究成果尚不多见。

2 文献回顾

2.1 传统人力资本理论

2.1.1 人力资本投资理论

美国经济学家舒尔茨（Schultz，1960）最早提出人力资本的概念，认为人力资本是通过投资使劳动者获得知识、技能、健康等，人力资本投资方式有卫生医疗、学校教育、在职培训和迁徙流动等。该理论的中心思想是人力资本投资会提高劳动者的生产能力，进而带来未来收入水平的提高。由于人力资本质量很难准确度量，舒尔茨提出可以通过考察提高某种能力的重要活动来替代。他在《人力资本投资》（Investment in human capital，1961）一文中写道："尽管对人力投资提高劳动者技能的过程进行精确度量是非常困难的，但我们可以通过考察提高技能的某些重要活动获得启示，比如医疗设施与服务、在职培训、学校教育、公益学习项目、人口迁徙与寻找工作等。"由此奠定了传统人力资本理论的研究路径，即通过分析投资活动和收益之间的关系来理解人力资本，而"能力"自然而然地被排除在人力资本的考察范围之外了。

Becker（1962）基于舒尔茨提出的人力资本投资理论，将在职培训与生命周期工资增长理论相结合，认为不同的人力资本投资活动对收入和消费的相对影响不同，在资源投入和投资回报上也存在差异，但最终会提高劳动者的技能水平进而提高劳动者的实际收入。由于在职培训一开始会减少劳动者的净收入，随后会使劳动者收入提高，因此该理论模型可以解释劳动者在不同年龄段收入水平出现的波动，以及对技能劳动者与非技能劳动者带来的“永久性”和“暂时性”的收入效应。他还强调了学校教育对人力资本积累的重要性，认为与在职培训所带来的收入效应相同，学校教育投资同样会使年龄收入曲线变陡，年轻人当前收入与长期收入存在负相关的关系。因此，对在职培训的理论分析可以得出适用于其他类型人力资本投资的一般结果。Becker 在《人力资本：以教育为重点的理论与实证分析》（Human capital: Atheoretical and empirical analysis with special reference to education，1965）一书中基于上述理论模型进行了实证研究，得出大学教育的私人回报率为 14%，书中关于永久性收入理论和年龄储蓄周期的分析也得出一些有趣的启示。

Spence（1973、1976）提出的信号理论，被称为人力资本的修正理论。他认为可以用教育、工作经历、种族、性别和许多其他可观察到的信息来确定个人特征。比如，在劳动力市场上，雇主把教育看作生产力的一个信号，但这个信号的内容是由个人对教育的投资模式决定的，而个人对教育的投资模式又取决于教育在市场上的回报率。因此，市场对信号的回报取决于信号与个人生产力的相关性。雇主认为高学历代表高技能，有高学历的人在新环境中获得新技能的可能性更大。在就业市场上，这意味着雇主不仅要在薪资方面竞争，还要在学历方面竞争，或者在求职者的先决条件方面进行竞争。Spence（2002）认为，教育成本随着能力的提高而增加，或者更普遍地说，随着对生产力作出积极贡献的未被观察到的属性的增加而增加。尽管未被观察到的属性对个人的生产力有贡献，但降低教育成本不一定能提高生产力，甚至可能是对生产力有负面的影响。

Mincer（1974）创建了关于人力资本积累的收入模型，他认为人力资本投资差异才是劳动者收入差异的决定因素，而人力资本投资主要包括正规的学校教育和工作中经验的积累。在其著作《学校教育、经验与收入》（Schooling，experience，and earnings，1974）一书中，Mincer 采用收益函数揭示出劳动者所接受学校教育年限和他所获得的工作经验的长短与劳动者收入之间的关系。劳动者前期的教育投资成本要通过劳动者后期的收入分配进行补偿，因而他建立一个线性模型论证了劳动者受教育年限越长，其工资报酬越高。同时，在此基础上 Mincer 创建了二次方程来体现工作经验对收入的影响，该模型解释了收入在某个年龄点达到峰值之后，随着年龄的增长，开始呈现下降的趋势。他将 Becker 提出的生命周期工资增长理论引入研究，研究重点从年龄转换成工作经验，尽管在统计指标上只作了细微调整，却产生了极大的影响。时至今日，“明瑟模型”在经济学界仍然被广泛应用，用于解释不同劳动者个体的工资差异，也被称为劳动经济学的基本模型之一。

20 世纪 60—70 年代，以 Schultz、Becker、Spence、Mincer 等为代表提出的人力资本理论都是围绕人力资本投资与收益来创建的。他们通过考察人力资本投资活动及其与劳动者收入之间的关系来理解人力资本的内涵。这些研究的前提假设都认为人的能力是天生的，而且传统人力资本模型中将人的能力单一地理解为一种认知能力。

2.1.2 人力资本与经济增长理论

20 世纪 50—60 年代，主流经济学集中于 Solow（1956）和 Swan（1956）发展起来的单部门的新古典增长模型，重点在于资本积累的过程。模型假定了常规模回报和对于每一生产投入回报渐近于零的技术，若一种生产投入不能持续积累，则系统不能产生持续的增长，除非依赖外生技术的不断改进。这种简单地把技术进步视为外生的办法被认为不合理，其原因如下：一是把经济持续增长的源泉置于模型之外，无法解释长期经济增长的决定性机制；二是实证研究不断证实，技术进步和工业创新中存在依赖有意识的经济行为决策的证据。

第一个企图将技术进步内生化的是 Arrow（1962）的“干中学”（learning by doing）模型。该模型假定技术进步为新资本发展过程中无意识的副产品，该模型可以依据投资决策产生持续的增长效应。但有一个技术问题：一般来说，给出确定的函数形式，生产函数应当表现出常规模回报，那么如果把技术视为一种投入品，则生产函数会表现出增规模回报，这样投入无法完全被付给边际产品。learning by doing 模型假定增规模为公司的外部行为，由此回避了这一问题。但是把技术投资视为内部行为时，问题仍然存在，解决这一问题的途径可以从 Schumpeter（1942）的思想中求寻：新技术提供了市场力，新技术创新投资的激励源于未来投资效益的前景。按照这一思想，Shell（1973）研究了单一垄断技术投资行为，Nordhaus（1969a）发展了一个带有专利行为、垄断行为和多个公司的增长模型。但这两个研究由于技术困难未能发展出持续增长的结果。

一般均衡框架下的不完全竞争模型直到 Dixit 和 Stiglitz（1977）提出的关于单一物品垄断竞争研究才使其成为可能，Ethier（1982）在此基础上把它发展到多个物品。这些模型也证明了在生产者数量和消费物品数量增加的过程中，增规模回报的出现是有可能的。较早使用垄断竞争和效益激励创新的动态增长模型是由 Judd（1985）与 Grossman 和 Helpman（1989）发展而来的，但他们的兴趣并不在内生增长，因此他们的模型也没有发展出持续的长期增长结果。

20 世纪 70—80 年代以来，欧美发达国家经济发展方式从投资驱动向创新驱动转变，从物质资源配置竞争转向创新要素集聚与创新效率的竞争，人力资本对经济增长的作用机制成为经济学研究的热点。在传统经济增长模型中，索洛模型（Solow 模型）告诉我们依赖资本积累不能解释长期增长的大部分原因，也不能解释国家间收入差异的大部分原因；Ramsey 模型告诉我们内生储蓄无助于改善解释长期增长的原因；Diamond 模型对于增长问题的回答仍然没有改进。除了资本之外，模型中收入的唯一决定因素，即“劳动力有效性”，其精确含义并没有得到说明，并且该因素被视为外生的。因此，新增长理论将人力资本视为经济增长的主要源泉之一，对劳动的有效性进行解释，分析人力资本对经济增长的贡献。

关于经济内生增长理论，其一是 Romer（1986、1990）倡导的知识与技术结合的内生增长过程。他第一个证明了垄断竞争机制下动态增长模型可以产生持续增长的效应，而后内生增长理论就有了多个方面的发展。代表性的研究有：Aghion 和 Howitt（1992），Grossman 和 Helpman（1991）及 Segerstrom 等（1991）。Aghion 和 Howitt 基于 Schumpeter 的破坏性创新思想的内生创新模型，重在分析通过 R&D 行为发生的工业创新作为经济增长的主要原动力，着力于将R&D行为微观理论整合于宏观增长模型，以阐明技术变化的过程中谁受益、谁损失，并证明长期增长过程如何在创造性破坏的竞争过程中内生确定。与新古典模型相比，Schumpeterian的理论模型意味着，政策和制度可以对经济增长有长期持续的效应。其二是沿着Lucas（1988）所倡导的人力资本积累过程的发展。

Romer（1986）建立了两个部门、四种生产要素的人力资本积累增长模型。他认为人力资本是由工人的能力、技术和知识构成的，人力资本需要知识积累，但与抽象知识不同。人力资本作为生产要素直接作用于生产函数，是有效劳动效能的一种总体标度，而抽象知识仅仅通过劳动者的理解、内化、提升和随机激发才有可能服务于生产。人力资本具有同物质资本类似的性质，比如竞争性、排他性和稀缺性。人力资本又不同于一般的物质资本，人力资本本身不像物质资本那样可以灵活地分解、组合、转移、增长或取消。人力资本作用的有效发挥并不能简单视为知识或能力有效转化为经济效益，因为人力资本必须以人为载体。人力资本对生产者或对经济增长的贡献具有丰富的弹性和扩张力，这是因为它对于经济增长的贡献，是以它的有效部分或者说以知识的转化形式而体现的。知识、技术或创新固然重要，但知识技术本身并不会自发地产生效益，必须通过劳动者学习、掌握并运用到生产中，才能产生实际的经济贡献。

Lucas（1988）分析了人力资本内部效应和外部效应，内部效应是指人力资本投资对提高劳动者生产力的作用，外部效应是指人力资本增加了物质资本等其他要素的生产率。具体而言，在模型的构建中采用Schultz和Becker提出的“人力资本”来替代索洛模型中的“技术变革”，替代方法与Arrow（1962）、Uzawa（1965）和Romer（1986）人力资本模型中的处理方法类似。Arrow模型强调了干中学在人力资本积累中的作用，而Uzawa模型假设经济中存在生产人力资本的教育部门，教育部门投入增加会提高人力资本，而人力资本的提高会被其他部门零成本获取，进而促进其他部门生产率的提高。教育部门不递减的要素边际收益可以与物质生产部门递减的要素边际收益相抵销，因而人力资本的积累就能导致人均收入的增长。Lucas运用该模型从人力资本角度阐释了不同国家之间的收入差距以及经济增长的差异性。此外，由于发达国家的人力资本水平较高，人力资本外部性导致发达国家外部规模经济，所以该模型还解释了现实经济中存在的资本和劳动力从发展中国家流向发达国家的现象（Lucas，1990）。

Mankiw、Romer 和 Weil（1992）将人力资本纳入新古典经济增长模型（索洛模型），得到扩展的索洛模型（以下简称 MRW 模型）。根据索洛模型的思想，该模型将储蓄率和资源对人力资本的分配视为外生。该增长模型包括人力资本以及实物资本，并对国家间的收入差异进行定量分析。人力资本积累与物质资本积累同样重要，如果人力资本积累速率给定，过高的储蓄率和过低的人口增长率会带来更高的收入水平，进而提高人力资本水平。因此，考虑到人力资本的积累，实物资本的积累和人口的增长对收入的影响更大。另外，人力资本积累可能与储蓄率和人口增长率有关，这意味着忽略人力资本积累会使储蓄和人口增长对经济增长的估计系数产生偏差。MRW 模型易于操作且便于定量分析，被后来的学者广泛采用。

Benhabib 和 Spiegel（1994）结合 Romer 人力资本分类思想对 Nelson 和 Phelps（1966）技术追赶效应模型进行改进，证明了人力资本不仅通过技术创新提高全要素生产率，还与技术领先国家的技术溢出结合促进经济增长。在他们的模型设定中存在某个国家在技术上处于世界领先地位，其他各国赶超这个技术领先国家的速度是该国人力资本存量的一个函数。追赶速度是国内创新和技术追赶这两种力量的结合，从该模型的理论分析中可以得到以下有趣的结果。首先，由于人力资本存量水平的不同，各国的增长率可能会在很长一段时间内存在差异。其次，一个技术落后的国家，如果人力资本存量较高，将在有限的时间内赶超技术领先国家。最后，人力资本存量最高的国家会在有限的时间内成为技术领先国家，只要其人力资本优势保持下去，就能保持其领先地位。他们还利用跨国数据进行实证检验，发现人力资本水平对增长的作用是正向的，人力资本通过影响技术创新与技术模仿速度对全要素生产率产生正向影响，从而促进经济增长。

2.1.3 人力资本的计量模型

20 世纪 90 年代以来，国际经济学界开始重视人力资本的计量分析。Barro 和 Lee（1993、1996、2000）首先提出根据劳动者的受教育程度（Education attainment）对人力资本进行分类并提出了人力资本存量的计量模型。

Barro 和 Lee 在《教育程度的国际比较》（International comparisons of educational attainment，1993）一文中提到，许多经济增长理论都强调了人力资本的重要性，并且教育对人力资本的形成至关重要，教育数据的缺乏使实证研究受到了制约。因此，他们提出将 25 岁以上劳动力按照教育程度分为四类：没有受过教育、受过初级教育、受过中等教育、受过高等教育。平均受教育年限可以根据下列等式求得：$AYS = \sum_j YR_j \times HS_j$，其中，$YR_j$ 表示 j 教育程度的受教育年限，HS_j 表示 j 教育程度的人口比重。同时，他们还将该指标与入学率、成人识字率指标进行比较，认为该指标可以更精确地表示人力资本，因而更有用。在文中他们计算了 1960—1985 年 129 个国家的平均受教育年限，计算结果以 5 年为周期。Barro 和 Lee（2010）进一步对 1993 年提出的按教育程度分类的人力资本模型进行修改和完善，引入不同年龄段死亡率和教育水平完成率，使平均受教育年限的计算结果更为精确，并对数据进行更新，计算了 1950—2010 年 146 个国家不同性别的平均受教育年限。他们采用该指标作为人力资本存量来研究劳动力受教育年限与产出的关系，研究结果表明，学校教育显著促进了产出增长，在控制了工具变量后，学校教育年限的增加使教育回报率提高 5% ~12%，这与明瑟方程估计结果类似。

Barro（1996）首次将健康人力资本纳入经济增长模型，并进一步考察公共政策对物质资本积累、教育人力资本和健康人力资本的影响。研究结果表明，初期健康人力资本对后期经济增长有显著的正向效应，当初期的预期寿命从 50 岁上升到 70 岁，即预期寿命增加 40% 的情况下，人均 GDP 增长率提高 1.4 个百分点。他还指出对健康卫生事业的投资会促进经济增长，同时还能降低生育率，改善收入分配差距。

Caselli 和 Coleman（2006）在研究熟练劳动力和非熟练劳动力不完全替代

时，发现总生产函数的跨国差异，还发现在跨国技术差异中存在技能偏好。高收入国家使用熟练劳动力的效率高于低收入国家，而它们使用非熟练劳动力的效率相对较低。他们对发现的结果提出了一个简单的解释：富裕国家拥有丰富的熟练劳动力，选择最适合熟练工人的技术；贫穷国家缺乏熟练劳动力，因此选择了更适合非熟练工人的技术。他们还给出了其他解释，比如资本—技能互补和教育质量的差异。

Jones（2014）对传统人力资本的计量方法进行反思，考虑到回归模型的内生性问题，相关研究强调采用发展核算的方法（Caselli，2005），将产出直接分解为不同的投入。他在人力资本的度量上也进行了创新，一个经济体的劳动力被视为非熟练劳动力的等价物，该国劳动力供给根据工人工资相对于非熟练工人工资加权得到，这种方法利用工资回报来反映人力资本投资的生产率收益。人力资本的发展核算基于国家之间人力资本生产优势可以通过比较人力资本多寡来反映，不同类型人力资本之间可以充分替代，国家之间人力资本差异通过相对工资差异进行分析，并提出人力资本存量计算的新模型。该模型允许不同工人提供不同服务，人力资本表达式可以写成 $H = G_1(H_1, H_2, \cdots, H_N)\tilde{H}$。采用这种方法与之前回归得到的结果大不相同，各国人力资本差异较小，仅占各国人均收入差异的一小部分，进而得出人力资本投资最多只能在经济发展中发挥有限的作用。传统的人力资本计量方法忽略了人力资本类型之间的互补性和稀缺性，从而低估了人力资本的变异，该研究反映了劳动力差异化带来生产率收益。

Malmberg（2017）认为，采用发展核算方法计量人力资本一般假定熟练劳动力和非熟练劳动力是完美的替代品。但事实上劳动力服务不能完全替代，这一假设可能会导致对统一效率差异的高估，以及对熟练劳动力效率差异的低估。要量化这一机制的重要性，需要估计各国经过效率调整的熟练和非熟练劳动力服务的相对价格，文中利用国际贸易数据估计这一相对价格。Malmberg 在《人力资本与发展核算再回顾》（Human capital and development accounting revisited，2017）一文中利用了技术密集型产业中技术劳务相对价格与出口相对价值之间的负相关关系。贸易数据表明，发达国家熟练劳动力服务的相对价格较低，将这些结果整合到发展核算中发现，在解释不同国家的收入差异时，技术劳动力效率差异比统一效率差异更重要，用统一效率差异解释的收入差异从79%下降到26%。与传统发展核算一样，技术劳动效率的差异反映了人力资本质量的差异，而这些差异可以解释大多数国家之间的收入差异。

Caselli 和 Coleman（2006）、Jones（2014）、Malmberg（2017）考察不同教育年限劳动力的不完全替代性，需要先估计总生产函数中不同生产要素的替代弹性，这是模型中的关键参数。因此，在传统人力资本理论研究中，理论模型考察的重点是人力资本投资活动与收入之间的关系，人力资本计量模型中强调的学校教育、工作经验、健康投资等是基于自身能力与外部环境共同选择的结果，由于测量和验证假设的便利性，大多数研究将学校或培训中所花费的时间作为人力资本的代名词。因而传统人力资本理论的前提假设认为人的能力是天生的，而且将人的能力片面地理解为与生产能力密切相关的认知能力，而与之相对的非认知能力则被排除在考察范围之外。

2.2 新人力资本理论

2.2.1 能力的形成

在传统人力资本文献中，人力资本往往是后天获得的，而人的能力是天生的，两者相互对立。人力资本可以通过学校教育、在职培训和健康投资等方式来形成和改善，但人的能力却是先天决定的。传统人力资本模型重点关注投资活动与收入之间的关系，而能力则长期被忽视。关于人力资本的实证研究中，由于数据的易测算和可得性，平均受教育年限作为人力资本的代理变量被广泛采用，教育水平俨然成为人力资本的代名词。然而，一些学者指出，忽略能力只考虑教育水平会带来人力资本效应的有偏估计（李晓曼、曾湘泉，2012）。近年来，随着人格经济学的发展，经济学家开始关注个体人格特征对经济行为与表现的影响，这也是当前心理经济学研究的热门话题。以诺贝尔经济学奖获得者 James Heckman 为代表的经济学家进一步考察了认知能力和非认知能力对经济行为的影响。因此，以能力为核心的新人力资本理论将从技能形成的角度对人力资本积累进行分析，关于技能形成有以下几个特征。

第一，技能形成具有生命周期的特征。传统人力资本理论模型中考察教育人力资本隐含的假设是技能形成是在学校教育阶段，但事实上在人的生命周期中除了学校教育阶段，还有学前教育阶段和学后教育阶段。学前教育比如家庭教育对个人技能发展起到至关重要的作用，Cunha 和 Heckman（2007）在《美国经济评论》发表的论文指出：有充分的证据表明人们具备不同的能力，这些能力在社会经济领域取得成功的人群中起到重要作用，而在早期即上学前，其他群体与成功群体之间就表现出持续的、巨大的能力差距。家庭通过基因、父母投资以及对儿童成长环境的选择，在塑造这些能力方面发挥着强大的作用。文章进一步指出，父母对儿童成长发展起到关键作用；儿童早期投资与儿童晚期投资不同；能力可以经过后天培养，而不仅仅是天生的，发展方式多种多样。Cunha 和 Heckman（2008）对技能的自我生产力及其动态互补性进行了建模，认为非认知技能通过使孩子更有冒险精神和更乐于学习来促进认知技能的获得，该技术可以定义和测量儿童发展生命周期中关键和敏感的时期，并确定在哪个年龄投入对技能的演变影响最大。Cunha 等（2010）研究发现，幼儿时期教育程度和教育质量的提高有助于降低成人犯罪率。而学后教育阶段技能形成主要受社会环境的影响，Kautz 等（2014）在研究中指出，家庭和一般社会环境在塑造技能方面具有强大作用，社会成功运作需要多种技能，掌握一套核心技能可以在生活的许多方面取得成功。不同职业需要完成不同的任务，而不同任务需要具备不同的技能。成功人士所从事的工作往往是任务与他们的技能优势相匹配，并且工作带来个人的满足感。技能形成与人力资本投资一起，获得更多的技能，因此技能形成是一个动态过程，具有生命周期的特征。

第二，技能形成的目标是培养认知能力和非认知能力。现代社会依靠测试对学校和学生进行排序和分类，以此来评估教育发展和技能掌握情况。然而大量文献表明，测试成绩不能充分捕捉性格技能、目标、动机和偏好等特征，而这些在劳动力市场、学校教育和许多其他领域都很重要，它们的预测能力与认知能力不相上下。Heckman、Stixrud 和 Urzua（2006）开展了一系列的实证研究，分析了认知能力和非认知能力对学校教育、工资收入和职业选择、工作经验以及各种危险行为结果的影响。研究结果表明，非认知能力与认知能力都可以解释收入差异，对于某些行为和劳动力市场生产率来说，非认知能力的影响效应要强于认知能力。关于认知能力的度量，学者们已经建立了相对成熟的测量工具，而对非认知能力的研究，学术界并未达成共识。随着人格经济学的发展，越来越多的学者关注到人格特征对个体经济行为和表现的影响。目前，大五人格以一种不依赖于具体情境的人格分类法被广泛应用于对非认知能力的测量。大五人格很好地涵盖了不同类别的具体人格特征，适用于不同国家和不同文化背景下对人格特征的度量。Kautz 等（2014）认为，非认知能力的测量方法是可靠的，因为所有技能的衡量标准都是基于某些任务的表现，而传统的人格测试以自我描述任务的表现为基础。

第三，技能形成是一个动态互补过程，早期投资与晚期投资无法替代。由于认知能力和非认知能力具有自我生产能力和动态互补性（Cunha 和 Heckman，2007），因此不同时期人力资本投资的回报率是不同的。研究发现，在人力资本生产过程中，早期人力资本投资回报率要大于晚期人力资本投资回报率。因为早期的人力资本投资会产生乘数效应，且通过提高学习效率来降低晚期投资的学习成本。Kautz 等（2014）研究发现，与青少年干预相比，早期儿童和小学干预的长期有效性更强。只有从幼儿园之前开始的干预对智商才会有长期影响，大多数的干预对智商的提高是徒劳的。现有的证据表明，最成功的青少年补救方案不如最成功的幼儿和小学培养方案有效，尽管青少年辅导和信息提供非常有效。建立早期的技能基础，以促进后期学习和更好参与学校和社会是一个更好的策略，对于高危人群，预防比补救更有效。在早期，认知能力和非认知能力都有高度的可塑性。在青少年时期，非认知能力的可塑性要强于认知能力。在不同年龄阶段，技能可塑性差异对有效政策设计具有重要意义。Francesconi 和 Heckman（2016）认为，晚期人力资本投资对早期人力资本投资的替代性很小，早期能力差异会导致晚期能力积累的差距越来越大，而晚期人力资本投资对早期人力资本投资的弥补作用较小且成本较高。

2.2.2 非认知能力的探索与发现

从人力资本理论的发展来看，人力资本具备两个基本特征：一是劳动者本身所具备的知识、技术、能力及其他特征能带来的收益；二是这些特征能通过医疗保健、学校教育、在职培训等投资活动提高劳动者生产力进而带来收入水平的提高。根据这两个基本特征，我们将人力资本分为认知人力资本和非认知人力资本，它们分别指劳动者具备的认知能力和非认知能力会带来未来收益的提高，并且这些能力可以通过教育、培训、工作等后期人力资本投资来获得。

传统人力资本理论基于认知能力的假设前提，在“瓦尔拉斯模型”中，认为劳动力市场处于均衡状态时，单一价格规律能够保证具有相同能力的劳动者获得相同的工资。Bowles 等（2001）认为，能力不应局限于认知能力，还应该包括非认知能力，并对传统人力资本模型的假设进行修正，采用经济非均衡发展的熊彼特收入决定模型和扩展完全合同假设的科斯收入决定模型，这两个模型为非认知能力如何取得经济回报提供了解释。同年，Heckman 和 Rubinstein 在《非认知技能的重要性：来自 GED 测试项目的经验》（The importance of non - cognitive skills：Lessons from the GED testing program，2001）一文中指出，在控制了测试能力等要素后，GED 证书持有者在劳动力市场中的表现不如高中辍学者的表现，比如 GED 证书持有者收入更低，每小时工资更低，受教育程度更低，以此来推断非认知能力在决定收入和受教育年限等方面的重要作用。进一步分析发现，GED 证书持有者缺乏正向的动机和持久的毅力，这些非认知能力将影响他们在劳动力市场甚至生活中的表现，与高中毕业生相比，GED 证书持有者更易辞去工作、离婚或者被捕入狱，并且这些不良行为的发生概率十分接近高中辍学者，而普通高中毕业生在劳动力市场和生活中则更加平稳顺利。该研究结果被广泛引用，因为研究者找到 GED 证书持有者作为参照群体，GED 项目测试是对高中辍学者进行的一系列认知测试，以此来确定他们在认知能力上是否与高中毕业生相当。尽管 GED 证书持有者有较高的认知能力，但在非认知能力上与高中辍学者相当，甚至更低，GED 证书持有者在劳动力市场和学校教育方面的表现有力证明了非认知能力在经济生活中所起的重要作用。上述研究对以一种能力为假设前提的劳动力市场信号理论提出了挑战。

在经济学家关注非认知能力对经济行为与表现产生影响之前，心理学家已经关注到除了劳动者的生产技能，劳动者在工作中所表现出的团队协作能力、交往能力、毅力、态度和动机等因素更能帮助其在劳动力市场中取得成功。Edwards（1976）证明了企业雇主更看重员工在工作中所表现的稳定性和可靠性，这些品质对工资和教育年限的影响在文中并未提及。Bowels 和 Gintis（1976）研究指出，毅力、可靠性和一致性是学校成绩最重要的预测因素。在过去的一个世纪，心理学家开发了一系列测量非认知能力的方法，这些方法被广泛应用于企业人事招聘工作。基于人格心理学的发展与发现，以 Heckman 为代表的经济学家开始与心理学家开展合作，进一步分析认知能力和非认知能力对工资收入、学校教育及各种社会行为的影响。其中，代表性的文献是 2006 年 Heckman、Stixrud 和 Urzua 发表在《劳动经济学期刊》的一篇实证研究论文。对于非认知能力的衡量，他们采用 Rotter（1966）提出的内外点控制量表和 Rosenberg（1995）提出的自尊量表，研究表明，非认知能力对收入差异和劳动力市场行为表现有很强的解释力。对于某些行为和劳动力市场表现，非认知能力的影响效应要强于认知能力。

除了内外点控制量表和自尊量表，大五人格因素量表是目前被普遍接受并广泛采用的非认知能力度量方法，具体包括严谨性、外向性、顺同性、开放性和情绪稳定性（Costa 和 McCrae，1992）。越来越多的实证结果表明，非认知能力对劳动力市场表现有影响。Barrick 和 Mount（1991）考察了大五人格因素对不同职业人群工作表现和培训表现的影响，发现严谨性对工作表现的影响力要大于其他人格特征，且对不同职业人群的工作表现具有积极影响。Nyhus 和 Pons（2005）使用荷兰家庭调查数据发现，各类人格特征对女性收入的影响要大于男性收入，女性收入对于人格特征差异更为敏感，严谨性对工作表现产生的积极影响在工作初始阶段最为显著。Mueller 和 Plug（2006）

基于美国数据研究发现，严谨性和开放性高的女性收入会更高，顺同性低和开放性高以及情绪稳定性高的男性收入会更高，顺同性对不同性别收入影响差异较大。Zhao 和 Seibert（2006）研究发现，大五人格因素是影响冒险、创新和创业成功的重要因素，企业家在严谨性和开放性方面的得分最高，严谨性、开放性较高的个体选择创业的可能性更大。Heineck 和 Anger（2010）基于德国数据发现：开放性对女性收入有正向影响，而对于男性收入的影响为负；严谨性对男女收入的影响正好相反；顺同性对男性收入没有影响，因此大五人格因素对不同性别劳动者收入的影响存在差异。Caliendo 等（2014）采用德国社会经济追踪调查数据考察了大五人格特征对个人创业的影响，研究结果表明，人格特征对创业决策和企业发展存在显著影响。Nandi 和 Nicoletti（2014）基于英国家户追踪调查数据考察人格特征对工资差距的影响，认为外向性和开放性对工资的提高有促进作用，顺同性和情绪不稳定则抑制了工资的上涨。程红和李唐（2017）运用“中国企业—员工匹配调查”（CEES）数据，就大五人格特征对于劳动力工资的影响效应进行实证检验。实证结果表明，开放性和严谨性的人格特征对于劳动力工资具有显著的促进作用，而对于现阶段中国劳动力市场而言，开放性人格特征对于工资收入的边际贡献更为明显。

与传统人力资本理论相比，新人力资本理论打开了能力形成的“黑箱”，推翻了劳动者同质性的前提假设。新人力资本理论认为，劳动者本身存在认知能力和非认知能力上的差异，而且劳动者技能形成具有生命周期的特点，是一个动态互补的过程。在理论方面，Bowles 等（2001）对传统人力资本模型中经济均衡和完全合同的两个前提假设进行修正，提出了劳动者本身具备的“获取非均衡租金”和“激励性偏好”的特征，进而为非认知能力如何取得经济回报提供了解释。通过对人力资本模型的重新构建，他们指出人力资本的内涵绝不能仅仅强调认知能力的生产技能，还要关注非认知能力的经济价值。在经验分析方面，以诺贝尔经济学奖获得者赫克曼（Heckman）为代表的经济学家与心理学家合作开展了一系列的研究，研究表明劳动者具备的认知能力和非认知能力对学校教育、职业选择、工作经验、工资收入和风险行为都有重要影响。他们还进一步强调了非认知能力在劳动力市场中的作用，认为对于某些劳动力市场产出来说，非认知能力的影响效应要强于认知能力（Heckman 和 Rubinstein，2001；Carneiro 和 Heckman，2003；Heckman 等，2006）。新人力资本理论对认知能力和非认知能力的形成与培养机制进行研究，进一步探讨不同能力对经济社会行为、产出的影响，因此能力是新人力资本理论的核心概念，而传统人力资本理论中强调的教育、健康则是基于自身能力与外部环境共同选择的结果（李晓曼和曾湘泉，2012）。

2.3 人力资本与经济增长差异的相关研究

2.3.1 国外相关研究

由于测量和检验假设的便利性，大多数学者将平均受教育年限作为人力资本的统计变量，基于不同样本和时间序列分析人力资本对全要素生产率的影响，但得出的结论却不尽相同：Rauch（1993）分析美国不同城市人力资本对生产率的影响发现，平均受教育年限每上升一年，该地区全要素生产率提高 2.8%。Hall 和 Jones（1999）使用跨国面板数据实证检验了受教育年限与全要素生产率显著正相关。Temple（1999）等认为，平均受教育年限的增加对经济增长有积极的促进作用。而 Acemoglu 和 Angrist（2000）基于美国大城市统计调查数据，却发现平均受教育年限的增加对全要素生产率并没有显著影响。Pritchett（2001）研究发现，教育年限的增长与全要素生产率存在显著的负相关。Moretti（2004）深入研究发现，人力资本外溢引起的生产率增加会随劳动成本增加而抵消，随着经济距离的扩大，溢出效应会减弱，但大学生比例的增加会提高该地区全要素生产率。Iranzo 和 Peri（2006）采用美国大城市调查数据，实证检验了大学教育每增加 1 年，该地区全要素生产率显著提高 6% ~9%，高中教育每增加 1 年，对全要素生产率影响甚微，从而得出以平均受教育年限作为人力资本代理变量产生的溢出效应很难被识别，而大学教育年限增加对生产率产生的正外部效应却能很好地识别。Krueger 和 Lindahl（2001）研究发现，教育年限与经济增长并非线性关系，随着教育年限增加，经济呈现倒U形增长。这意味着，对于教育水平低的国家，平均受教育年限增加对经济增长有显著的促进作用；而对于教育水平高的国家，过度教育对经济增长不利。

美国哈佛大学教授Griliches对知识资本与全要素生产率进行了一系列的研究。Griliches（1979）最早将知识资本作为一种生产要素加入总生产函数，同时提出了著名的知识生产函数模型（Knowledge Production Function），但并没有对知识资本的内涵进行界定。随后出现的一些研究在经济增长的内生动力上都直接使用了“知识资本”这一术语，尽管并没有对其内涵给过明确的界定。知识资本对经济增长与创新的重要作用已经成为各国学者和政府共同关注的话题。知识资本已经成为提高生产率和实现经济增长的驱动器，世界经济已进入知识经济时代。Griliches（1980）进一步从微观层次上对R&D资本、人力资本与企业生产率的关系进行研究。数据选取了121个美国大公司1968—1975年期间R&D投入与专利申请数量，发表了第一份有关美国企业创新活动的报告《R&D与企业生产率》（R&D and the Productivity Slowdown，1980）。Griliches（1984）对美国1000家大型制造业企业1957—1977年期间R&D投资与生产率进行研究，研究结果表明，R&D资本对美国大型制造业企业生产率持续增长具有重要作用，私人企业R&D投资对提高生产率效应比政府R&D投资更明显。Griliches（1986）研究知识资本的计量方法，提出企业股票市场价值由有形资本（劳动力、物质资本）和无形的知识资本共同决定，并提出用R&D资本存量和授权专利数量作为衡量知识资本的变量。Griliches（1998）提出以知识资本和创新为增长发动机的企业内生增长理论，建立了以创新投资驱动的企业内生增长理论框架，并对以R&D投资驱动的企业内生增长理论作出很大的贡献。但是Griliches提出知识资本生产函数和R&D投资驱动理论的重点只研究企业内部R&D投资与企业内生增长的关系。

Coe和Helpman（1995）将国外知识资本要素引入开放条件下知识资本投入产出研究，使用22个经济合作与发展组织（OECD）国家1971—1990年的面板数据，分析国内R&D资本和进口溢出的国外R&D资本对全要素生产率的影响，发现国内 R&D 资本和进口溢出的国外 R&D 资本对 OECD 国家的全要素生产率均产生了显著的促进作用。Coe 等（2009）使用 24 个 OECD 国家 1971—2004 年的面板数据，运用组间动态最小二乘法（GM - DOLS）进行回归分析，研究结果表明，国内 R&D 资本、人力资本和进口溢出的国外 R&D 资本对全要素生产率均具有显著促进作用。Grossman 等（2017）对全球生产率普遍下降的原因进行分析，指出 2000 年以来美国的国民收入中劳动份额明显下降，同期生产率增长也出现明显下降，文中探讨了全球性生产率下降与国民收入中劳动份额普遍下降的相互关系。McGrattan（2017）认为，企业大量投资 R&D、软件、品牌和其他无形资本，一些企业的无形资本投资已经接近有形资本投资的比例，但是目前有关 GDP 和 TFP 增长模型中没有考虑无形资本的因素。McGrattan 把无形资本投资纳入动态多部门一般均衡模型，用美国 1985—2014 年的相关数据研究了无形资本与生产率变化的关系。

2.3.2 国内相关研究

21 世纪以来，国内学者对人力资本与地区经济差异进行了深入研究。人力资本按照主要投资方式分为教育人力资本和健康人力资本，其中教育人力资本与经济增长的研究成果颇丰。陈钊等（2004）最早采用中国不同省份的面板数据计算了中国各省份人均教育水平指标和人口教育结构指标，并用教育发展水平指标表示不同省份人力资本存量。分析结果表明，中国各省份的教育发展水平存在差距，会造成中国不同省份收入差距的增加。由于中国不同省份高等教育人口比重指标正呈现收敛趋势，因此教育的持续平衡发展将有利于缩小地区间的收入差距。姚先国和张海峰（2008）采用中国省际面板数据发现，劳动力教育程度的提高有利于促进地区经济的发展，且有一定的溢出效应，平均受教育年限每上升 1 年将使经济年均增长率提高 1.4% ~ 1.7%。彭国华（2007）运用一阶差分 GMM 估计方法对我国省际面板数据进行实证检验，结果表明，只有接受高等教育人力资本对全要素生产率才有显著的促进作用。张国强等（2011）对中国人力资本、人力资本结构与产业结构升级进行研究，提出人力资本及其结构作为推动产业结构转型和升级的重要因素，长期以来没能得到学术界的重视。研究结论表明，人力资本提升及结构优化将会加速我国产业结构转型与升级，形成未来我国持续稳定发展的强大动力。黄燕萍等（2013）研究发现，初级教育和高级教育都能促进经济增长，但二者的作用方式不同，其中初级教育作为生产要素直接促进最终产出，高级教育则通过加快技术创新与模仿的速度提高全要素生产率。我国现阶段初级教育对经济增长的作用大于高级教育，高级教育对中西部地区经济增长的促进作用大于东部地区。袁富华等（2015）采用 Barro – Lee 的教育程度数据对人力资本结构进行国际比较后发现，追赶成功的国家大学教育会迅速提高和普及，且在 15 年内完成人力资本高级化，中国人力资本结构问题表现出第二级人力资本“壅塞”，高级人力资本积累严重不足。刘智勇等（2018）认为，人力资本结构高级化可以通过推动技术结构升级和产业结构升级对经济增长产生促进作用，在人力资本结构高级化指数的构建上基于受教育程度将人力资本分为文盲半文盲、小学、初中、高中、大专以上五大类，再对各类人力资本的影响加权求和。文中利用 1987—2011 年中国 28 个地区的面板数据进行实证研究，得出中国东部、中部、西部地区人力资本结构高级化存在显著差异；人力资本结构高级化指标能更好地解释东中西部地区经济增长差异；与人力资本存量相比，该指标对经济增长具有更大的边际效应。

健康人力资本对不同区域经济增长影响的研究相对较少。杨建芳等（2006）把教育和健康看作两种资本构建了一个内生增长模型，人力资本由教育资本和健康资本按照 Cobb – Douglas 生产函数组合生成。该模型说明经济增长中既有人力资本积累的功劳，也有人力资本存量的贡献。基于该模型，作者利用 1985—2000 年中国 29 个省份的经验数据实证分析了人力资本积累和存量以及人力资本的形成要素教育和健康对中国经济增长的影响，教育人力资本的贡献为 12. 1%，健康人力资本的贡献为 4. 6%。王弟海等（2008）则重点分析了健康投资和健康人力资本积累对物质资本积累和经济增长的影响。文中采用 1979—2003 年中国跨省面板数据发现，中国不同省份经济增长既同健康投资增长率有关，又同健康人力资本存量有关。健康投资增长率的提高总是能够促进经济增长，但是健康人力资本存量的提高是否能够促进经济增长，还取决于健康人力资本对劳动生产力的贡献是否超过它对物质资本积累的基础效应。如果健康人力资本提高劳动生产力的效应超过它对物质资本的挤出效应，那么健康人力资本的提高有利于促进经济增长；反之，则会抑制经济增长。王弟海等（2016）采用跨国面板数据研究了健康投资和教育投资对一国人均产出的影响效应，实证结果表明，健康支出占 GDP 比重、公共教育支出占 GDP 比重和生师比对人均 GDP 均有显著影响，其中前两个变量回归系数显著为正，生师比对人均 GDP 的影响显著为负，最终得出各国健康投资的差异能显著影响各国产出差异的结论。

还有一部分文献不仅仅考察人力资本与全要素生产率的关系。如郭继强（2005）认为，既有关于人力资本投资的研究通常集中于数量分析而对结构分析有所不足，他在文中提出了一个将人力资本投资数量和结构置于同一分析框架的分析模型，在理论层面分析了人力资本投资结构对经济增长的影响。文中回避了对人力资本的计量检验，采用案例分析来拓展提高人力资本投资效率的启示。他还提出经济增长、工业化、城市化和经济全球化等诸多因素相互作用，使经济结构包括产业结构处在不断变化之中，因此分析和预测产业结构变化对目前提高中国人力资本投资效率具有重要作用。人力资本投资的政策导向要围绕如何使人力资本结构与产业结构有效匹配和良性互动进行研究。魏下海（2009）利用 Malmquist 指数法测算出 1981—2006 年我国 28 个省份的全要素生产率，基于内生全要素生产率模型，运用分位数回归方法考察全国范围以及三大经济区域的人力资本和贸易开放度对全要素生产率的影响。研究结果表明，从全国范围看，人力资本对全要素生产率增长存在较弱的即期效应，而贸易开放度则表现出明显滞后特征；从东部地区看，人力资本对全要素生产率增长的影响存在较强的即期效应，贸易开放度对全要素生产率增长的影响则要视分位点位置而定；中部地区表现与全国整体表现较为接近；西部地区人力资本对全要素生产率的增长要视分位点的位置而定，而贸易开放度对全要素生产率的影响更多地表现为滞后性，而且这种滞后性相比中部地区将更长期。方福前和祝灵敏（2013）对人口结构、人力资本结构与经济增长进行研究，把人力资本分为体能资本和知识资本。研究结果表明，一个经济社会在其发展的早期阶段，主要是依靠体能资本和专用性知识资本促进经济数量上的增长和赶超，之后主要依靠通用性知识资本实现质量型经济增长。蔡昉（2013）研究世界经济史发现，人力资本和全要素生产率是长期可持续的增长动力，只有显著提高这两个变量对经济增长的贡献份额，我国经济才能保持必要合理的中高速增长。提高全要素生产率通常有两种途径：一是通过技术进步实现生产效率的提高，二是通过生产要素的重新组合实现配置效率的提高。从宏观层面上讲，通过资源重新配置，比如劳动力从生产率较低的农业部门转向生产率较高的非农部门，就可以提高全要素生产率。程惠芳和陆嘉俊（2014）就知识资本对工业企业全要素生产率、技术进步和效率变化的影响进行研究，采用1997—2010年我国大中型工业企业相关面板数据，运用全要素生产率模型对不同区域知识资本的创新效应进行回归分析。研究结果表明，大中型工业企业知识资本投入结构已经发生明显变化，技术开发和技术改造投入与企业全要素生产率具有显著正相关性，国内外技术引进和消化吸收对企业创新的作用减弱。东部、中部、西部三大区域工业企业知识资本投入对全要素生产率影响存在明显差异，不同技术水平企业知识资本的创新产出效应也不同。邵文波等（2015）对人力资本结构、技能匹配与比较优势进行研究，按生产过程中劳动力技能高低分析人力资本结构与比较优势，提出在开放经济条件下两国人力资本结构不同而形成比较优势差异。蔡昉（2017）提出，促进生产要素特别是劳动力的重新配置，从增量和存量两个方面提高资源配置效率。剩余劳动力按照生产率从低到高的顺序，在产业、行业和地区之间流动，带来资源重新配置效率，成为全要素生产率的主要组成部分。程惠芳和陈超（2017）对知识资本结构与全要素生产率影响效应进行国际比较分析。研究结果表明，不同类型的知识资本对全要素生产率具有不同影响效应，同一类型的知识资本对不同创新水平的经济体也具有不同的影响效应，其中人力资本是加快提高全要素生产率的第一资本，人力资本对全要素生产率的促进作用最显著。

2.4 经济全球化与收入差异研究新动态

当人力资本模型仅关注教育程度、健康状况、在职培训等因素时，人力资本理论并不能充分解释劳动力工资收入的差异，比如在控制了认知变量、人口和家庭背景等因素时，仍然有2/3～4/5的收入差异未能被解释（周金燕，2015）。显然一些重要的解释变量被遗漏了，如何进一步解释劳动力市场不同个体的收入差异？Stolper－Samuelson贸易理论（SS理论）最早将国际贸易与要素价格变化联系起来，阐明了两者之间的作用机制，为研究开放经济下不同国家收入差异奠定了理论基础。SS理论预测了随着经济全球化进程的加快，发达国家的技能溢价会提高，使收入不平等显著增加；而发展中国家的技能溢价会降低，进而使发展中国家的收入差距缩小。然而，大量实证研究表明，发达国家20世纪80年代高技术工人相对工资迅速飙升，而劳动密集型产品相对价格略有上涨（Lawrence和Slaughter，1993；Leamer，1998）。Goldberg和Pavcnik（2007）发现，阿根廷、巴西、哥伦比亚、印度和墨西哥等国家贸易自由化使关税大幅降低，而这些国家收入不平等却显著增加。显然，SS理论无法解释这些现象。近年来，基于贸易理论发展和经验证据分析，许多学者从新的视角重新考察了开放经济下劳动者的收入差异，并取得了丰富的成果。

2.4.1 企业异质性与劳动力异质性

Bernard和Jensen（1995、1999）研究美国制造业企业数据发现，出口企业与非出口企业存在系统性差异，出口企业规模更大，生产率更高，资本与技术更密集，工资也更高。在随后的研究中，学者们发现这一现象在加拿大、哥伦比亚、法国、墨西哥、摩洛哥、西班牙等国家也存在。Melitz（2003）用异质企业贸易模型成功解释了这一现象，他认为企业进入市场需要支付“进入成本”，进入决策制定后生产率分布变为已知，并且在经营的每个阶段企业需要承担固定的运营成本，因此只有生产率较高的企业才能盈利，生产率低的企业则不能。盈利的企业可以选择出口，出口需要“冰川成本”，只有生产率水平足够高的企业才能从出口中获利。

Melitz模型假设劳动力是同质的，无论受雇于生产率高的企业还是生产率低的企业；无论企业是否选择出口，企业支付给工人的工资都是相同的。因此，国际贸易影响收入水平，而不是收入不平等。贸易自由化对技能溢价的影响是贸易理论关注的焦点，大多数学者将劳动力分为熟练工人和非熟练工人，进而考察国际贸易对两者收入差距的影响。随着人力资本理论的发展，近年来越来越多的学者将劳动力异质性加入异质企业模型，为异质企业增加更多的特征，进而分析开放经济下不同劳动者的收入差异。

Davidson、Matusz和Shevchenko（2008）将技术水平高的企业往往雇用更多高技能工人，并支付更高工资这一观点与失业群体必须找工作相结合来构建模型，他们发现行业动态变化在很大程度上由以下两个因素决定：不同管理者愿意匹配的企业类型和实际发生的匹配类型。当高技能管理者愿意接受低技术含量工作时，就会导致出口决策的不完全持续性。因为当这些企业与高技能管理者相匹配时，企业将选择出口；当这些企业与低技能管理者相匹配时，企业产出将在国内销售。因此，模型可以预测企业出口存活率会随生产率和工资的变化而变化。由于出口增加了高技术企业的利润，这些企业雇用的高技能管理者从贸易自由化中获益最大，而受雇于低技术企业的高技能管理者也会受益，因为他们的外部机会会因高技术企业工资的增加而增加。另外，低技能管理者的名义工资将遭受损失，因为市场份额从低技术企业向高技术企业转移，降低了低技能管理者的外部机会，削弱了他们的议价能力。因此，随着市场变得更加开放，高技能和低技能管理者之间的收入差距正在扩大。同样的情况也会发生在工人群体中，贸易自由化会增加高技能工人和低技能工人之间的工资差距。模型还探讨了经济开放与生产率之间的关系，并证明了在出口导向型市场经济中，贸易开放可以提高总体生产率，还证明了开放可以为进口竞争行业中最弱企业带来生产率的提高。

Egger和Kreickemeier（2009）将公平工资机制纳入一般均衡框架，由于租金共享动机是工人公平工资偏好的决定因素，所以企业生产率分布决定了群体内收入不平等和失业率。该理论框架可以分析在均衡状态下，工人的租金共享动机如何影响企业的生产率分布、总产出和平均利润，公平工资机制不仅导致不同企业工人收入不平等，还导致非自愿失业。在完全对称基准模型中，假设国内和国外市场进入成本相同，Melitz 模型的自我选择过程会导致活跃企业的平均利润提高，从贸易中获利。因此，经济全球化会导致平均利润和失业率同时上升，不同企业工人的分配冲突将提高，那些利润增长企业工人的收入将提高，而失业工人将蒙受损失。假如国内和国外市场进入成本不同，国外市场进入成本足够高，贸易自由化不仅可以从经济全球化中获利，还可以降低不同群体收入不平等和失业率；国外市场进入成本较低，贸易自由化会降低人均产出和社会福利，在这种情况下群体内部收入不平等和失业率会上升。

Helpman、Itskhoki 和 Redding（2010）讨论了当今世界日益加剧的收入不平等、收入不平等残差的增长、失业率的不断上升以及行业内部和行业之间要素再分配情况。理论上企业有职位空缺，失业的人在寻找工作，只有一部分工人与一部分空缺职位进行匹配，企业为了提高生产率对工人进行筛选，通过匹配和筛选每家企业都与工人就工资进行谈判，从而使生产率高的企业支付更高的工资，生产率高的企业规模更大，大部分会选择出口，出口企业相对非出口企业支付更高的工资。虽然经济开放会带来福利收益，但在贸易均衡中，部门内的失业和收入不平等要高于封闭经济。在开放经济中，贸易自由化对部门内失业和收入不平等具有非单调的影响。当贸易壁垒下降，部门内收入不平等提高，在这个过程中出口企业比例上升，当比例小于 1 时，收入不平等达到了顶峰；贸易壁垒继续下降，部门内收入不平等会减少，当所有企业都出口，收入不平等达到封闭经济的水平。虽然当所有企业都出口，实际收入比封闭经济收入要高，但收入不平等是一样的，只要有一部分企业出口，收入不平等程度就比封闭经济要高。

Davis 和 Harrigan（2011）将 Melitz 异质企业贸易模型与效率工资模型相结合，分析了贸易自由化带来产品市场和劳动力市场的变动。企业特定租金使失业和就业达成均衡，而这些租金使工人对好的工作和差的工作进行区分，选择效应既取决于企业的物质生产力，也取决于企业的工资。与 Melitz 模型不同的是，企业租金和失业的存在意味着工人们关心失业，尤其是担心失去好的工作。模型分析了工人失业的两个因素：存在非自愿失业，使工人在一段时间内没有工作和工资；不同工作带给工人不同工资，高收入工作会随贸易自由化进程加快而减少。贸易自由化会大幅提高实际总收入，失业率处于合理水平，几乎不受贸易自由化的影响。然而，产品和劳动力市场仍有相当大的波动，随着经济全球化边界壁垒的消除，自由贸易导致多达四分之一的好工作（高于平均工资）被彻底摧毁。实际的贸易自由化与大量的劳动力重新分配有关，但这主要发生在行业内部，而不是行业之间。贸易收益使就业人员与失业人员之间以及就业好与坏之间存在分配冲突。

Bustos（2011）采用 1992—1996 年阿根廷企业层面数据，分析了巴西关税下降对阿根廷企业技术升级的影响。实证研究以南方共同市场（MERCOSUR）区域自由贸易协定实施为背景，在此期间（1992—1996 年），阿根廷对巴西的出口增长了 4 倍，而对世界其他地区的出口仅增长了 60%。巴西对阿根廷不同行业关税下降的幅度不同，进而可以反映出关税削减对不同行业的影响。数据表明，阿根廷中等规模以上的企业有 76% 选择出口，中等规模以下的企业只有 38% 选择出口。实证结果表明，当巴西关税平均下降 23%，会使阿根廷中等规模以上企业熟练工人比重提高 6%，而中等规模以下企业熟练工人比重降低 8%；同一行业中等规模以上企业提高熟练工人比重的速度比中等规模以下企业快 1.98 个百分点，这意味着大企业和小企业之间的技能强度差距增加了 35%。结合出口行为选择，贸易自由化使各行业对熟练工人的相对需求增加，熟练工人的相对就业率就提高了。因此，无论在发达国家还是发展中国家，经济全球化导致技能溢价的普遍上涨，加剧了收入不平等。

Amiti 和 Davis（2012）建立了具有企业异质性、最终产品和中间产品贸易以及企业公平工资的一般均衡模型。工资被认为是利润的增长函数，由于利润是收入减去固定成本的一部分，因此工资随企业收入增加而增加。但收入取决于企业的经营战略，企业既可以选择出口，也可以选择内销；既可以选择购买国内的中间产品，也可以选择进口国外的中间产品。由于进口和出口都需要固定成本，只有生产率较高的企业才能同时选择两种方式，生产率高的企业既出口最终产品，又进口中间产品，生产率低的企业只服务国内市场。该理论模型论证了不同类型产品关税削减所带来的工人收入变化取决于雇用企业的全球化模式。具体而言，最终品关税削减提高了出口企业工人收入，降低了非出口企业工人收入；中间产品关税削减提高了大型进口企业工人收入，降低了非进口企业工人收入。这些效应之间存在协同作用，出口和进口会放大这些效应。

Helpman 等（2017）对上述模型进行拓展，将企业出口固定成本差异和筛选工人能力差异引入理论模型。首先，进一步证明了总体收入不平等在很大程度上发生在部门和职业内部，而不是部门和职业之间。其次，这种部门和职业内的收入不平等很大程度上是由企业之间收入不平等造成的。最后，这两项研究结果都控制了所观察到工人特征的作用，表明部门内和企业间收入不平等是由于剩余收入不平等。该理论框架基于企业生产率方面具有异质性，同时考虑企业筛选工人成本不同以及企业固定出口成本存在差异。企业生产率的异质性使企业就业规模和出口状况不同；不同类型企业筛选工人成本不同则允许不同企业工资水平存在差异，不同的固定出口成本使一些低工资的小型企业能够出口盈利，而一些高工资的大型企业只能服务国内市场。将理论模型简化成企业就业、工资和出口状况的计量模型，可以解释出口企业就业和工资溢价，并预测企业就业、工资和出口状况之间不完全相关，出口商的工资溢价既取决于生产率高的企业选择出口而选择支付更高工资，也取决于出口商为获得更大的市场准入而增加企业工资。另外，出口目的地多样化，也会放大贸易对收入不平等残差的影响。

Helpman 等（2017）采用 1986—1998 年巴西制造业企业雇主和雇员信息，数据包括 600 万名工人和 9 万家企业。巴西从 1988 年开始降低关税，1990 年至 1993 年进一步降低关税，1991 年随着南方共同市场建立实现了区域贸易自由化。在这种贸易自由化背景下，巴西出口企业份额在 1990 年至 1993 年几乎翻了一番，就业份额增加了约 10 个百分点。它们首先采用员工数据对明瑟收入方程进行估计，发现 1994 年企业间收入不平等占总体收入不平等的55%，工人可观察特征对收入不平等的贡献为13%，企业差异对收入不平等的贡献为39%。采用极大似然估计，他们用模型测算出工资对数标准差为0.46，基尼系数为0.25，90/10分位数百分率为3.24。用1994年的数据进行估计，他们发现贸易壁垒下降一开始会加剧收入不平等，直到其达到最高值，随着贸易摩擦减少，收入不平等会降低。可变贸易成本下降导致收入不平等峰值比封闭经济高出10.7%，固定贸易成本下降使收入不平等峰值比封闭经济高出7.6%。在考虑多个出口目的国的情况下，分别高出23.3%和19%，因此经济全球化放大了贸易对收入不平等的影响。

2.4.2 匹配理论

Becker（1973）将匹配运用到婚姻市场，提出正向类型匹配使生产价值最大化，并加重了代际收入不平等。近年来，这一思想被运用到贸易模型中来研究经济全球化对不同群体收入不平等的影响。与婚姻市场不同，劳动力市场多个工人可以与一个管理者或企业进行匹配。假设工人特征用能力来表示，企业特征用技术复杂度来表示，能力越强的工人收入越高，收入随能力增长的速度取决于工人与企业在生产函数中的互补性有多强。如果经济环境发生变化，能力强的工人与技术复杂度更高的企业进行匹配，那么任何一对能力不同工人的收入差距就会扩大。因此，匹配的变化会引起收入差距的扩大或缩小，收入增长速度决定了收入不平等。将正向类型匹配应用到贸易模型中可以检验国际贸易对高收入人群或低收入人群收入不平等的影响。

2.4.2.1 工人与企业进行匹配

Yeaple（2005）构建了一般均衡贸易模型，讨论了异质企业和工人对不同技术进行选择所产生的收入不平等。企业从一组具备不同能力的工人中进行选择，能力高的工人在技术部门有比较优势，且在高技术操作上有比较优势，使得高能力工人与技术部门的高技术进行匹配，中等能力工人与技术部门的低技术进行匹配，低能力工人与传统部门进行匹配。在这种情况下，高收入群体收入不平等由高技术部门劳动生产率决定，中等收入群体收入不平等由低技术部门劳动生产率决定，低收入群体收入不平等由传统部门劳动生产率决定。国际贸易对技能溢价和生产率产生影响，使得低技术部门能力高的工人受雇于高技术部门，低技术部门能力低的工人受雇于传统部门，导致就业和收入两极分化。该模型的传导机制说明经济全球化在收入两极分化中起到重要作用。

Sampson（2014）将企业和工人异质性引入 Melitz 模型，分析了当企业与工人进行匹配，产业内贸易如何影响收入分配。当工人技能与企业技术形成正向类型匹配，会产生规模工资溢价和出口商工资溢价。具体而言，出口固定成本使企业偏向于选择先进技术，技术水平高的企业会选择出口，贸易使企业技术分布曲线右移，这种变化使企业与工人进行重新匹配，所有工人匹配度提高，收入不平等也会增加。该模型体现了经济全球化通过技术分布右移影响收入不平等的作用机制，并预测了经济全球化所带来的影响：经济全球化使所有国家收入不平等提高；贸易加剧了出口企业高技能工人收入不平等，对低技能工人收入不平等影响不确定；可变贸易成本下降导致收入不平等增加，而固定贸易成本下降，收入不平等曲线呈现倒 U 形。

Grossman 和 Helpman（2018）将企业和工人异质性引入创新驱动内生增长模型，将能力不同的工人与创新性不同的企业进行匹配，企业产品质量与工人能力相辅相成。他们假设能力强的工人在创新方面有比较优势，那么能力高于某个阈值的工人进入创新企业，能力低于该阈值的工人进入制造企业。阈值是内生的，它在说明企业增长与收入不平等关系方面发挥了重要作用。阈值较低说明更多工人受雇于创新企业，导致经济增长速度加快，为企业和工人进行重新匹配提供动力，进而导致收入不平等扩大。经济全球化带来技术溢出效应，降低了各国创新成本，使工人进入创新企业的能力阈值下降，加剧了整体收入不平等。

2.4.2.2 工人与部门进行匹配

Ohnsorge 和 Trefler（2007）最先采用工人与部门匹配的分配模型，研究了工人异质性与部门分类对产业结构、国际贸易与国内收入分配的影响。具体而言，每个工人都具备一系列的技能，部门需要选择具备正确技能组合的工人。李嘉图比较优势理论说明要素禀赋所带来的影响，但不同国家工人的技能分布存在差异，它与不同部门进行匹配会影响国际生产和国际贸易的方式，比如要素禀赋不平等程度较高的经济体在出口商品时会选择一种技能，而不是所有技能，这可以解释美国在信息技术行业占主导地位，而德国在机械制造业占主导地位的现象。在劳动力市场完全竞争条件下，不同部门以及部门内部工人收入不同。因此，该模型可以预测国际贸易对不同行业和行业内部收入不平等所造成的影响。

Costinot 和 Vogel（2010）对两种要素、两种产品的贸易模型进行拓展，将不同类型工人与不同部门进行匹配，阐明了相对要素供给和相对要素需求在不同环境下如何影响要素配置和要素价格。模型假设工人人均产出自然对数取决于工人能力和部门技术复杂度，两者表现出互补性，这一假设使任何竞争均衡分析都可以转化成匹配问题。在南北贸易模型中，经济全球化对收入不平等的影响主要取决于要素禀赋和技术差异，与 HO 模型预测的结果类似，国际贸易增加了技能丰裕国家收入不平等，降低了技能稀缺国家收入不平等。在北北贸易模型中，分析发现在要素多元化程度较高的国家，经济全球化使低收入群体收入不平等有所下降，使高收入群体收入不平等有所提高；而在要素多元化程度较低的国家，经济全球化所带来的影响正好相反。这一分析结果表明经济全球化不一定增加或者减少一个国家整体收入不平等，它会对不同能力区间群体收入不平等产生影响。该模型解释了标准贸易理论无法解释的新现象，即北方国家拥有类似的平均技术水平，但北北贸易量占世界贸易的绝大部分。模型还分析了经济全球化带来技能偏向性技术变革，加剧了国家间收入不平等，会提高不同群体和群体内部收入不平等；离岸外包导致技术水平下降，使两国收入不平等普遍提高。

2.4.2.3 匹配理论的相关实证研究

Burstein、Morales 和 Vogel（2016）将多种属性的工人与多种职业进行匹配，工人在受教育年限和性别上存在差异，不同职业劳动生产率不同，工人属性、设备类型和劳动投入决定了劳动生产率。计算机普及率可以作为技术进步影响收入不平等的传递路径，计算机对技能溢价的影响来源于以下两个事实：受过教育的工人在计算机使用上有比较优势；受过教育的工人在技术密集型职业中有比较优势。分析经济全球化对技能溢价的影响需要考虑计算机使用和职业就业如何通过国际贸易影响劳动力市场。因此，收入不平等是由劳动力构成、职业需求、计算机使用率和劳动生产率的变化所决定的。

Burstein、Morales 和 Vogel（2016）采用美国人口调查数据，对美国工人收入的决定因素进行定量研究，他们发现 1984—2003 年期间美国工人相对工资变化与劳动力构成、职业需求、设备生产率和劳动生产率相关。技能溢价在 1984—2003 年期间增加了 15.1 个对数点，最大的增长发生在 1984—1993 年之间。1984—2003 年期间由于劳动力供给的变化，技能溢价下降了 11.4 个对数点，然而劳动力需求变化使技能溢价提高了 26.5 个对数点。技能溢价的需求效应 60%是由于计算机使用，18.5%是由于职业需求变化，21.5%是由于劳动生产率。为了估计经济全球化对技能溢价的影响，他们测算出如果美国没有进入国际设备市场，1984—2003 年技能溢价的增长会降低 2.1 个百分点，如果美国不能进行职业服务交易，技能溢价的增长会降低 1.3 个百分点。

Burstein 和 Vogel（2017）将企业和部门的技能强度差异纳入国际贸易标准模型，建立了 60 个国家和剩余国家为一个地区的贸易模型，该模型既包括贸易部门也包括不从事对外贸易的服务部门，部门内部企业存在异质性，生产率高的企业雇用技能相对较高的工人，工人分为熟练工人和非熟练工人。跨国生产是经济全球化的主要形式，贸易成本下降使生产要素在一个国家的比较优势部门重新进行分配，提高了在技能密集部门有比较优势国家的技能溢价，降低了其他国家的技能溢价。贸易成本下降还使生产要素在生产率更高、技能密集程度更高的企业间重新进行分配，进而使所有国家技能密集部门的生产要素进行再分配，提高了所有国家的技能溢价。定量分析表明，贸易自由化使几乎所有国家的技能溢价都在上升。因此，在发达国家和发展中国家，经济全球化导致技能溢价的普遍上涨，提高了所有国家的收入不平等。

Grossman、Helpman 和 Kircher（2017）分析了在贸易条件改变的情况下，相对价格变化对两种匹配和收入分配产生的影响。与传统匹配模型不同，他们考虑了生产要素在部门之间的匹配和部门内部生产要素的匹配，即某些类型的工人和管理者与技术复杂度不同的部门进行匹配，部门内部能力水平不同的工人与管理者进行匹配，为进行区分，前者采用分类术语，后者采用匹配术语。部门生产率取决于工人和管理者的能力，使得部门内匹配符合正向类型匹配；工人和管理者被部门雇用取决于技术特点和产品价格，因此部门分类不一定满足正向类型匹配。在这种环境下，要素比例理论和分类匹配相结合决定了经济全球化对收入不平等的影响。具体而言，经济全球化导致部门内收入不平等与管理者收入负相关，并缩小了部门间的收入差距。要素密集度与匹配相互作用，揭示出要素匹配度提高会加剧部门内部收入不平等。如果是劳动密集型部门匹配度提高，经济全球化会加剧劳动密集型部门的收入不平等，管理密集型部门的收入不平等反而下降。

2.5 相关研究评述

综上所述，国内外经济学界对人力资本与经济增长、产业结构升级、个体收入差异的研究不断深化。人力资本在个人收入中扮演重要角色，然而人力资本很难衡量。Mincer（1974）提出了用三个可观察到的特征——教育、经验和性别去解释不同个体工资差异，但只能解释工资变化的一小部分，不能解释残差不平等。因此，当人力资本模型仅关注教育程度、技能水平、健康状况、家庭背景等认知能力因素时，人力资本理论并不能充分解释劳动力工资收入的差异，比如在控制了认知变量、人口和家庭背景等因素时，仍然有2/3 ~4/5 的收入差异未能被解释（周金燕，2015）。很明显，在明瑟收入方程中一些重要的解释变量被遗漏了。本章第四节梳理了近20年来开放经济条件下劳动者工资差异的相关文献，我们发现：第一，经济全球化在不同程度上影响了不同类型工人的收入。第二，经济全球化通过不同渠道促进了技能溢价的提高。大量文献将劳动力异质性和企业异质性相结合来考察不同群体的收入差距，近年来匹配理论被运用到国际贸易模型中来检验经济全球化对高收入人群或低收入人群收入不平等的影响。本书理论模型的构建就是基于上述理论，其中心思想是人力资本异质性将引起不同地区的收入差异。

大量文献对人力资本分类与度量仍然基于传统人力资本理论研究的前提

假设，认为人的能力是天生的，而且将人的能力片面地理解为一种认知能力。而新人力资本理论认为能力才是人力资本概念的核心，以赫克曼（Heckman，2001）和鲍尔斯（Bowles，2001）为代表的经济学家对传统人力资本模型的假设进行修正，采用经济非均衡发展的熊彼特收入决定模型和扩展完全合同假设的科斯收入决定模型，这两个模型为非认知能力如何取得经济回报提供了解释。这也说明人力资本内涵不仅强调认知能力的生产技能，还要关注非认知能力的非生产技能。迄今为止，国内外学术界按照认知人力资本与非认知人力资本进行分类，并将两者相结合对开放经济下人力资本质量与全要素生产率进行互动研究的成果尚不多见。本书的研究对现有人力资本相关文献作进一步的补充，构建了人力资本质量的理论模型，研究开放经济下人力资本质量与地区经济增长差异之间的关系，揭示出人力资本质量如何提高才能有效促进不同地区人均产出的增加和加快经济高质量发展。本书研究可以填补国内关于开放经济下人力资本质量与地区经济增长关系方面的空白，具有一定的理论创新价值。

3 人力资本对经济增长的作用机制的理论分析

经济增长差异历来是众多学者关注的焦点，自20世纪60年代舒尔茨提出人力资本理论以来，人力资本对经济增长的重要作用已经得到学术界的认可，但人力资本对经济增长的作用机制仍然是众多学者争论的焦点。只有厘清人力资本如何作用于经济增长，我们才能选择和构建模型对人力资本与经济增长之间的关系进行实证研究，进而提出相应的政策建议促进人力资本与经济发展的良性互动。因此，本章将结合国内外学者的相关研究成果，对人力资本影响经济增长的作用机制进行梳理。

3.1 人力资本差异是国家间收入差异的主要因素

宏观经济学中，无论是新古典增长模型，还是内生经济增长模型，它们的核心目的都是帮助我们理解世界范围内人均收入的巨大差异。索洛模型的主要结论是：如果实物资本在收入中的份额是资本生产中重要性的一个合理度量，则资本差异不能解释国家间收入的巨大差异。Ramsey - Cass - Koopmans 模型和 Diamond 世代交替模型的结论是：资本积累既不能解释长期增长的大部分原因，也不能解释国家间收入差异的大部分原因。新增长理论认为，知识积累可能是世界范围增长的核心因素，但不一定是国家间收入差异的核心因素，由于技术具有非竞争性，因而技术差异不太可能是国家间收入差异的重要原因。Romer 和 Lucas 认识到实物资本并非仅有一种资本类型，还需要考虑人力资本，并将人力资本纳入增长模型，开展了开创性的研究。接下来我们对 Lucas 的人力资本作用机制进行介绍。

3.1.1 Lucas（1988）模型

1988 年 Lucas 在“*On the Mechanics of Economic Development*”一文中构建了两时期两商品模型，强调了人力资本积累的重要性，人力资本内部效应通过学校教育积累获得，人力资本外部效应通过干中学积累获得。人力资本外部效应使物质资本生产部门呈现出规模收益递增的性质，因此人力资本成为经济增长的“发动机”。Lucas 的人力资本经济增长模型如下。

假设经济中总共有 N 个人，其中，技术水平为 h 的人数为 N，h 从 0 到无穷，可以得到：$N=\int_0^{\infty}N(h)\mathrm{d}h$。假设技术水平为 h 的工人花 $u(h)$ 的时间工作，花 $1-u(h)$ 的时间进行人力资本积累（学习），则经济中有效劳动力总和为各个技术水平上劳动人数实际工作时间以能力水平为权重的加权和：$N^e=\int_0^{\infty}u(h)N(h)h\mathrm{d}h$。仍然假定产出是总物质资本投入和总有效劳动投入的函数，有：$Y=F(K,N^e)$；技术水平为 h 的工人的单位时间工资为 $F_N(K,N^e)h$，其总收入为 $F_N(K,N^e)hu(h)$。平均人力资本水平为：

$$h_a=\int_0^{\infty}hN(h)\mathrm{d}h\Big/\int_0^{\infty}N(h)\mathrm{d}h \tag{3.1.1}$$

假定所有工人有相同的人力资本水平 h，并有同样的劳动时间选择 u，则有效劳动为：$N^e=uhN$，并且 $h_a=h$，得到如下资源约束方程：

$$N(t)c(t)+\dot{K}(t)=AK(t)^{\beta}[u(t)h(t)N(t)]^{1-\beta}h_a(t)^{\gamma} \tag{3.1.2}$$

其中，$h_a(t)^{\gamma}$ 刻画人力资本外部效应；技术水平 A 假定为常数，$1-u(t)$ 被贡献于人力资本积累，从而有积累方程：

$$\dot{h}(t)=h(t)^{\zeta}G(1-u(t)) \tag{3.1.3}$$

其中，G 为增函数，且 $G(0)=0$。

我们采用 the Uzawa－Rosen 形式，可以表示为：

$$\dot{h}(t) = h(t)\delta[1 - u(t)] \tag{3.1.4}$$

采用常风险回避型偏好：

$$\int_0^{\infty} e^{-\rho t} \frac{1}{1-\sigma}[c(t)^{1-\sigma} - 1]N(t)\mathrm{d}t \tag{3.1.5}$$

建立上述最优问题的现值 Hamiltonian 函数如下：

$$H(K,h,\theta_1,\theta_2,c,u,t) = \frac{N}{1-\sigma}(c^{1-\sigma} - 1) + \theta_1[AK^{\beta}(uNh)^{1-\beta}h^{\gamma} - Nc] + \theta_2[\delta h(1-u)]$$

一阶条件为：

$$c^{-\sigma} = \theta_1 \tag{3.1.6}$$

$$\theta_1(1-\beta)AK^{\beta}(uNh)^{-\beta}Nh^{1+\gamma} = \theta_2\delta h \tag{3.1.7}$$

$$\dot{\theta}_1 = \rho\theta_1 - \theta_1\beta AK^{\beta-1}(uNh)^{1-\beta}h^{\gamma} \tag{3.1.8}$$

$$\dot{\theta}_2 = \rho\theta_2 - \theta_1(1-\beta+\gamma)AK^{\beta}(uN)^{1-\beta}h^{-\beta+\gamma} - \theta_2\delta(1-u) \tag{3.1.9}$$

式（3.1.1）、式（3.1.6）、式（3.1.7）、式（3.1.8）共同决定均衡和最优路径的必要条件；但式（3.1.9）不一定成立，它是人力资本的平衡（有效）条件。私人部门最优时得到：

$$\dot{\theta}_2 = \rho\theta_2 - \theta_1(1-\beta)AK^{\beta}(uN)^{1-\beta}h^{-\beta}h_a^{\gamma} - \theta_2\delta(1-u) \tag{3.1.10}$$

市场出清意味着：$h_a(t) = h(t)$，对任意 t 成立，因而得到：

$$\dot{\theta}_2 = \rho\theta_2 - \theta_1(1-\beta)AK^{\beta}(uN)^{1-\beta}h^{-\beta+\gamma} - \theta_2\delta(1-u) \tag{3.1.11}$$

当 $\gamma = 0$ 时，式（3.1.11）和式（3.1.9）相同；$\gamma > 0$ 表示人力资本存在正的外部效应，这就形成了社会值式（3.1.9）和私人值式（3.1.11）之间的差异。记 $\kappa = \dot{c}(t)/c(t)$，由式（3.1.6）、式（3.1.8）得到：

$$\beta AK(t)^{\beta-1}(u(t)h(t)N(t))^{1-\beta}h(t)^{\gamma} = \rho + \sigma\kappa \tag{3.1.12}$$

记 $v = \dot{h}(t)/h(t)$，$\lambda = \dot{N}(t)/N(t)$，由式（3.1.4）得到：

$$v = \delta(1-u) \tag{3.1.13}$$

微分式（3.1.12）得到：

$$\kappa = \left(\frac{1-\beta+\gamma}{1-\beta}\right)v \tag{3.1.14}$$

微分一阶条件式（3.1.6）、式（3.1.7）并整理得到：

$$\frac{\dot{\theta}_2}{\theta_2} = (\beta-\sigma)\kappa - (\beta-\gamma)v + \lambda \tag{3.1.15}$$

由此我们可以考虑有效路径和均衡路径上不同的结果，因此我们称社会值最优为有效路径，称私人值最优为均衡路径。在有效路径上，利用式（3.1.7）、式（3.1.9）可得：

$$\frac{\dot{\theta}_2}{\theta_2} = \rho - \delta - \frac{\gamma}{1-\beta}\delta u \tag{3.1.16}$$

利用式（3.1.15）和式（3.1.16）消去左端项，再由式（3.1.14）消去 k 可以求得有效路径上人力资本积累率：

$$v^{*} = \sigma^{-1}\left[\delta - \frac{1-\beta}{1-\beta+\gamma}(\rho-\lambda)\right] \tag{3.1.17}$$

在均衡路径上，用式（3.1.11）替代上述推导中所用的式（3.1.9）得到：

$$\frac{\dot{\theta}_2}{\theta_2} = \rho - \delta \tag{3.1.18}$$

类似于有效路径上的推导，用式（3.1.18）替代式（3.1.16），得到经济均衡增长率为：

$$v = [\sigma(1-\beta+\gamma) - \gamma]^{-1}[(1-\beta)(\delta-(\rho-\lambda))] \tag{3.1.19}$$

Lucas 模型说明即使人口增长率等于零，经济持续增长仍然有实现的可能。Lucas 的基本观点是，人力资本作为投入要素直接作用于生产过程，并且人力资本的外部效应使生产规模报酬递增。发达国家由于拥有较高的人力资本水平，物质资本的边际效率和劳动者工资水平较高，使不发达地区物质资本和劳动力向发达国家流动。因此，Lucas 模型不仅在理论上解释了经济持续增长动力是人力资本的积累，还进一步说明了跨国收入差异和经济增长率差异主要是由人力资本积累差异所造成的。

国家间收入差异主要来源于人力资本和实物资本的差异，对此相关学者进行了实证检验。他们将国家间收入差异分解为实物资本的贡献、人力资本的贡献，以及既定资本存量的产出贡献。Hall 和 Jones（1999）利用 PWT 数据构造了实物资本存量的估计值，使用的表达式如下：

$$\ln\frac{Y_i}{L_i} = \frac{\alpha}{1-\alpha}\ln\frac{K_i}{Y_i} + \ln\frac{H_i}{L_i} + \ln A_i \qquad (3.1.20)$$

通过比较样本中 5 个最富国家和 5 个最穷国家，他们发现富国组工人平均产出是穷国组工人平均产出的 31.7 倍，用对数衡量，这个差异为 3.5 倍。具体而言，$\frac{\alpha}{1-\alpha}\ln\frac{K_i}{Y_i}$ 的差异为 0.6 倍，$\ln\frac{H_i}{L_i}$ 的差异为 0.8 倍，$\ln A_i$ 的差异为 2.1 倍。这说明最穷国家与最富国家之间人均产出差异仅约 1/6 大致来源于实物资本强度的差异，不足 1/4 的部分大致来源于人力资本的差异。Klenow 和 Rodriguez - Clare（1997）使用略有不同的假设，得出了类似的结论。而且，他们还发现实物资本、人力资本与残值的贡献并不是独立的。

3.2 人力资本在解释经济增长差异中的重要作用

经济学家们不仅着眼于国家间人均收入差异，他们还发现单个国家的增长时常显著地不同于世界性的平均增长，进而表明国家间的相对收入也有很大差异，最引人注目的例子是增长奇迹和增长灾难。增长奇迹的例子有：20 世纪 60 年代的新加坡和韩国、20 世纪 70 年代早期的智利、20 世纪 90 年代的中国。增长灾难的例子有：20 世纪 60 年代的许多新独立的非洲国家、20 世纪 70 年代早期的乌干达。增长奇迹和增长灾难为研究各国相对收入变化提供了两个极端的例子，人们开始思考不同经济增长方式背后的原因。

一种观点认为，各国经济增长率产生差异是由于各国经济初始位置相对于各自长期路径的差异。比如初始位置低于其长期路径的国家比初始位置高于其长期路径的国家增长得更快，在这种情形下，国家人均收入越低，其增长速度越快。这被称为无条件收敛。

另一种观点认为，各国的平衡增长路径值并不相同，国家间收入差异存在一个持久的部分。如果贫困国家的储蓄率低，则这些国家的增长率不会表现出高于其他国家的趋势。国家间收入差异来源于各国所处状态相对于各自平衡增长路径状态的差异，随着各国向各自平衡增长路径收敛，这种收入差异会逐渐消失。这被称为条件收敛，即在对其平衡增长路径上收入的决定因素进行调整后，贫困国家的经济增长率会更高。在经济增长模型中，MRW 模型被学者们广泛应用于经验研究，尤其是用来解释人力资本在经济增长中的重要作用。

3.2.1 MRW（1992）模型

以 Mankiw、Romer 和 Weil（1992）为代表的经济学家将人力资本纳入扩展的索洛模型，进一步分析了人力资本对经济增长的重要作用。他们首先建立如下形式的生产函数：

$$Y(t) = K(t)^{\alpha} H(t)^{\beta} (A(t)L(t))^{1-\alpha-\beta} \tag{3.2.1}$$

其中，H 表示人力资本存量，其他变量系数设定与索洛模型一致。假设 s_k 为收入中用于物质资本投资的比重，s_h 为收入中用于人力资本投资的比重，则经济动态变化方程可以表示为：

$$\dot{k}(t) = s_k y(t) - (n + g + \delta) k(t) \tag{3.2.2}$$

$$\dot{h}(t) = s_h y(t) - (n + g + \delta) h(t) \tag{3.2.3}$$

其中，$y = Y/AL, k = K/AL, h = H/AL$，它们分别表示单位有效劳动的产出、物质资本、人力资本存量。我们假设 $\alpha + \beta < 1$，说明所有资本是规模报酬递减的。由式（3.2.2）和式（3.2.3）可解得经济收敛于稳态时的单位有效劳动的物质资本存量和单位有效劳动的人力资本存量。

$$k^* = \left(\frac{s_k^{1-\beta} s_h^{\beta}}{n + g + \delta}\right)^{\frac{1}{1-\alpha-\beta}} \tag{3.2.4}$$

$$h^* = \left(\frac{s_k^{\alpha} s_h^{1-\alpha}}{n + g + \delta}\right)^{\frac{1}{1-\alpha-\beta}} \tag{3.2.5}$$

将式（3.2.4）和式（3.2.5）代入生产函数（3.2.1），并进行对数变换，可以得到稳态时的人均收入方程：

$$\ln\left[\frac{Y(t)}{L(t)}\right] = \ln A(0) + gt - \frac{\alpha+\beta}{1-\alpha-\beta}\ln(n+g+\delta) + \frac{\alpha}{1-\alpha-\beta}\ln(s_k) + \frac{\beta}{1-\alpha-\beta}\ln(s_h) \tag{3.2.6}$$

式（3.2.6）说明人口增长率、物质资本比重、人力资本比重对人均产出的影响。由式（3.2.5）和式（3.2.6）可以推导出关于人力资本水平的表达式：

$$\ln\left[\frac{Y(t)}{L(t)}\right] = \ln A(0) + gt - \frac{\alpha}{1-\alpha}\ln(n+g+\delta) + \frac{\alpha}{1-\alpha}\ln(s_k) + \frac{\beta}{1-\alpha}\ln(h^*) \tag{3.2.7}$$

这两个模型为人力资本解释经济增长差异的经验研究提供了两种方法：一种方法是把人力资本投资比重作为解释变量的扩展模型，另一种方法是把人力资本水平作为解释变量的扩展模型。他们的结论是在索洛模型中加入人力资本可以提高模型的性能，即使使用一个不精确的代理变量来表示人力资本，也能够处理相当大一部分模型的剩余残差。

文中还给出了收入增长模型：

$$\ln(y(t)) - \ln(y(0)) = (1-e^{-\lambda t})\frac{\alpha}{1-\alpha-\beta}\ln(s_k) + (1-e^{-\lambda t})\frac{\beta}{1-\alpha-\beta}\ln(s_h) - (1-e^{-\lambda t})\frac{\alpha+\beta}{1-\alpha-\beta}\ln(n+g+\delta) - (1-e^{-\lambda t})\ln(y(0)) \tag{3.2.8}$$

他们采用1960—1985年OECD国家相关数据发现这些国家经济增长趋于收敛。该模型预测了拥有类似技术、资本积累速度和人口增长率相似的国家人均收入将呈现收敛状态。

3.2.2 Barro和Sala－i－Martin（1992）模型

根据新古典增长模型，经济增长率往往与人均产出或收入的初始水平成反比。特别是如果经济体在偏好和技术方面相似，那么穷国的增长速度将快于富国的增长速度。因此有一种力量促进不同国家人均产出和收入水平的趋同。简化的生产函数可以表示为：

$$\hat{y} = f(\hat{k}) \tag{3.2.9}$$

单位有效劳动资本增长率可以表示为：

$$\dot{\hat{k}} = f(\hat{k}) - \hat{c} - (\delta + x + n)\hat{k}$$

采用柯布—道格拉斯生产函数形式取对数转化为：

$$\log[\hat{y}(t)] = \log[\hat{y}(0)] \cdot e^{-\beta t} + \log(\hat{y}^*) \cdot (1 - e^{-\beta t}) \tag{3.2.10}$$

人均产出在 0 到 T 时期的平均增长率可以表示为：

$$\frac{1}{T} \cdot \log\left[\frac{y(T)}{y(0)}\right] = x + \frac{1 - e^{-\beta T}}{T} \cdot \log\left[\frac{\hat{y}^*}{\hat{y}(0)}\right] \tag{3.2.11}$$

β 越大，意味着 $\log[\hat{y}(0)]$ 向 $\log(\hat{y}^*)$ 收敛的速度越快。

将上式进行拓展，考虑包含随机扰动项，适用于经济体处于离散周期的等式为：

$$\log\left(\frac{y_{it}}{y_{i,t-1}}\right) = a_i - (1 - e^{-\beta}) \cdot [\log(y_{i,t-1}) - x_i \cdot (t - 1)] + u_{it} \tag{3.2.12}$$

对美国各州经济增长趋势进行实证研究，对上式进行调整得到：

$$\frac{1}{T}\log\left(\frac{y_{i,t_0+T}}{y_{i,t_0}}\right) = B\left(\frac{1 - e^{-\beta T}}{T}\right) \cdot \log(y_{i,t_0}) + u_{it} \tag{3.2.13}$$

该文的实证结果证明了收敛性的存在，即当经济体的人均产出低于稳态水平时，其增长速度往往会更快。从 1840 年到 1988 年，这一现象在美国各州都表现得很明显。在长期样本中，贫穷国家的人均增长率往往高于富裕国家，无论初始人均收入或产品以外的变量处于何种水平。如果保持地区和行业组成不变，趋同的速度似乎大致相同——每年 2% 左右。他们发现从 1960 年到 1985 年，98 个样本国家只有在某种条件成立的情况下才会趋同，比如在初始入学率和政府消费占 GDP 的比例保持不变的情况下人均产出才会趋同。他们将这些变量解释为有效工人产出和技术进步速度的稳态值。

3.3 人力资本对全要素生产率增长具有促进作用

Lucas（1988）认为，人力资本作为投入要素直接作用于生产过程，进而对经济增长产生影响。而 Nelson 和 Phelps（1966）则强调人力资本在技术进步中的重要作用，通过建立模型论证了人力资本所带来的生产率提高远远高于技术进步所带来的经济增长。他们认为一国的经济增长由两部分组成：一部分依赖人力资本的技术创新，还有一部分依赖人力资本对前沿技术模仿的赶超效应。在 Nelson 和 Phelps 的思想框架下，Benhabib 和 Spiegel 在《人力资本在经济增长中的作用：基于跨国数据的研究》（The role of human capital in economic development evidence from aggregate cross - country data，1994）一文中强调了人力资本通过以上两个渠道对全要素生产率产生影响，并构建了相应的模型进行实证研究。Vandenbussche、Aghion 和 Meghir（2006）通过创新和模仿两个渠道研究人力资本对技术进步的贡献。他们建立了一个理论模型来说明创新相对于模仿更偏向于技术密集型活动，因此熟练劳动力在技术前沿附近对经济增长具有更强的促进作用。VAM 模型论证了人力资本结构对经济增长的重要作用，只有受过高等教育的人力资本才能促进全要素生产率的增长。

3.3.1 Nelson - Phelps（1966）模型

1966 年，Nelson 和 Phelps 发表了一篇题为《人力资本投资、技术扩散和经济增长》（Investment in humans，technological diffusion and economic growth）的简短论文，重新审视了教育投资在经济增长中的作用，并将受过教育的人作为人力资本。Nelson 和 Phelps 首先提出理论技术水平，指的是技术扩散即时完成所达到的最高技术水平，而现实中技术扩散存在一定的时滞效应，技术追赶国家达到技术领先国家水平的时间由多种因素决定。

$$T(t) = T_0 e^{\lambda t}, \lambda > 0 \tag{3.3.1}$$

文中用 $T(t)$ 表示理论技术水平，用来表示世界领先技术水平，假设其技术增长是外生的且以指数形式增长，增长速率为 λ。

$$A(t) = T(t - w(h)), w'(h) < 0 \tag{3.3.2}$$

$$A(t) = T_0 e^{\lambda[t - w(h)]} \tag{3.3.3}$$

$A(t)$ 表示现实中的技术水平，无论是创新技术的外溢还是新技术投入生产都需要时间，而时间滞后效应是关于平均受教育年限 h 的函数，w 是关于 h 的边际递减函数。式（3.3.3）意味着随着 h 的增加，现实技术水平与理论技术水平的差距会不断缩小，并且理论技术水平以相同速率 λ 增长。

$$\frac{\partial A(t)}{\partial h} = -\lambda w'(h) T_0 e^{\lambda[t-w(h)]} = -\lambda w'(h) A(t) \tag{3.3.4}$$

从式（3.3.4）我们可以看出，教育回报率要远远高于理论技术水平的增长率（λ），因为 $-\lambda w'(h) > 0$。同样的方法可以应用于受教育年限的边际产出。总产出表达式为：

$$Q(t) = F[K(t), T_0 e^{\lambda[t-w(h)]} L(t)] \tag{3.3.5}$$

$$\frac{\partial Q(t)}{\partial h} = \lambda T_0 e^{\lambda[t-w(h)]} L(t)[-w'(h)] F_2 = -\lambda w'(h) \times WageBill \tag{3.3.6}$$

因此，在工资收入给定的情况下，教育的边际生产率是关于理论技术水平增长率 λ 的递增函数。

文中的第二个模型说明技术进步既取决于受教育年限，也取决于实际技术水平与理论技术水平的差距。具体而言：

$$A(t) = \Phi(h)[T(t) - A(t)] \tag{3.3.7}$$

将式（3.3.3）代入上式，得到：

$$A(t) = \left(A_0 - \frac{\Phi}{\Phi+\lambda} T_0\right) e^{-\Phi t} + \frac{\Phi}{\Phi+\lambda} T_0 e^{\lambda t} \tag{3.3.8}$$

$$A^*(t) = \frac{\Phi}{\Phi+\lambda} T_0 e^{\lambda t} \tag{3.3.9}$$

实际技术水平与稳态技术水平的差距可以表示为：

$$\frac{T(t) - A^*(t)}{A^*(t)} = \frac{\lambda}{\Phi(h)} \tag{3.3.10}$$

$$\frac{\partial A^*(t)}{\partial h} \cdot \frac{h}{A^*(t)} = \left[\frac{h\Phi'(h)}{\Phi(h)}\right] \cdot \left[\frac{\lambda}{\Phi(h)+\lambda}\right] \tag{3.3.11}$$

式（3.3.11）表明受教育年限增长所带来的生产率提高远远高于技术进步所带来的经济增长速度。因此，Nelson 和 Phelps 认为，实际技术增长率不仅取决于新技术的发明，还取决于实际技术水平与理论技术水平的差距。

3.3.2 Benhabib 和 Spiegel（1994）模型

1994 年，Benhabib 和 Spiegel 在 Nelson－Phelps 模型基础上构建了人力资

本与经济增长模型，发表了一篇《人力资本在经济增长中的作用：综合跨国数据的实证》（The role of human capital in economic development：Evidence from aggregate cross – country data）的论文。他们首先采用跨国数据，计算得到物质资本和人力资本存量，以柯布—道格拉斯生产函数形式作为基础模型进行回归，回归结果表明人力资本在解释人均产出增长率方面的作用并不显著。他们对标准内生经济增长模型进行改进，认为技术增长率即索洛残差，取决于人力资本和实际技术水平与理论技术水平的差距。

$$\frac{\dot{A}}{A} = c(H)\left[\frac{T(t) - A(t)}{A(t)}\right] \tag{3.3.12}$$

理论技术水平以指数形式增长，$T(t) = T(0)e^{\lambda t}$，该模型意味着全要素生产率的增长与人力资本有关。根据 Nelson – Phelps 的思想框架，不同国家全要素生产率增长可以表示为：

$$\frac{\dot{A}_i(t)}{A_i(t)} = g(H_i) + c(H_i)\left[\frac{\max_j A_j(t) - A_i(t)}{A_i(t)}\right] \tag{3.3.13}$$

上式表明：人力资本不仅有技术追赶效应，其本身也可以推动本国技术创新，成为经济内生增长的动力。Benhabib 和 Spiegel（1994）假设技术领先国家以指数形式实现技术增长，且增长率与人力资本有关，则

$$A(t) = A_L(0)e^{g(H_L)t} \tag{3.3.14}$$

$$\frac{\dot{A}_i(t)}{A_i(t)} = g(H_i) + c(H_i)\left[\frac{A_m(0)e^{g(H_m)t} - A_i(t)}{A_i(t)}\right] \tag{3.3.15}$$

我们可以看出人力资本变量影响技术增长率，无论是国内的技术进步还是技术追赶效应都取决于人力资本要素水平。人力资本存在明显的异质性，不同国家人力资本存量差异决定了经济发展速度不同。在实证研究中，Benhabib 和 Spiegel 对标准的柯布—道格拉斯生产函数进行改进，采用以下模型进行回归分析：

$$\log Y_T - \log Y_0 = c + (g - m)H_i + mH_i(Y_{\max}/Y_i) + \alpha(\log K_T - \log K_0) + \beta(\log L_T - \log L_0) + (\log\varepsilon_T - \log\varepsilon_0) \tag{3.3.16}$$

将上式转化为全要素生产函数形式，说明全要素生产率的增长取决于两个因素：第一个因素是人力资本水平，反映出国内自主创新水平。第二个因素是人力资本与技术差距的交互项，用来捕捉技术“追赶效应”。

$$\log A_T - \log A_0 = c + (g - m)H_i + mH_i(Y_{max}/Y_i) \tag{3.3.17}$$

Benhabib 和 Spiegel（1994）采用高收入国家、中等收入国家、低收入国家作为样本进行回归，发现高收入国家的追赶效应并不显著，而低收入国家的追赶效应却非常显著且产生积极的影响。他们还发现人力资本存量对人均收入增长起到重要作用，虽然实证结果无法证明，但他们推测人力资本通过提高物质资本生产率或者通过对全要素生产率的影响在经济增长中发挥作用。

3.3.3　VAM（2006）模型

2006 年，哈佛学者 Vandenbussche、Aghion 和 Meghir 发表了一篇名为《增长、技术前沿距离和人力资本的组成》（Growth，distance to frontier and composition of human capital）的论文，对 Benhabib 和 Spiegel（1994）提出的人力资本理论模型进行改进，说明人力资本结构与技术差距结合对经济增长起到的重要作用。他们主要通过创新和模仿两个渠道研究人力资本对经济增长的贡献，并进一步发展了内生经济增长模型，认为技术进步是创新和模仿共同作用的结果。在实证研究中，他们将受教育年限作为人力资本的代理变量，根据受教育年限的长短将人力资本划分为初级人力资本、中级人力资本和高级人力资本，并将不同类型的人力资本与技术进步相结合开展实证研究。他们采用 1960—2000 年 19 个 OECD 国家的面板数据，发现高级人力资本是这些国家经济增长差异的重要原因。

在每个阶段初期，i 企业都会对技术进行选择，技术进步主要有两个来源：一是追赶世界前沿技术的模仿活动，二是处于世界技术前沿的创新活动。这两种活动都会需要熟练劳动力和非熟练劳动力作为生产投入。I 部门的技术动态演变过程可以用等式（3.3.18）来表示，Vandenbussche、Aghion 和 Meghir 假设技术进步是关于创新和模仿的线性函数，可以得到：

$$A_{i,t} = A_{i,t-1} + \lambda\left[u_{m,i,t}^{\sigma}s_{m,i,t}^{1-\sigma}(\overline{A}_{t-1} - A_{t-1}) + \gamma u_{n,i,t}^{\phi}s_{n,i,t}^{1-\phi}A_{t-1}\right] \tag{3.3.18}$$

$\overline{A}_{t-1}$表示 $t-1$ 时期世界最高生产率，A_{t-1}表示某个国家在 $t-1$ 时期的生产率，$u_{m,i,t}$表示在 i 部门 t 时期模仿活动非熟练劳动力的投入，$s_{m,i,t}$表示在 i 部门 t 时期模仿活动熟练劳动力的投入，$u_{n,i,t}$表示在 i 部门 t 时期创新活动非熟练劳动力的投入，$s_{n,i,t}$表示在 i 部门 t 时期创新活动熟练劳动力的投入。σ、ϕ 表示相关变量的弹性系数。$\gamma>1$ 用来衡量创新与模仿在生产率增长方面的相对效率，$\lambda>0$ 用来衡量在整个生产过程中技术进步的效率。熟练劳动力在创新活动中的弹性要高于模仿活动，因此 $\phi<\sigma$。

通过分析发现，不管就业成分如何，当一个国家接近技术前沿，创新活动就业率会提高，模仿活动就业率会降低。当经济体与技术前沿接近的时候，熟练劳动力会促进生产率的提高；当经济体与技术前沿距离较远的时候，非熟练劳动力会促进生产率的提高。技术追赶的人力资本效应要强于技术创新的人力资本效应。技术进步会增加熟练劳动力在创新方面的效应，但会削弱熟练劳动力在模仿方面的效应。VAM 实证模型如下：

$$\begin{aligned}\log A_{j,t}-\log A_{j,t-1}&=\alpha_{0,j}+\alpha_1(\log A_{j,t-1}-\log\overline{A}_{t-1})+\alpha_2 f_{j,t-1}\\&\quad+\alpha_3(\log A_{j,t-1}-\log\overline{A}_{t-1})*f_{j,t-1}+\varepsilon_{j,t}\end{aligned}\tag{3.3.19}$$

$A_{j,t-1}$表示 j 国家在 t 时期的全要素生产率 TFP，$\log A_{j,t-1}-\log\overline{A}_{t-1}$ 表示上一期 j 国全要素生产率与世界最高全要素生产率的差距，$f_{j,t-1}$表示上一期 j 国受过高等教育人口比重，模型中还包括两者的交互项。文中采用 Barro－Lee 的教育数据库，根据受教育年限将劳动力分为熟练劳动力和非熟练劳动力，具体为：

$$YearsT=(p_6+p_7)n_6+p_7n_7\tag{3.3.20}$$

$$YearsPS=\sum_{i=1}^{5}\left(\sum_{j=i}^{7}p_i\right)n_i\tag{3.3.21}$$

p_i 表示 i 受教育年限的人口比重，*YearsT* 表示高等教育年限，*YearsPS* 表示初级和中级教育年限。在该条件假设下，一个大学毕业生为 *YearsPS* 贡献了 12 年，为 *YearsT* 贡献了 4 年。因此，VAM 实证模型又可以变化为：

$$\begin{aligned}\log A_{j,t}-\log A_{j,t-1}&=\beta_{0,j}+\beta_1(\log A_{j,t-1}-\log\overline{A}_{t-1})+\beta_2 YearsPS_{j,t-1}\\&\quad+\beta_3 YearsT_{j,t-1}+\beta_4(\log A_{j,t-1}-\log\overline{A}_{t-1})\times YearsPS_{j,t-1}\\&\quad+\beta_5(\log A_{j,t-1}-\log\overline{A}_{t-1})\times YearsT_{j,t-1}+\varepsilon'_{j,t}\end{aligned}\tag{3.3.22}$$

实证结果表明，技术进步由创新和模仿双重驱动，它使劳动投入在不同的发展水平上得到不同的利用。在技术水平远离技术前沿时，技术模仿是全要素生产率增长的主要动力。随着一个国家越来越靠近技术前沿，它的增长越来越依赖创新，这意味着劳动力从模仿活动转移到创新活动。利用内生经济增长模型，VAM 模型证明了这种再分配过程可以在熟练劳动力和技术差距之间创造一种互补关系。他们利用 1960—2000 年 19 个 OECD 国家的面板数据得出两个主要结论：第一，OECD 国家促进经济增长的主要因素是熟练人力资本，而不是人力资本存量。第二，在接近技术前沿的经济体中，高级人力资本对经济增长的促进作用更强。因此，人力资本对生产率增长不仅有“水平效应”，还有“结构效应”。

4　开放经济下人力资本质量的测度：理论模型

人力资本无疑对中国的经济增长和社会发展起到重要作用，但由于受到技术和数据条件的限制，人力资本的综合度量仍然是该研究领域尚待解决的难题。从现有文献看，大多数研究通常使用教育年限、健康程度等局部特征来衡量我国不同地区的人力资本水平（蔡昉和都阳，2001；陈钊等，2004；王弟海等，2008；黄燕萍等，2013；周京奎等，2019）。Kendrick（1976）提出基于成本法度量人力资本，但由于相关数据较难获取，国内只有少数学者从成本角度计算人力资本存量（张帆，2000；钱雪亚和刘杰，2004）。近年来，一些学者基于 Jorgenson 和 Fraumeni（1989，1992）提出的终生收入法，构建了中国的人力资本指数（李海峥等，2010、2013），但由于测算较为复杂，该数据较少被用于实证研究。

在本章中，我们运用并改进了 Xiang 和 Yeaple（2018）构建的一般均衡模型。首先，该模型的一个关键特征是异质劳动力对人力资本数量和类型的投资都是其最优选择。在异质劳动力选择行为中我们引入了比较优势的概念，而非像 Xiang 和 Yeaple（2018）模型假设劳动力要么具备认知能力，要么具备非认知能力。参考 Hsieh 等（2019）、Burnstein 等（2016）、Lee（2015）、Heckman 等（2006）等相关文献，我们认为劳动力同时具备认知能力和非认知能力，但由于劳动力在人力资本积累上的差异，认知能力较强的劳动力倾向于选择认知职业，非认知能力较强的劳动力倾向于选择非认知职业。由于模型假设前提发生了变化，我们对一般均衡过程进行了重新推导。人力资本一般均衡模型可以推导出人力资本质量指数的解析表达式，它是关于认知人力资本生产率和非认知人力资本生产率的加权幂平均函数，权重取决于职业就业份额，指数由劳动力供给弹性系数决定。本书首先基于封闭经济条件推出人力资本质量指数的表达式，并在开放经济下对人力资本质量指数表达式进行拓展。

其次，Xiang 和 Yeaple（2018）模型构建基于的第一个直观前提是国际考试测试分数可以反映出不同国家认知人力资本的绝对优势。Xiang 和 Yeaple（2018）采用国际学生评估项目（PISA）测试分数来表示不同国家认知人力资本水平。而我们认为采用 PISA 测试分数反映中国的认知人力资本水平仍然是有偏的，因为它只抽样出上海在校生参加 PISA 测试，该测试分数并不能反映出中国不同地区的认知人力资本水平，也高估了中国认知人力资本的平均水平。在本书中我们要找到可以反映出中国不同省份认知人力资本水平的相关指标。Cawley、Heckman 和 Vytlacil 在《对工资和度量认知能力的三个观察》（Three observations on wages and measured cognitive ability，2001）一文中指出，认知能力与学校教育高度相关。受此启发，我们认为平均受教育年限与认知能力有一定的内在联系，相关文献表明，认知能力会随受教育年限的增加而提高，而非认知能力作为人格特质则表现相对稳定。因此我们选择了平均受教育年限作为认知能力测试分数的代理变量，数据表明平均受教育年限越高的省份，认知能力测试分数也越高。所以结合中国实际，本书理论模型构建基于的直观前提是平均受教育年限可以反映出中国不同地区认知人力资本的绝对优势，由此通过一般均衡模型可以推导出认知人力资本生产率的测算公式。通过对理论模型的改进，我们可以获得中国 2008—2017 年 31 个省份的面板数据，不仅能分析时间趋势，还可以对不同省份认知人力资本生产率、非认知人力资本生产率以及人力资本质量进行比较，研究结论更为丰富。

最后，理论模型构建基于的另一个直观前提是职业就业份额指标可以反映出不同地区人力资本生产的比较优势。Becker（1973）将匹配理论运用到婚姻市场，提出正向类型匹配使生产价值最大化，并加重了代际收入不平等。近年来，这一思想被运用到贸易模型中来研究经济全球化对不同群体收入不平等的影响。与婚姻市场不同，劳动力市场多个工人可以与一个管理者或企业进行匹配。Burstein、Morales 和 Vogel（2016）将多种属性的工人与多种职业进行匹配，工人在受教育年限和性别上存在差异，不同职业劳动生产率不同，工人属性、设备类型和劳动投入决定了劳动生产率。因此，我们认为劳动者个体具备的能力与职业选择相匹配，而能力则反映了人力资本类型。关于认知职业和非认知职业的划分，Xiang 和 Yeaple（2018）只将领导能力作为区分标准，而我们结合近年来探讨非认知能力的相关文献（Costa 和 McCrae，1992；程虹和李唐，2017；乐君杰和胡博文，2017；王春超和张承莎，2019），考虑领导能力、沟通能力和社交技能多个维度，对认知职业和非认知职业重新进行划分。

因此，本书人力资本模型的构建基于以下两个直观前提：第一，平均受教育年限指标可以反映出不同地区认知人力资本生产的绝对优势，平均受教育年限越高的地区，认知人力资本总供给越高。与此同时，认知能力测试成绩也可以反映出不同地区认知人力资本水平。第二，职业就业份额可以反映出不同地区人力资本生产的比较优势，职业选择可以反映出不同工作需要掌握的技能，而技能特点与人力资本类型相匹配。具体而言，如果非认知职业就业份额较高，说明该地区在培养非认知人力资本上有比较优势，则非认知人力资本生产率较高。更进一步，本书将认知人力资本生产率、非认知人力资本生产率与不同地区的收入差异相联系，人均产出差异一方面是由于不同地区两种类型人力资本生产率不同，另一方面是由于不同地区产出全要素生产率不同，由此得出人力资本质量与人均产出之间的关系。

4.1 模型的基本设定

4.1.1 异质劳动力选择行为

假设有 k 个地区，每个地区有 L^k 个异质劳动力，异质劳动力可以区分为具备认知能力与非认知能力，用 ε_c 和 ε_n 表示。借用 Eaton 和 Kortum（2002）

模型设定，两种能力服从 Frechet 分布：

$$F(\varepsilon_c,\varepsilon_n) = \exp\{-[(T_c\varepsilon_c^{-\theta})^{1/1-\rho} + (T_n\varepsilon_n^{-\theta})^{1/1-\rho}]\}^{1-\rho} \tag{4.1.1}$$

其中，T_i 表示两种能力分布的位置，ρ 表示两种能力的相关程度，θ 表示不同属性劳动力的离散度，θ 越大意味着劳动力分布越集中，劳动力异质性越弱，根据劳动力分布特点，$\theta>1$。T_c 越高，意味着认知能力的分布向右移动，因此说明劳动力具有更好的先天认知能力。模型假定不同地区 ρ、θ、T_c、T_n 不变。

本书沿用 Hsieh（2013）论文中提到的人力资本生产函数，根据研究目标进行简化，劳动力人力资本的积累可表示为：

$$h_c(e) = h_c^k e^{\eta}, h_n(e) = h_n^k e^{\eta} \tag{4.1.2}$$

其中，e 表示劳动力在人力资本积累上的投入，η 表示人力资本生产弹性系数，根据全要素生产率的测算方法，本书将 h_c^k 和 h_n^k 定义为 k 地区认知人力资本生产率和非认知人力资本生产率。人力资本生产率基于这两个维度，扣除资源投入的部分。

假设 h_c^k 和 h_n^k 是两个外生变量，因为教育机构作为人力资本生产的主要载体，不同国家和地区有着深厚的历史渊源，所以通过模型我们可以对不同国家地区的教育效果进行量化，h_c^k 和 h_n^k 的值也没有限定。但模型假设不同国家和地区 ρ、θ、T_c、T_n 相同。

$h_i(e)$ 表示不同类型人力资本的数量，不同类型劳动力对相应职业进行选择来生产最终产品，因此，劳动力的产出表示为：

$$h_i(e)\varepsilon_i, i = c, n \tag{4.1.3}$$

假设劳动力不仅在能力上存在差异，对于职业选择偏好也不同，但职业选择往往与能力相匹配。在初始阶段劳动者对人力资本进行投资，所有职业都需要具备认知能力和非认知能力，但不同职业对能力要求不同，比如非认知职业必须具备较强的非认知能力才能胜任。因此，参考 Burnstein 等（2016）、Hsieh 等（2013）、Lee（2015）、Heckman 等（2006）等相关文献，我们引入比较优势概念对 Xiang 和 Yeaple（2018）模型中劳动力的产出表达式进行改进，异质劳动力根据人力资本积累选择不同职业来生产最终产品，其产出表达式为：

$$y_i^k = h_c(e)_i^{\lambda} h_n(e)^{1-\lambda_i} \varepsilon_i, i = c, n \tag{4.1.4}$$

λ_i 反映出劳动力在认知人力资本和非认知人力资本积累上的比较优势，如果 $\lambda_c > \lambda_n$，则说明劳动者倾向于选择认知职业，反之则选择非认知职业。因此，我们可以根据职业选择数据推断出不同地区培养认知人力资本和非认知人力资本的比较优势。

不同劳动者个体的教育投入和职业选择决定了某个地区认知人力资本和非认知人力资本的总供给，用 L_c^{kS} 和 L_n^{kS} 来表示。

4.1.2 异质企业生产行为

企业雇用认知人力资本和非认知人力资本，实现产量最大化的生产目标，生产函数可表示为：

$$Y^k = \Theta^k \left[A_c \left(L_c^{kD} \right)^{\frac{\alpha-1}{\alpha}} + A_n \left(L_n^{kD} \right)^{\frac{\alpha-1}{\alpha}} \right]^{\frac{\alpha}{\alpha-1}} \tag{4.1.5}$$

其中，L_c^{kD} 和 L_n^{kD} 分别表示认知人力资本和非认知人力资本的总需求，A_c 和 A_n 代表生产技术参数，Θ^k 表示 k 地区产出全要素生产率，相当于残差，代表不同地区除了人力资本以外的其他因素对产出的影响，α 表示需求弹性系数。

完全竞争市场条件下，最终产品生产者以成本最小化为目标，最终产品的价格可以表示为：

$$P^k = \frac{1}{\Theta^k} \left[(A_c)^{\alpha} (\omega_c^k)^{1-\alpha} + (A_n)^{\alpha} (\omega_n^k)^{1-\alpha} \right]^{\frac{1}{1-\alpha}} \tag{4.1.6}$$

式（4.1.6）表明，不同地区最终产品价格不同，一方面是由于不同类型人力资本要素价格不同，另一方面是由于不同地区产出全要素生产率不同。某个地区产出全要素生产率越高，最终产品的价格越低，反之则相反。

4.2 一般均衡分析

人力资本质量理论模型是将一般均衡模型在劳动力市场上加以应用，构建了不同条件下人力资本的生产模型。理论模型先通过劳动力个体的选择行为得到不同地区不同类型人力资本的总供给，再根据企业生产行为获得不同地区不同类型人力资本的总需求，最后在国际要素市场出清的条件下实现均衡。通过瓦尔拉斯一般均衡理论，我们认为当劳动力市场处于均衡状态的时候，生产要素的价格将有一个确定的均衡值，而劳动力的需求与供给也会有一个确定的均衡值，由此可以对不同地区认知人力资本生产率和非认知人力资本生产率进行量化，最后得到人力资本质量指数的计算公式。

4.2.1 劳动力总供给

劳动力个体以最终产品进行人力资本投资，进而实现职业选择效用最大化：

$$\max_{e}\{\omega_i h_i^k e^{\eta}\varepsilon_i - P^k e\}$$

因此，人力资本投资的最优选择可以表示为：

$$e(\varepsilon_i) = \left(\eta\frac{\omega_i^k}{P^k}h_i^k\varepsilon_i\right)^{\frac{1}{1-\eta}} \tag{4.2.1}$$

式（4.2.1）表明，k 地区不同职业实际工资越高，人力资本投资越多。将式（4.2.1）代入劳动者收入最大化方程，得到 i 职业的最优净收入的方程表达式：

$$I_i(\varepsilon_i) = (1-\eta)\eta^{\frac{\eta}{1-\eta}}\left(\frac{\omega_i^k}{P^k}h_i^k\varepsilon_i^k\right)^{\frac{1}{1-\eta}} \tag{4.2.2}$$

当 $\omega_n^k h_n^k \varepsilon_n \geqslant \omega_c^k h_c^k \varepsilon_c$，劳动力会选择投资非认知人力资本，进而越来越多的劳动者选择非认知职业，因此，职业选择可以反映该地区人力资本生产的相对优势。具体而言，如果该地区大部分人选择非认知职业，说明该地区在培养非认知人力资本上具有比较优势。

结合能力分布，不同地区认知职业和非认知职业的就业份额表示为：

$$p_i^k = \frac{T_i\,(\omega_i^k h_i^k)^{\theta}}{T_c\,(\omega_c^k h_c^k)^{\theta} + T_n\,(\omega_n^k h_n^k)^{\theta}}, i = c, n \tag{4.2.3}$$

其中，ω_i^k 表示 k 地区 i 型人力资本的单位有效价格，具体推导参见附录。式（4.2.3）表明，如果劳动力在认知能力上有先天优势（T_c/T_n 较高），劳动力市场对认知技能劳动者有较高的回报率（ω_c^k/ω_n^k 较高），k 地区在培养认知人力资本上有比较优势（h_c^k/h_n^k 较高），那么该地区认知职业就业份额就高。该式说明劳动者个体对职业的选择取决于不同类型人力资本的积累。

式（4.2.3）说明 θ 起到非常重要的作用，如果 θ 增加，则劳动力异质性减弱，ω_i^k 和 h_i^k 都会发生较大变化，进而使不同职业就业份额发生更大的变动。

根据不同地区特征和均衡价格可以推出不同类型劳动力总供给，由认知劳动力与非认知劳动力平均净收入与平均教育支出相等，可以推出不同类型人力资本总供给（推导过程参见附录）：

$$E_c^k = E_n^k = \gamma \left\{ \eta \left[T_c \left(\frac{\omega_c^k h_c^k}{P^k} \right)^{\theta} + T_n \left(\frac{\omega_n^k h_n^k}{P^k} \right)^{\theta} \right]^{\frac{1}{\theta}} \right\}^{\frac{1}{1-\eta}} \tag{4.2.4}$$

通过教育投入和职业选择可以得到 k 地区不同类型人力资本总供给：

$$L_i^{kS} = \frac{L^k p_i^k}{\omega_i^k} \left\{ \eta^{\eta} (P^k)^{1-\eta} \left[T_c \left(\frac{\omega_c^k h_c^k}{P^k} \right)^{\theta} + T_n \left(\frac{\omega_n^k h_n^k}{P^k} \right)^{\theta} \right]^{\frac{1}{\theta}} \right\}^{\frac{1}{1-\eta}} \gamma \tag{4.2.5}$$

$$\omega_c^k L_c^k + \omega_n^k L_n^k = P^k Y^k \tag{4.2.6}$$

由式（4.2.5）、式（4.2.6）联立可得：

$$\frac{\omega_i^k L_i^{kS}}{P^k Y^k} = p_i^k \tag{4.2.7}$$

再将式（4.2.3）、式（4.2.5）联立，得到：

$$\frac{L_n^{kS}}{L_c^{kS}} = \frac{T_n (\omega_n^k)^{\theta-1} (h_n^k)^{\theta}}{T_c (\omega_c^k)^{\theta-1} (h_c^k)^{\theta}} \tag{4.2.8}$$

式（4.2.8）表明，人力资本单位价格（ω_i^k）和人力资本生产率（h_i^k）会影响该地区劳动力总供给，如果某个地区在培养非认知人力资本上具有相对优势（h_n^k/h_c^k 较高），非认知人力资本回报相对较高（ω_n^k/ω_c^k 较高），则该地区的非认知人力资本供给会增加；且 θ 放大了这种影响，因此 θ 表示劳动力供给弹性系数。

4.2.2 劳动力总需求

生产商为实现利润最大化要将成本降到最低，当技术水平既定的条件下，两种人力资本的投入成本比率表示为：

$$c_i^k = \frac{(A_i)^{\alpha}(\omega_i^k)^{1-\alpha}}{(A_c)^{\alpha}(\omega_c^k)^{1-\alpha} + (A_n)^{\alpha}(\omega_n^k)^{1-\alpha}}, i = c,n \tag{4.2.9}$$

与式（4.2.5）联立，得到：

$$\frac{L_n^{kD}}{L_c^{kD}} = \frac{(A_n)^{\alpha}(\omega_n^k)^{-\alpha}}{(A_c)^{\alpha}(\omega_c^k)^{-\alpha}} \tag{4.2.10}$$

式（4.2.10）表明，k 地区不同类型人力资本的相对需求，α 表示需求弹性系数。

国内要素市场出清的条件下，劳动力总供给等于劳动力总需求，表示为：

$$L_i^{kD} = L_i^{kS}, i = c,n \tag{4.2.11}$$

4.2.3　开放经济下劳动力市场均衡

假设不同类型的人力资本可以作为贸易中间品在全球范围内进行流动，出口劳动力不需要贸易成本，进口劳动力需要花费 τ^k 的贸易成本，用 x_i^k 表示 k 地区 i 类型劳动力的净出口率，具体计算公式如下：

$$x_i^k = \frac{L_i^{kS} - L_i^{kD}}{L_i^{kS}}, i = c,n \tag{4.2.12}$$

如果 $x_c^k < 0$，说明 k 地区是进口认知人力资本类型的劳动力，反之则是出口认知人力资本类型的劳动力。

k 地区要素市场出清要满足如下条件：

$$\frac{L_n^{kD}}{L_c^{kD}} = \frac{L_n^{kS}}{L_c^{kS}} \cdot \frac{1 - x_n^k}{1 - x_c^k} \tag{4.2.13}$$

国际市场要素出清意味着人力资本出口地区的出口数量与人力资本进口地区的进口数量要相等，假设 M_c 表示进口认知人力资本的地区，X_c 表示出口认知人力资本的地区，则

$$\sum_{k \in X_c} x_c^k L_c^{kS} + \sum_{k \in M_c} x_c^k L_c^{kS} \tau^k = 0 \tag{4.2.14}$$

最终，k 地区要素价格可以用国际市场价格来表示。

当 k 地区是出口认知人力资本的地区：$\omega_c^k = \omega_c, \omega_n^k = \omega_n \tau^k$；

当 k 地区是出口非认知人力资本的地区：$\omega_c^k = \tau^k \omega_c, \omega_n^k = \omega_n$。

4.3 人力资本质量的测度

基于上述一般均衡分析，本书将认知人力资本生产率、非认知人力资本生产率与不同地区的收入差异相联系。将人均产出差异分解为不同类型人力资本生产率的差异和产出全要素生产率的差异。根据式（4.2.8）、式（4.2.10）、式（4.2.11）三个等式，则不同类型人力资本的相对工资可以表示为：

$$\frac{\omega_n^k}{\omega_c^k} = \left[\frac{T_c}{T_n}\left(\frac{h_c^k}{h_n^k}\right)^{\theta}\left(\frac{A_n}{A_c}\right)^{\alpha}\right]^{\frac{1}{\theta+\alpha-1}} \tag{4.3.1}$$

将式（4.2.10）代入式（4.1.5），总产出的表达式可以变形为：

$$Y^k = \Theta^k L_c^k \left(\frac{A_c}{p_c^k}\right)^{\frac{\alpha}{\alpha-1}}$$

再将式（4.2.7）代入上式得到：

$$\omega_c^k = \Theta^k \left(\frac{1}{p_c^k}\right)^{\frac{1}{\alpha-1}} (A_c)^{\frac{\alpha}{\alpha-1}} \tag{4.3.2}$$

根据式（4.2.4）有：

$$E_c^k = (\eta \omega_c^k h_c^k)^{\frac{1}{1-\eta}} \left(\frac{T_c}{p_c^k}\right)^{\frac{1}{\theta(1-\eta)}} \gamma \tag{4.3.3}$$

由 $E^k = \eta Y^k / L^k$，将式（4.3.2）代入式（4.3.3），得到人均产出的表达式：

$$\frac{Y^k}{L^k} = \left[\Theta^k h_c^k \left(\frac{1}{p_c^k}\right)^{\frac{\alpha+\theta-1}{\theta(\alpha-1)}} (A_c)^{\frac{\alpha}{\alpha-1}} (T_c)^{\frac{1}{\theta}} \eta\right]^{\frac{1}{1-\eta}} \frac{\gamma}{\eta} \tag{4.3.4}$$

再将式（4.3.1）代入上式，整理变形后得到：

$$\frac{Y^k}{L^k} = \left\{\Theta^k h_c^k \left[1 + \left(\frac{T_n (h_n^k)^{\theta}}{T_c (h_c^k)^{\theta}}\right)^{\frac{\alpha-1}{\theta+\alpha-1}} \left(\frac{A_n}{A_c}\right)^{\frac{\alpha\cdot\theta}{\theta+\alpha-1}}\right]^{\frac{\theta+\alpha-1}{\theta(\alpha-1)}} (A_c)^{\frac{\alpha}{\alpha-1}} (T_c)^{\frac{1}{\theta}} \eta\right\}^{\frac{1}{1-\eta}} \frac{\gamma}{\eta} \tag{4.3.5}$$

为了对不同地区进行比较，我们在公式中加入基准地区，对上式变形得到：

$$\frac{Y^k/L^k}{Y^0/L^0} = \left\{\frac{\Theta^k}{\Theta^0}\left[p_c^0 \left(\frac{h_c^k}{h_c^0}\right)^{\frac{\theta(\alpha-1)}{\theta+\alpha-1}} + p_n^0 \left(\frac{h_n^k}{h_n^0}\right)^{\frac{\theta(\alpha-1)}{\theta+\alpha-1}}\right]^{\frac{\theta+\alpha-1}{\theta(\alpha-1)}}\right\}^{\frac{1}{1-\eta}} \tag{4.3.6}$$

根据式（4.3.6），我们可以将 k 地区的人均产出分解为产出全要素生产率 Θ^k 和人力资本质量 H^k，即

$$\frac{Y^k/L^k}{Y^0/L^0} = \left(\frac{\Theta^k}{\Theta^0}H^k\right)^{\frac{1}{1-\eta}} \tag{4.3.7}$$

$$H^k = \left[p_c^0\left(\frac{h_c^k}{h_c^0}\right)^{\frac{\theta(\alpha-1)}{\theta+\alpha-1}} + p_n^0\left(\frac{h_n^k}{h_n^0}\right)^{\frac{\theta(\alpha-1)}{\theta+\alpha-1}}\right]^{\frac{\theta+\alpha-1}{\theta(\alpha-1)}} \tag{4.3.8}$$

式（4.3.7）表明，人均产出由人力资本质量指数 H^k 和产出全要素生产率$\left(\frac{\Theta^k}{\Theta^0}\right)$决定。如果 k 地区相对基准地区人均产出较高，那么可能是 k 地区在生产最终产品上更有效率（Θ^k/Θ^0 更高），或者 k 地区在人力资本生产上更有效率（H^k 更高）。式（4.3.8）说明封闭经济条件下 k 地区人力资本质量指数 H^k 由认知人力资本和非认知人力资本两个维度决定，权重受到供给弹性系数和需求弹性系数的影响。

开放经济条件下，把式（4.2.5）代入式（4.2.7），联立式（4.2.8）、式（4.2.10）、式（4.2.12）可以推出人均产出的计算公式，推导过程如下：

首先，开放经济条件下不同类型人力资本的相对工资可以表示为：

$$\frac{\omega_c^k}{\omega_n^k} = \left(\frac{A_c}{A_n}\right)^{\frac{\alpha}{\alpha-1}}\left(\frac{p_n^k}{p_c^k}\frac{1-x_n^k}{1-x_c^k}\right)^{\frac{1}{\alpha-1}} \tag{4.3.9}$$

上式与式（4.1.6）联立，可以得到 k 地区实际工资的表达式：

$$\frac{\omega_c^k}{P^k} = \Theta^k(A_c)^{\frac{\alpha}{\alpha-1}}\left[p_c^k(1-x_c^k)\right]^{-\frac{1}{\alpha-1}} \tag{4.3.10}$$

同样地，为了对不同地区进行比较，人均产出表达式中引入基准地区，k 地区人均产出相对基准地区人均产出可以表示为：

$$\frac{Y^k/L^k}{Y^0/L^0} = \left(\frac{P^0}{P^k}\right)^{\frac{\eta}{1-\eta}}\left[p_c^0\left(\frac{\omega_c^k h_c^k}{\omega_c^0 h_c^0}\right)^{\theta} + p_n^0\left(\frac{\omega_n^k h_n^k}{\omega_n^0 h_n^0}\right)^{\theta}\right]^{\frac{1}{\theta(1-\eta)}} \tag{4.3.11}$$

我们将式（4.3.9）、式（4.3.10）代入式（4.3.11），可以得到：

$$\frac{Y^k/L^k}{Y^0/L^0} = \left\{\frac{\Theta^k}{\Theta^0}\left\{p_c^0\left[\left(\frac{p_c^0-p_c^0x_c^0}{p_c^k-p_c^kx_c^k}\right)^{\frac{1}{\alpha-1}}\frac{h_c^k}{h_c^0}\right]^{\theta} + p_n^0\left[\left(\frac{p_n^0-p_n^0x_n^0}{p_n^k-p_n^kx_n^k}\right)^{\frac{1}{\alpha-1}}\frac{h_n^k}{h_n^0}\right]^{\theta}\right\}^{\frac{1}{\theta}}\right\}^{\frac{1}{1-\eta}} \tag{4.3.12}$$

开放经济条件下，贸易自由化使不同地区认知人力资本和非认知人力资本都有一个统一的全球价格，即 $\omega_c^k=\omega_c$，$\omega_n^k=\omega_n$。根据要素价格均等化定理，不同地区生产要素价格将趋于一致，将投入要素价格标准化为 1 时，k 地区最终产品价格可以表示为 $P^k = (\Theta^k)^{-1}$，分别代入式（4.3.11），人力资本质量指数的计算公式可以简化为：

$$\frac{Y^k/L^k}{Y^0/L^0} = \left(\frac{\Theta^k}{\Theta^0}H^k\right)^{\frac{1}{1-\eta}} \tag{4.3.13}$$

$$H^k = \left\{p_c^0\left\{\left[\frac{p_c^0(1-x_c^0)}{p_c^k(1-x_c^k)}\right]^{\frac{1}{\alpha-1}}\frac{h_c^k}{h_c^0}\right\}^{\theta} + p_n^0\left\{\left[\frac{p_n^0(1-x_n^0)}{p_n^k(1-x_n^k)}\right]^{\frac{1}{\alpha-1}}\frac{h_n^k}{h_n^0}\right\}^{\theta}\right\}^{\frac{1}{\theta}} \tag{4.3.14}$$

从上述推导中可以看到封闭经济条件下和开放经济条件下人力资本质量指数的表达式不同。式（4.3.14）说明开放经济条件下，人力资本质量指数是关于认知人力资本生产率和非认知人力资本生产率的加权幂平均函数，权重取决于职业就业份额，指数由劳动力供给弹性系数决定。该表达式中有 x_c^k、x_n^k 两个指标，分别表示认知人力资本的净出口率和非认知人力资本的净出口率，说明开放经济下人力资本质量指数的计算需要考虑人力资本作为生产要素在全球范围内流动。

Caselli 和 Coleman（2006）、Jones（2014）及 Malmberg（2017）的研究是对人力资本存量进行重新测度，重点考察不同受教育年限劳动力的可替代性，这与人力资本生产不同，所以结果取决于替代弹性。而本书关注人力资本的生产情况，人力资本质量指数不仅与劳动力供给弹性有关，还与劳动力需求弹性相关。从人力资本质量指数表达式可以看出，认知人力资本与非认知人力资本具有不可替代性。

4.4 认知人力资本生产率与非认知人力资本生产率的计算

从上一节可以看到人力资本质量指数的测算取决于认知人力资本生产率和非认知人力资本生产率（h_c^k 和 h_n^k）。在本节中，我们将基于模型对认知人力资本生产率和非认知人力资本生产率进行量化。

4.4.1 认知人力资本生产率的计算

本书模型的构建基于认知测试成绩可以反映不同地区认知人力资本水平的直观前提，该指标可以反映出不同地区培养认知人力资本的绝对优势。因为大量文献研究表明，一个国家在国际考试中的平均分数，比如国际学生评估项目，可以对该国家认知人力资本进行测度，本书假设某个国家国际考试的平均分可以反映该国认知人力资本的平均水平，某个地区认知测试成绩可以反映该地区认知人力资本的平均水平。值得注意的是，某个地区认知测试成绩高并不意味着该地区认知人力资本生产率高，因为不同地区认知人力资本生产率在认知人力资本水平上对资源投入和激励因素进行剥离。

假设用 S^k 表示不同国家国际考试平均分或不同地区认知测试成绩，L_c^{kS} 表示认知人力资本的总供给，常数项 b 为正数的情况下，S^k 可以表示为：

$$S^k = b\frac{L_c^{kS}}{L^k} \tag{4.4.1}$$

将式（4.2.5）代入式（4.4.1），可得：

$$S^k = b\frac{p_c^k}{\omega_c^k}\gamma\left\{\eta^\eta\left(P^k\right)^{1-\eta}\left[T_c\left(\frac{\omega_c^k h_c^k}{P^k}\right)^\theta + T_n\left(\frac{\omega_n^k h_n^k}{P^k}\right)^\theta\right]^{\frac{1}{\theta}}\right\}^{\frac{1}{1-\eta}} \tag{4.4.2}$$

$$S^k = b\frac{p_c^k}{\omega_c^k}\cdot\frac{E^k}{\eta\left(P^k\right)^{-1}} \tag{4.4.3}$$

将式（4.2.3）、式（4.4.3）代入式（4.4.2），整理得到：

$$S^k = b\eta^\eta\gamma^{1-\eta}\left(T_c\right)^{\frac{1}{1-\eta}}\left(p_c^k\right)^{1-\frac{1}{\theta}}\left(E^k\right)^\eta h_c^k \tag{4.4.4}$$

那么认知人力资本生产率可以通过认知测试成绩、人均教育支出和职业份额指标计算获得：

$$\frac{S^k}{S^0} = \left(\frac{E^k}{E^0}\right)^\eta\left(\frac{p_c^k}{p_c^0}\right)^{1-\frac{1}{\theta}}\left(\frac{h_c^k}{h_c^0}\right) \tag{4.4.5}$$

其中，E^k 表示人均教育支出。从上式可以看出，如果一个国家在国际考试中平均分较高，主要有以下原因：第一，该国人均教育支出较高的情况下国际考试成绩较高，且人力资本生产弹性系数 η 放大了这个效应。第二，职业选择的激励作用，p_c^k 较高意味着该地区大多数劳动者选择认知职业，激励效应使劳动者更注重认知能力的积累，这种竞争使不同地区的认知测试成绩不断提高。第三，认知人力资本生产率，在认知人力资本水平上对资源投入和激励因素进行剥离的情况下，同样可以反映该地区认知人力资本生产水平。h_c^k 较高说明 k 地区在培养认知人力资本上有绝对优势。基于认知测试成绩、人均教育支出、职业就业份额数据的可获取性，式（4.4.5）可以计算出 h_c^k。

4.4.2 非认知人力资本生产率的计算

模型基于另外一个直观前提假设是：劳动者个体具备的能力与职业选择相匹配，而能力则反映了人力资本类型。具体而言，我们认为劳动力在认知能力和非认知能力上的比较优势决定了其职业选择，而异质劳动力的比较优势由人力资本生产决定。因此，我们可以从职业选择数据中推断出不同地区培养认知人力资本和非认知人力资本的比较优势。如果该地区选择非认知职业的人口比重较大，则说明该地区在培养非认知人力资本上具有比较优势。

因此，式（4.2.3）可以反映出不同地区人力资本生产的比较优势。具体而言，如果选择认知职业的比重较大，说明该地区在培养认知人力资本方面有比较优势，则认知人力资本生产率较高。将式（4.2.3）转变成人力资本生产率比值形式：

$$\frac{h_c^k}{h_n^k} = \left(\frac{p_c^k/T_c}{p_n^k/T_n}\right)^{\frac{1}{\theta}} \frac{\omega_n^k}{\omega_c^k} \tag{4.4.6}$$

式（4.4.6）表明，在认知职业相对工资较低的情况下，如果认知职业就业份额较高，同样会使认知人力资本生产率发生较大的波动。因此，在估算人力资本生产率指标时引入基准地区，设定 $h_c^0 = h_n^0 = 1$，通过式（4.2.8）、式（4.2.10）、式（4.2.11），得到：

$$\frac{h_c^k/h_n^k}{h_c^0/h_n^0} = \left(\frac{p_c^k/p_n^k}{p_c^0/p_n^0}\right)^{\frac{\theta+\alpha-1}{\theta(\alpha-1)}} \tag{4.4.7}$$

式（4.4.7）可以揭示出不同类型人力资本的比较优势，比如 h_c^k/h_n^k 可以通过等式右侧指标进行计算。该表达式反映出劳动者的内生性选择与生产者的雇用决策达到最优均衡。如果数据计算出认知职业就业份额较大，则可以

推断 k 地区在认知人力资本方面具有很强的比较优势。式（4.4.5）可以计算出 h_c^k，代入式（4.4.7）则可以算出 h_n^k。

另外，从等式（4.2.3）可以看到对 h_c^k/h_n^k 有两个影响：不同职业就业份额的直接影响，p_c^k/p_n^k；不同类型人力资本工资的间接影响，ω_c^k/ω_n^k。而净效益取决于 α。如果 $\alpha>1$，说明劳动力需求具有弹性，相对工资变化的影响不大，直接影响占主导，相对职业就业份额可以反映人力资本生产的比较优势。从数据分布上看，$\alpha>1$。

4.5 模型相关参数的估算

4.5.1 人力资本生产弹性系数

人力资本的生产与资源投入有关，人力资本生产弹性系数 η 可以用教育支出占总产出的比重来表示，具体推导如下：

k 地区的总产出中会有一定比例用于教育支出，模型可以推出：k 地区 η 比例的总产出会用于教育支出，如下式：

$$E^k L^k = \eta Y^k \tag{4.5.1}$$

假设认知劳动力与非认知劳动力平均净收入相等，从职业最优净收入的方程表达式

$$I_i(\varepsilon_i) = (1-\eta)\eta^{\frac{\eta}{1-\eta}}\left(\frac{\omega_i^k}{P^k}h_i^k\varepsilon_i^k\right)^{\frac{1}{1-\eta}} \tag{4.5.2}$$

可以推出：

$$I_c^k = I_n^k = \gamma(1-\eta)\eta^{\frac{\eta}{1-\eta}}\left[T_c\left(\frac{\omega_c^k}{P^k}h_c^k\right)^{\theta} + T_n\left(\frac{\omega_n^k}{P^k}h_n^k\right)^{\theta}\right]^{\frac{1}{\theta(1-\eta)}} \tag{4.5.3}$$

上式说明解决离散选择问题的共同特征是服从 Frechet 分布和同质需求（Eaton 和 Kortum，2002）。

将式（4.2.4）、式（4.5.3）联立，我们可以推导出：

$$\omega_i^k L_i^k = L^k p_i^k E^k/\eta \tag{4.5.4}$$

$$\eta \sum \omega_i^k L_i^k = L^k E^k \sum p_i^k = E^k L^k \tag{4.5.5}$$

理论模型推导中总产出等于总收入，所以 $\eta \sum \omega_i^k L_i^k = \eta Y^k$，由此可以推出式（4.5.1），该式说明总产出中有 η 比例会用于教育支出，本书采用财政支出中教育支出占 GDP 的比率表示人力资本生产弹性系数。

4.5.2 劳动力供给弹性系数

劳动力供给弹性系数 θ，衡量劳动者认知能力和非认知能力的分散程度，同时也控制着人力资本总供给的弹性。

从上文的推导中，劳动力供给弹性系数 θ 可以由式（4.4.5）推出，具体如下：

$$\ln\left[\frac{S^k}{(y^k)^\eta}\right] = \left(1 - \frac{1}{\theta}\right)\ln p_c^k + \ln h_c^k + C \tag{4.5.6}$$

其中，y^k 表示人均产出，$y^k = Y^k/L^k$，C 为常数，式（4.5.6）说明劳动力供给弹性系数与认知能力测试成绩 S^k、人均产出 y^k、认知职业就业份额 p_c^k、认知人力资本生产率 h_c^k 有关。式（4.5.6）与第一个模型设定前提假设相符，即认知测试成绩可以反映不同地区认知人力资本水平。模型假设 $\theta > 1$，这与实际情况相符，说明测试成绩与认知职业就业份额正相关。如果该地区认知职业就业份额较大，那么该地区认知测试分数较高；如果某个国家劳动力集中从事认知职业，则该国家在国际测试中的平均分往往较高，因而测试分数可以反映出不同地区认知能力的平均水平。

那么，认知职业就业份额与认知人力资本生产率是否存在相关性，且这种相关性是否会影响劳动力供给弹性系数值的估计？由式（4.2.3）和式（4.3.1）可以推导出：

$$p_c^k = \frac{1}{1 + \left(\frac{A_n}{A_c}\right)^{\frac{\alpha\theta}{\phi}} \left[\frac{T_n}{T_c}\left(\frac{h_n^k}{h_c^k}\right)^\theta\right]^{\frac{\alpha-1}{\phi}}} \tag{4.5.7}$$

上式中 $\phi = \alpha + \theta - 1$。式（4.5.7）说明认知职业就业份额取决于人力资本生产率的比较优势 h_n^k/h_c^k，因此认知职业就业份额与认知人力资本生产率无关，认知人力资本生产率反映的是一种绝对优势而不是相对优势。所以，在对劳动力供给弹性系数进行估算时，不需要两者的交互项。

4.5.3　劳动力需求弹性系数

劳动力需求弹性系数 α 反映出企业生产者对不同类型劳动者的需求，要将投入和产出进行结合来推导。

封闭经济条件下，联立式（4.1.5）、式（4.2.8）、式（4.2.10）、式（4.2.11）和式（4.4.1），我们可以推出关于需求弹性系数 α 的表达式，具体推导过程如下：

将式（4.1.5）生产函数与式（4.2.11）、式（4.4.1）联立，可以得到 $L_c^{kD}=bL^kS^k$，根据式（4.2.8）、式（4.3.1）可以推出非认知人力资本与认知人力资本相对供给的表达式为：

$$\frac{L_n^{kS}}{L_c^{kS}}=\left(\frac{A_c}{A_n}\frac{p_n^k}{p_c^k}\right)^{\frac{\alpha}{\alpha-1}}=\left[\frac{T_n}{T_c}\left(\frac{h_n^k}{h_c^k}\right)^{\theta}\left(\frac{A_n}{A_c}\right)^{\theta-1}\right]^{\frac{\alpha}{\phi}} \tag{4.5.8}$$

然后将 $L_c^{kD}=bL^kS^k$ 和式（4.5.8）代入式（4.1.5），得到：

$$Y^k=\Theta^k\left\{A_c\left(bL^kS^k\right)^{\frac{\alpha-1}{\alpha}}+A_n\left[bL^kS^k\left(\frac{A_c}{A_n}\frac{p_n^k}{p_c^k}\right)^{\frac{\alpha}{\alpha-1}}\right]^{\frac{\alpha-1}{\alpha}}\right\}^{\frac{\alpha}{\alpha-1}}$$

$$Y^k=\Theta^kbL^kS^k\left[A_c+A_n\frac{A_c}{A_n}\frac{p_n^k}{p_c^k}\right]^{\frac{\alpha}{\alpha-1}}$$

$$Y^k=\Theta^kbL^kS^k\left(A_c\right)^{\frac{\alpha}{\alpha-1}}\left(1+\frac{p_n^k}{p_c^k}\right)^{\frac{\alpha}{\alpha-1}}$$

再将等式两边取对数得到：

$$\ln\left(\frac{y^k}{S^k}\right)=\frac{\alpha}{\alpha-1}\ln\left(1+\frac{p_n^k}{p_c^k}\right)+\ln\Theta^k+D \tag{4.5.9}$$

式（4.5.9）说明封闭经济条件下，劳动力需求弹性系数 α 的估计与人均产出 y^k、认知人力资本总供给 S^k、认知职业与非认知职业相对就业份额 p_n^k/p_c^k 有关。

开放经济条件下，联立式（4.1.5）、式（4.2.8）、式（4.2.10）、

式（4.2.13）和式（4.4.1），我们可以推出关于需求弹性系数 α 的表达式（具体推导过程同上）：

$$\ln\left(\frac{y^k}{S^k}\cdot\frac{1}{1-x_c^k}\right)=\frac{\alpha}{\alpha-1}\ln\left[1+\frac{p_n^k(1-x_n^k)}{p_c^k(1-x_c^k)}\right]+\ln\Theta^k+D \quad (4.5.10)$$

通过对式（4.5.10）的最小二乘法估计，我们可以得到 $\ln\left[1+\frac{p_n^k(1-x_n^k)}{p_c^k(1-x_c^k)}\right]$ 的系数，进而求得劳动力需求弹性系数 α 的值。

5 开放经济下中国人力资本质量的测度与分析

Xiang 和 Yeaple（2018）模型用于测算发达国家的人力资本质量指数，本书结合中国具体国情和现有数据特点，对该模型进行改进：首先，相比西方国家，中国教育体制过于强调考试成绩的重要性，却忽视了对学生非认知能力的培养。相关研究表明，认知能力与学校教育高度相关，因此本书理论模型构建的一个前提假设是平均受教育年限指标可以反映出不同地区的认知人力资本水平。这样的改进不仅克服了微观调查数据的不足，还可以分析和比较中国不同省份人力资本质量的发展动态，有利于研究人力资本质量与不同地区经济增长之间的关系。其次，结合近年来国内外关于非认知能力的相关研究，本书考虑多维度的区分标准对认知职业和非认知职业重新进行划分。理论模型构建的另一个前提假设是劳动者个体具备的能力与职业选择相匹配，而能力则反映了人力资本类型。因此，我们可以从职业选择数据中推断出不同地区培养认知人力资本和非认知人力资本的比较优势。合理划分认知职业和非认知职业是测度中国不同省份认知人力资本生产率和非认知人力资本生产率的前提和基础，对于职业区分标准的改进有利于我们更为准确地估算出中国不同省份的人力资本质量指数，为实证分析奠定基础。

5.1 数据来源与参数估计

中国不同省份人力资本质量的测算需要宏观数据和微观数据，宏观数据主要来自《中国统计年鉴》和中国不同省份的统计年鉴，微观数据主要来自中国家庭追踪调查（CFPS）数据和同花顺 ifind 数据库。

5.1.1 中国人力资本生产弹性系数的计算

人力资本生产弹性系数 η 可以用教育支出占总产出的比重来表示，本书收集了中国不同省份 2008—2017 年国内生产总值和教育支出指标，教育支出除以 GDP 可以得到人力资本生产弹性系数 η。

表 5-1 2010—2017 年中国 31 个省份人力资本生产弹性系数

省份	2010 年	2011 年	2012 年	2013 年	2014 年	2015 年	2016 年	2017 年
北京	0.032	0.032	0.035	0.034	0.035	0.037	0.035	0.034
天津	0.025	0.027	0.029	0.032	0.033	0.031	0.028	0.023
河北	0.025	0.027	0.033	0.029	0.030	0.035	0.035	0.038
山西	0.036	0.038	0.046	0.043	0.040	0.047	0.047	0.040
内蒙古	0.028	0.027	0.028	0.027	0.027	0.030	0.031	0.035
辽宁	0.022	0.024	0.029	0.025	0.021	0.021	0.028	0.028
吉林	0.029	0.030	0.038	0.032	0.029	0.034	0.034	0.034
黑龙江	0.029	0.030	0.040	0.035	0.034	0.036	0.036	0.036
上海	0.024	0.029	0.032	0.031	0.030	0.031	0.030	0.029
江苏	0.021	0.022	0.025	0.024	0.023	0.025	0.024	0.023
浙江	0.022	0.023	0.025	0.025	0.026	0.029	0.028	0.028
安徽	0.031	0.037	0.042	0.038	0.036	0.039	0.037	0.038
福建	0.022	0.023	0.029	0.026	0.026	0.029	0.027	0.026
江西	0.031	0.041	0.048	0.046	0.045	0.047	0.046	0.047
山东	0.020	0.023	0.026	0.025	0.025	0.027	0.027	0.026
河南	0.026	0.032	0.037	0.036	0.034	0.034	0.033	0.034
湖北	0.023	0.025	0.033	0.028	0.028	0.031	0.032	0.031
湖南	0.025	0.027	0.036	0.033	0.031	0.032	0.033	0.033
广东	0.020	0.023	0.026	0.028	0.027	0.028	0.029	0.029
广西	0.038	0.039	0.045	0.042	0.042	0.047	0.047	0.050
海南	0.048	0.050	0.056	0.055	0.050	0.056	0.053	0.049
重庆	0.030	0.032	0.041	0.034	0.033	0.034	0.032	0.032

续表

省份	2010 年	2011 年	2012 年	2013 年	2014 年	2015 年	2016 年	2017 年
四川	0.031	0.033	0.042	0.039	0.037	0.042	0.040	0.038
贵州	0.063	0.066	0.073	0.069	0.069	0.074	0.072	0.067
云南	0.052	0.054	0.065	0.058	0.053	0.056	0.059	0.061
西藏	0.120	0.128	0.135	0.131	0.154	0.163	0.147	0.173
陕西	0.037	0.042	0.049	0.044	0.039	0.042	0.040	0.038
甘肃	0.055	0.057	0.065	0.060	0.059	0.073	0.076	0.076
青海	0.061	0.078	0.091	0.057	0.068	0.068	0.067	0.071
宁夏	0.048	0.049	0.045	0.044	0.045	0.049	0.048	0.050
新疆	0.058	0.060	0.063	0.063	0.061	0.069	0.069	0.066

资料来源：作者计算得出。

表5－1汇总了2010—2017年中国省际人力资本生产弹性系数指标，可以看到西部地区人力资本生产弹性系数要高于东中部地区，尤其是西藏自治区，2017年的人力资本生产弹性系数高达0.173，其次是甘肃、青海、贵州、新疆等省份。这些省份的教育支出占GDP的比重较大，一方面是因为西部地区省份的GDP低于东中部地区省份，另一方面是由于西部地区经济发展落后于东部地区，国家实施西部大开发战略，加大对西部地区财政资金的投入力度，促进西部地区教育事业加快发展，从而导致广西、贵州、云南、西藏、甘肃、青海、宁夏、新疆等西部地区省份的人力资本生产弹性系数高于东部、中部地区省份。

5.1.2 中国劳动力供给弹性系数的估计

根据第4章模型推导，劳动力供给弹性系数 θ 可以由认知能力测试成绩 S^k、人力资本生产弹性系数 η、人均产出 y^k、认知职业就业份额 p_c^k 指标估算得到，具体如下：

$$\ln S^k - \eta \ln y^k = \left(1 - \frac{1}{\theta}\right)\ln p_c^k + \ln h_c^k + C \qquad (5.1.1)$$

认知能力测试成绩 S^k 来源于中国家庭追踪调查（CFPS）数据。CFPS 2010年基线调查使用了一组识字题和一组数学题来测试和评估所有受访者

（10～15 岁少儿与所有成人）的认知水平，CFPS 2010 年数据库中相应的变量名分别为 wordtest 和 mathtest，CFPS 2014 年问卷沿用了这两组测试题。CFPS 在 2012 年和 2016 年使用的是另两套认知测试题：记忆测试和数列测试。这两套测试题的原型来自美国健康与退休调查（Health and Retirement Study, HRS）。记忆测试得分指标为 IWR；数列测试由于不同人群拿到的试题难度有系统性的差别，CFPS 直接提供了由 Rasch 模型计算出来的得分，该分数的变量名为 NS_W。本书对 CFPS 四套数据进行比较，首选 CFPS 2016 成人调查数据对劳动力供给弹性系数进行估计。为提高数据的有效性，我们将 CFPS 2016 数据中记忆测试或数列测试显示为不知道、不适用的个体予以剔除，得到 26562 个个体样本，再根据不同省份对数据进行分类汇总，得到中国不同省份认知能力测试平均分，具体参见表 5－2。

表 5－2　中国不同省份认知能力测试平均分

省份	记忆测试得分平均值	数列测试得分平均值	认知能力测试平均分
安徽	4.66	484.29	488.95
北京	5.46	517.80	523.26
福建	4.15	482.92	487.07
甘肃	4.90	485.47	490.37
广东	4.68	495.95	500.63
广西	4.33	502.02	506.35
贵州	3.77	469.70	473.47
海南	3.00	465.00	468.00
河北	5.04	503.70	508.74
河南	5.07	493.66	498.74
黑龙江	5.08	484.03	489.11
湖北	4.84	495.06	499.89
湖南	4.84	507.11	511.95
吉林	5.00	497.82	502.81
江苏	4.37	484.85	489.22
江西	4.45	492.18	496.63

续表

省份	记忆测试得分平均值	数列测试得分平均值	认知能力测试平均分
辽宁	5.07	494.49	499.56
内蒙古	6.00	549.00	555.00
山东	4.74	493.56	498.30
山西	4.67	497.48	502.15
陕西	4.77	494.32	499.09
上海	4.75	499.92	504.68
四川	4.02	477.20	481.22
天津	5.60	507.77	513.37
云南	4.45	481.93	486.38
浙江	4.81	510.99	515.80
重庆	4.35	482.98	487.33
总计	4.76	492.39	497.15

资料来源：作者计算得出。

认知职业就业份额和非认知职业就业份额的测算数据同样来自 CFPS 2016 成人调查数据。CFPS 2010 年问卷采用的职业编码系统是在 GB/T 6565—1999 版本的国家标准职业分类代码体系的基础上，借鉴了中国综合社会调查（CGSS）的职业和行业分类标准进行修订后的职业代码表，包括八大类共计 595 个职业代码。从 2012 年起，CFPS 取消了访员的实地编码，集中由编码员对上传的问卷数据进行后期编码。CFPS 的所有事后集中编码改用了最新的国家标准职业分类与代码表，即 GB/T 6565—2009 版本。为进行国际比较，CFPS 对职业代码进行了转换，创建了相对应的国际标准职业分类（International Standard Classification of Occupation，ISCO－88）代码。

本书采用 ISCO－88 职业分类（见表 5－3），基于不同职业特点，将职业分为认知职业和非认知职业两个大类，非认知职业有政府官员和管理者、服务和销售人员，认知职业有专业人员、技术人员、普通职员、工艺相关人员、机器操作人员、初级职业。在所有职业类别中，武装人员和农业渔业人员不属于认知职业和非认知职业的范畴。

表 5-3 ISCO-88 主要群体、技能水平和职业代码

类别	主要群体	技能水平	职业编码
1	政府官员和管理者	—	1110 ~ 1319
2	专业人员	四级	2111 ~ 2470
3	技术人员	三级	3111 ~ 3480
4	普通职员	二级	4111 ~ 4223
5	服务和销售人员	二级	5111 ~ 5220
6	农业渔业人员	二级	6111 ~ 6154
7	工艺相关人员	二级	7111 ~ 7442
8	机器操作人员	二级	8111 ~ 8340
9	初级职业	一级	9111 ~ 9330
0	武装人员	—	0100

资料来源：作者整理得出。

认知职业与非认知职业的划分依据，Xiang 和 Yeaple（2018）认为，领导能力是区分认知职业和非认知职业的重要标准。本书基于现有文献对非认知能力的解读，认为非认知能力主要包括领导能力、沟通能力、社交能力、毅力和自尊等。匹配理论表明，在非认知能力上有比较优势的劳动者更倾向于选择非认知职业，以领导能力为衡量标准，如果某个职业特征是为下属提供指导和方向，则该职业属于非认知职业。同理，如果某个职业特点反映出具备非认知能力才能胜任，则该职业属于非认知职业。而阅读记忆和数理推断则属于认知能力，可以通过学校教育培养提高，通过认知测试成绩来反映，认知能力较强的劳动者倾向于选择认知职业。在职业分类中，政府官员和管理者体现了较强的领导能力，服务和销售人员体现了较强的沟通能力和社交能力，因此将这两种职业划分为非认知职业。同花顺 ifind 数据库中上市公司员工结构按照职能部门进行划分，与之对应，管理人员和销售人员归为非认知职业，技术人员、生产人员、财务人员、行政人员等归为认知职业。

中国不同省份认知职业和非认知职业就业份额的计算，首先提取了 CFPS2016 数据库中个体受访者所在省份、当前工作状态、职业编码、ISCO-88 职业编码等相关信息，剔除工作状态显示为失业、退出劳动力市场、无法判断、不适用的个体，再剔除职业编码显示为拒绝回答、空白、无职业者分类、

军人、不便分类的其他职业的个体，共得到22805个有效样本个体，其中认知职业从业人数8555人，非认知职业从业人数4479人，农业和渔业从业人数9771人。中国31个省份认知职业和非认知职业从业人数参照表5－4。

表5－4 中国31个省份抽样人口认知职业人数和非认知职业人数及所占比重

省份	从业总人数（人）	认知职业从业人数（人）	非认知职业从业人数（人）	认知职业就业份额	非认知职业就业份额
安徽	485	226	88	0.47	0.18
北京	213	116	91	0.54	0.43
福建	269	112	65	0.42	0.24
甘肃	3062	735	429	0.24	0.14
广东	2108	1019	524	0.48	0.25
广西	529	144	68	0.27	0.13
贵州	740	203	98	0.27	0.13
海南	9	5	3	0.56	0.33
河北	1365	516	241	0.38	0.18
河南	2708	890	512	0.33	0.19
黑龙江	471	224	118	0.48	0.25
湖北	325	133	87	0.41	0.27
湖南	605	266	149	0.44	0.25
吉林	397	144	81	0.36	0.20
江苏	516	308	129	0.60	0.25
江西	479	203	74	0.42	0.15
辽宁	1860	733	376	0.39	0.20
内蒙古	20	11	7	0.55	0.35
宁夏	12	8	4	0.67	0.33
青海	7	3	4	0.43	0.57
山东	1161	453	187	0.39	0.16
山西	905	342	149	0.38	0.16
陕西	500	204	105	0.41	0.21
上海	1084	626	357	0.58	0.33
四川	1293	329	203	0.25	0.16
天津	132	60	49	0.45	0.37
西藏	4	4	0	1.00	0.00

续表

省份	从业总人数（人）	认知职业从业人数（人）	非认知职业从业人数（人）	认知职业就业份额	非认知职业就业份额
新疆	33	18	14	0.55	0.42
云南	762	123	79	0.16	0.10
浙江	551	323	150	0.59	0.27
重庆	200	74	38	0.37	0.19
汇总	22805	8555	4479	0.38	0.20

资料来源：作者整理计算得出。

从表5－4中我们可以看到，海南、内蒙古、宁夏、青海、西藏、新疆这6个省份的有效样本个体数量较小，不足以反映这些地区认知人力资本和非认知人力资本的就业情况，因此我们在接下来的分析中将这些省份剔除。图5－1说明认知职业就业份额较高的省份认知能力测试平均分较高，这也说明认知能力测试分数可以反映出认知人力资本总供给水平。同样地，认知职业就业份额较高的省份记忆测试分数和数列测试分数都比较高（见图5－2、图5－3）。这进一步印证了模型的前提假设，认知能力测试分数可以反映出该地区认知人力资本的绝对优势，与此同时个体人力资本积累受职业选择的影响，如果该地区选择认知职业人数较多，说明该地区在培养认知人力资本上有较强的比较优势。

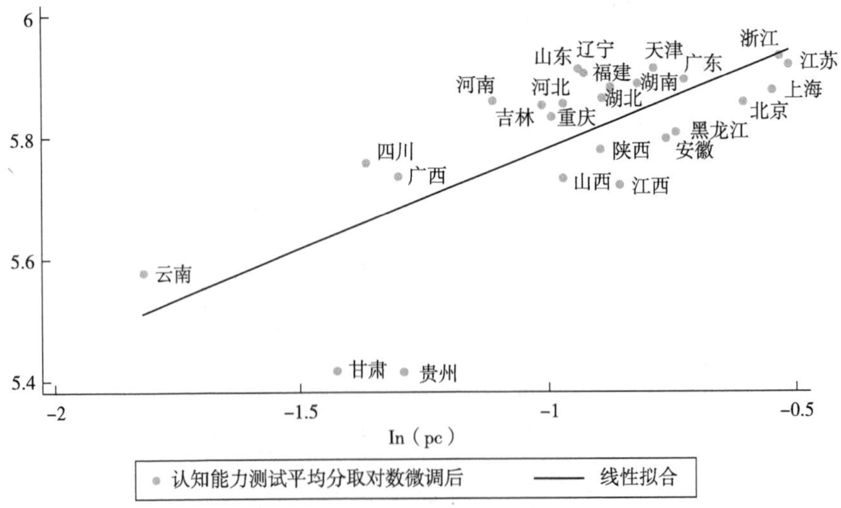

图5－1　认知能力测试分数与认知职业就业份额

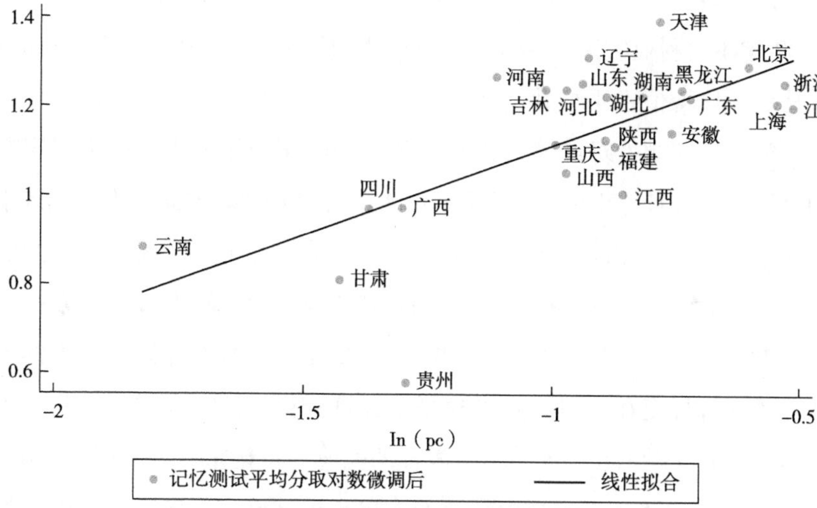

图 5－2　记忆测试平均分与认知职业就业份额

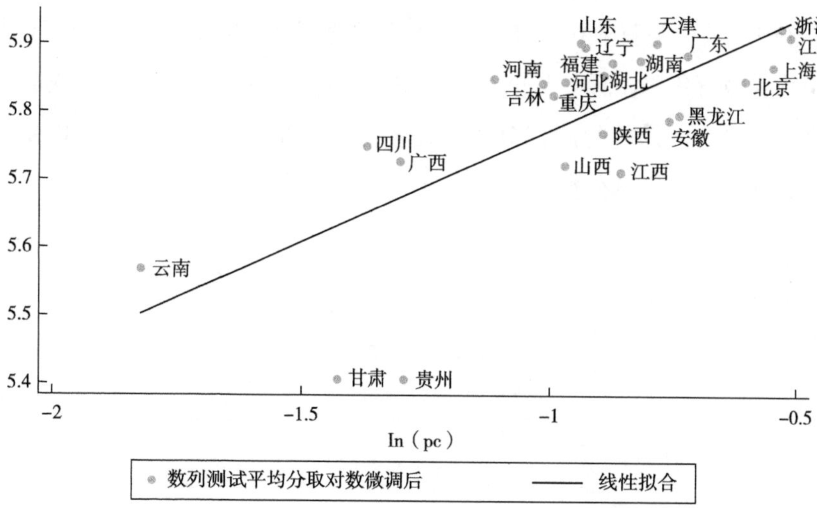

图 5－3　数列测试平均分与认知职业就业份额

认知能力会随受教育年限的增加而提高，而非认知能力在整个生命周期中比较稳定，不会随受教育年限的增加而发生变动。McCrae 等（2000）分别从均值变化和排名顺序变化两个方面来考察大五人格的变化。研究结果表明，个体 30 岁以后人格特征基本保持稳定，无论在均值水平还是排名顺序上发生较大变动的可能性都是非常小的。Cobb - Clark 和 Schurer（2012）采用 2005 年和 2009 年澳大利亚收入和劳动追踪调查数据，研究发现对于不同年龄组，大五人格的总体均值水平变化很小，且不会发生连续性、趋势性的变化。因此，在考察非认知能力对经济行为与表现影响的实证研究中，通常假定非认知能力是固定不变且外生的（Heineck 和 Anger，2010）。因此，不同地区平均受教育年限决定了认知能力水平，该地区平均受教育年限较高，则认知能力的测试成绩相对较高。图 5 - 4 的平均受教育年限是根据 CFPS2016 数据库中个体的受教育程度分类汇总得到的，图 5 - 5 的平均受教育年限根据不同省份就业人员受教育程度和人口比重加权平均计算获得，计算公式 = 文盲、半文盲的就业人口比重 ×1.5 + 接受小学教育的就业人口比重 ×7.5 + 接受初中教育的人口比重 ×10.5 + 接受高中教育的人口比重 ×13.5 + 接受大专以上教育的人口比重 ×17，相关数据来源于历年《中国人口统计年鉴》《中国劳动统计年鉴》《中国人口与就业统计年鉴》。本书计算了 2008—2017 年中国 31 个省份的平均受教育年限指标。从图 5 - 4、图 5 - 5 我们可以看到，平均受教育年限较高的省份，认知能力测试分数往往较高。因此，我们可以将平均受教育年限作为认知能力测试分数的代理变量。

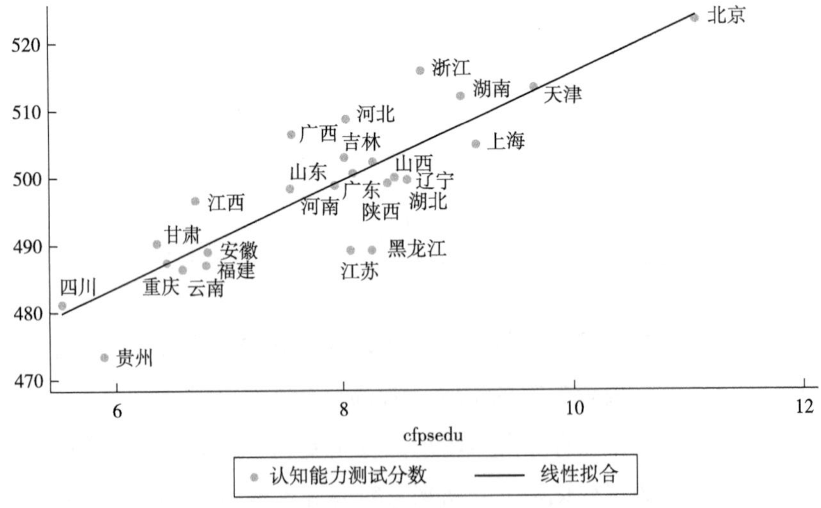

图 5 - 4　平均受教育年限与认知能力测试分数

（数据来源：CFPS）

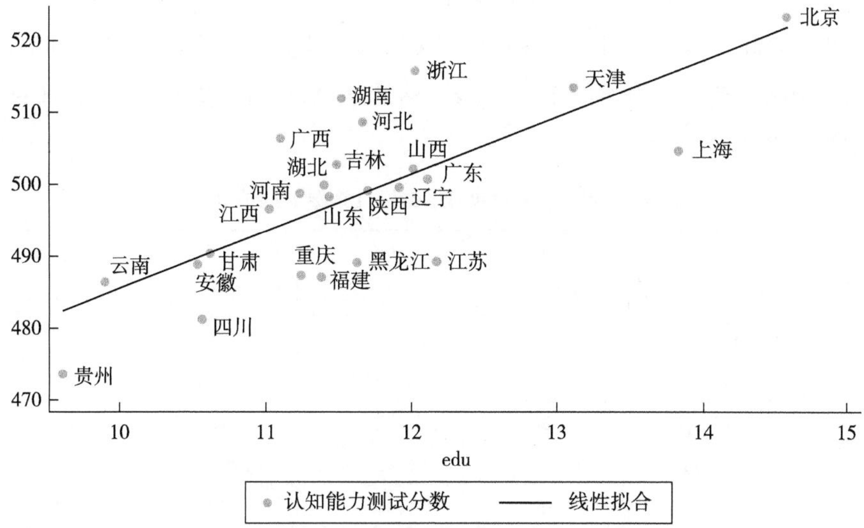

图5－5 平均受教育年限与认知能力测试分数

（数据来源：2008—2017年《中国人口统计年鉴》《中国劳动统计年鉴》《中国人口与就业统计年鉴》）

表5－5展示了中国劳动力供给弹性系数的估算结果。第（1）列估算结果由各省份认知能力测试分数经人均GDP微调之后对认知职业就业份额进行回归得到。第（2）列估算结果由各省份记忆测试分数经人均GDP微调之后对认知职业就业份额进行回归得到。第（3）列估算结果由各省份数列测试分数经人均GDP微调之后对认知职业就业份额进行回归得到。第（4）列、第（5)列的S指标选用平均受教育年限取对数微调后对认知职业就业份额回归得到的结果。第（4）列平均受教育年限采用CFPS2016个体数据计算获得。第（5）列平均受教育年限采用Barro－Lee的计算方法获得。这5列回归结果都非常显著，其中第（5）列 $R^2=0.641$，拟合度最高，系数为0.512，根据 $1-1/\theta=0.512$，求得中国劳动力供给弹性系数为2.049。为了验证估算结果的合理性，本书将其与文献中劳动力供给弹性系数进行比较。Hsieh等（2013）认为，先天能力服从Frechet分布，他们采用不同的方法估算出 $\theta=2$，并且认为 θ 值介于1.5到2.5之间。Burnstein等（2016）估算出 θ 值介于1.78到2.62之间。Lee（2016）估算出 θ 值介于1.48到2.5之间。Xiang和

Yeaple（2018）采用高收入国家数据估算的 $\theta=1.973$，他们认为 θ 介于 1.746 到 3.014 之间。本书采用中国各省份相关数据，认为 θ 值介于 1.493 到 2.732 之间，中国劳动力供给弹性系数 $\theta=2$，估算结果与上述结果相符，也印证了模型假设中 $\theta>1$ 的条件。

表 5－5　中国劳动力供给弹性系数 θ 的估计

变量	(1) 认知能力测试分数	(2) 记忆测试分数	(3) 数列测试分数	(4) 平均受教育年限	(5) 平均受教育年限
$\ln p_c^k$	0.3301 *** (4.97)	0.4042 *** (4.50)	0.3294 *** (4.96)	0.6338 *** (5.77)	0.5117 *** (6.41)
常数项	6.1123 *** (92.33)	1.5186 *** (16.99)	6.1022 *** (92.30)	2.2365 *** (20.45)	2.5199 *** (31.72)
N	25	25	25	25	25
R^2	0.517	0.469	0.517	0.592	0.641

注：*、**、*** 分别表示有关变量的系数在10%、5%和1%水平上显著；括号中的数值为 t 统计值。

5.1.3　中国劳动力需求弹性系数的估计

根据第 4 章模型推导，封闭经济条件下劳动力需求弹性系数估算表达式与开放经济下需求弹性系数估算表达式不同。首先在封闭经济条件下对中国劳动力需求弹性系数进行估计，α 可以由人均产出 y^k、认知能力测试成绩 S^k、认知职业就业份额 p_c^k、非认知职业就业份额 p_n^k 估算得到，具体如下：

$$\ln y^k - \ln S^k = \frac{\alpha}{\alpha-1}\ln\left(1+\frac{p_n^k}{p_c^k}\right)+\ln\Theta^k + D \tag{5.1.2}$$

劳动力需求主体主要是企业，采用企业相关数据来计算劳动力需求弹性系数更为合理。因此，中国劳动力需求弹性系数的估计我们使用同花顺 ifind 数据库中 2008—2017 年上市公司员工结构数据。本书提取了 ifind 数据库中上市公司员工总数、管理人员、技术人员、生产人员、财务人员、销售人员、行政人员、其他人员以及上市公司所在省份等相关指标，共得到 31616 个有效样本，通过分类汇总计算了 2008—2017 年中国 31 个省份认知职业就业份额和非认知职业就业份额。第 4 章论证了可以用中国不同省份的平均受教育年限作为认知能力测试分数的代理变量，S^k 用平均受教育年限指标来表示，数据来源和计算方法同上文。2008—2017 年人均 GDP 数据来源于中国不同省份统计年鉴。

开放经济条件下，中国劳动力需求弹性系数的估计还需要计算认知人力资本的净出口率 x_c^k 和非认知人力资本的净出口率 x_n^k，具体表达式如下：

$$\ln y^k - \ln S^k(1 - x_c^k) = \frac{\alpha}{\alpha - 1}\ln\left[1 + \frac{p_n^k(1 - x_n^k)}{p_c^k(1 - x_c^k)}\right] + \ln\Theta^k + D \quad (5.1.3)$$

人力资本净出口率采用国际科技合作项目参加人数指标，统计口径区分为按出国项目人数统计和按来华项目人数统计。出国项目和来华项目还进一步划分为考察访问、国际会议、合作研究、培训、展览会及其他。根据参与出国项目人员特点，本书将参加考察访问和国际会议人员划分为非认知人力资本，将合作研究、培训、展览会及其他人员划分为认知人力资本。国际科技合作项目参加人数来源于《中国科技统计年鉴》。本书计算了 2012—2017 年中国认知人力资本净出口率和非认知人力资本净出口率（见表 5 -6）。净出口率的计算公式为：x^k =（出国项目人数 - 来华项目人数）/科技人员从业人数。由于中国 31 个省份没有相关数据统计，本书采用国家层面指标来代替各省份的认知人力资本净出口率和非认知人力资本净出口率。

表 5 -6　2012—2017 年中国认知人力资本净出口率和非认知人力资本净出口率

指标	2012 年	2013 年	2014 年	2015 年	2016 年	2017 年
科技人员从业人数（万人）	196.54	196.54	196.54	196.54	196.54	196.54
非认知人力资本出国人数（人）	83587	73147	75123	77997	79603	79240
认知人力资本出国人数（人）	56114	55522	60212	57553	57368	58223
非认知人力资本来华人数（人）	83751	84196	73995	66984	71233	70720
认知人力资本来华人数（人）	33470	69711	40389	43757	89995	45426
认知人力资本净出口率	0.0115	-0.0072	0.0101	0.0070	-0.0166	0.0065
非认知人力资本净出口率	-0.0001	-0.0056	0.0006	0.0056	0.0043	0.0043

资料来源：作者整理计算获得。

表 5 -7 展示了封闭经济条件下和开放经济条件下中国劳动力需求弹性系数的估计结果，采用 2008—2017 年中国 31 个省份的面板数据。第（6）列是

不考虑人力资本的国际流动，根据上市公司不同职能部门员工人数指标，分类汇总得出中国 31 个省份认知职业就业份额和非认知职业就业份额，根据等式（5.1.2）回归得到的结果。第（7）列则考虑人力资本的国际流动，根据等式（5.1.3）进行回归。可以发现第（6）列、第（7）列的回归结果都非常显著。根据第（6）列的回归系数可以求出 $\alpha = 1.645$，根据第（7）列的回归结果可以求出 $\alpha = 1.667$。同样，我们将中国劳动力需求弹性系数估算结果与现有文献估算结果进行比较。Burnstein 等（2016）运用 CES 总生产函数，采用美国不同职业工资和就业等相关面板数据，测算得到 $\alpha = 1.78$。Xiang 和 Yeaple（2018）采用 28 个高收入国家的截面数据测算出 $\alpha = 1.676$。因此，本书中国劳动力需求弹性系数的估算值与相关文献劳动力需求弹性系数值较为接近。

表 5－7　中国劳动力需求弹性系数 α 的估计

变量	(6) 封闭经济条件下	(7) 开放经济条件下
$\ln\left(1+\frac{p_n^k}{p_c^k}\right)$	2.5503 *** (6.41)	
$\ln\left[1+\frac{p_n^k(1-x_n^k)}{p_c^k(1-x_c^k)}\right]$		2.5015 *** (6.27)
常数项	7.8526 *** (144.71)	7.8614 *** (144.27)
N	310	310
R^2	0.118	0.113

注：*、**、*** 分别表示有关变量的系数在 10%、5% 和 1% 水平上显著；括号中的数值为 t 统计值。

5.2　中国省际人力资本质量指数

5.2.1　认知人力资本生产率

在人力资本生产弹性系数 η、劳动力供给弹性系数 θ、劳动力需求弹性系

数 α 已知的情况下，通过式（4.4.5）我们可以计算中国各省份认知人力资本生产率 h_c^k，计算公式为：

$$\ln h_c^k = \ln\left(\frac{S^k}{S^0}\right) - \eta \times \ln\left(\frac{e^k}{e^0}\right) - 0.5 \times \ln\left(\frac{p_c^k}{p_c^0}\right) \tag{5.2.1}$$

中国劳动力供给弹性系数的确定采用平均受教育年限拟合度最高，因此在计算认知人力资本生产率时，S^k 采用中国各省份平均受教育年限指标，e^k 表示人均教育支出，由中国各省份教育支出除以总人口计算获得。在测算时需要引入基准地区，中国不同省份以北京为基准地区。根据式（5.2.1）可以测算出2008—2017年中国31个省份认知人力资本生产率指标（见表5-8）。

表5-8　2008—2017年中国31个省份认知人力资本生产率

省份	2008年	2009年	2010年	2011年	2012年	2013年	2014年	2015年	2016年	2017年
安徽	0.72	0.73	0.76	0.73	0.73	0.71	0.72	0.73	0.72	0.69
北京	1.00	1.00	1.00	1.00	1.00	1.00	1.00	1.00	1.00	1.00
福建	0.74	0.80	0.80	0.78	0.77	0.76	0.76	0.76	0.76	0.74
甘肃	0.69	0.69	0.74	0.74	0.73	0.73	0.72	0.72	0.73	0.72
广东	0.84	0.84	0.86	0.81	0.80	0.78	0.80	0.81	0.82	0.79
广西	0.78	0.81	0.81	0.76	0.75	0.74	0.74	0.76	0.76	0.74
贵州	0.70	0.70	0.71	0.71	0.70	0.69	0.68	0.66	0.66	0.65
海南	0.82	0.83	0.84	0.81	0.79	0.78	0.78	0.77	0.76	0.75
河北	0.78	0.79	0.80	0.79	0.80	0.76	0.77	0.79	0.79	0.77
河南	0.78	0.79	0.78	0.75	0.75	0.74	0.76	0.77	0.75	0.73
黑龙江	0.81	0.83	0.84	0.76	0.74	0.73	0.75	0.81	0.80	0.76
湖北	0.82	0.85	0.88	0.87	0.85	0.84	0.84	0.83	0.82	0.80
湖南	0.80	0.82	0.84	0.83	0.84	0.84	0.84	0.83	0.84	0.83
吉林	0.82	0.82	0.83	0.79	0.78	0.77	0.79	0.79	0.79	0.79
江苏	0.79	0.81	0.84	0.80	0.80	0.79	0.79	0.83	0.83	0.81
江西	0.78	0.82	0.80	0.77	0.76	0.75	0.74	0.76	0.74	0.72
辽宁	0.83	0.84	0.84	0.78	0.78	0.78	0.78	0.80	0.83	0.80
内蒙古	0.78	0.79	0.82	0.81	0.80	0.77	0.79	0.78	0.78	0.78
宁夏	0.74	0.75	0.77	0.80	0.79	0.75	0.74	0.81	0.82	0.80
青海	0.69	0.71	0.71	0.73	0.71	0.72	0.71	0.71	0.71	0.70

续表

省份	2008 年	2009 年	2010 年	2011 年	2012 年	2013 年	2014 年	2015 年	2016 年	2017 年
山东	0.78	0.80	0.82	0.81	0.80	0.80	0.79	0.78	0.77	0.75
山西	0.82	0.84	0.84	0.82	0.80	0.78	0.79	0.81	0.80	0.78
陕西	0.77	0.80	0.82	0.83	0.79	0.79	0.79	0.79	0.79	0.76
上海	1.00	1.02	0.98	0.97	0.90	0.90	0.97	0.95	0.94	0.96
四川	0.71	0.73	0.75	0.76	0.75	0.76	0.75	0.74	0.75	0.73
天津	0.96	0.98	0.97	0.94	0.88	0.88	0.90	0.92	0.97	0.95
西藏	0.45	0.44	0.52	0.73	0.58	0.56	0.51	0.47	0.52	0.48
新疆	0.80	0.82	0.83	0.79	0.78	0.76	0.76	0.81	0.79	0.80
云南	0.66	0.68	0.71	0.68	0.68	0.71	0.73	0.73	0.74	0.83
浙江	0.77	0.80	0.81	0.80	0.79	0.78	0.79	0.82	0.82	0.80
重庆	0.74	0.75	0.79	0.75	0.79	0.76	0.75	0.77	0.76	0.75

资料来源：作者计算并整理获得。

从式（5.2.1）可以看出，认知人力资本生产率是平均受教育年限剔除资源投入和职业激励因素，这与全要素生产率的定义相符。平均受教育年限高的省份认知人力资本生产率不一定高，从两个指标的排序可以看到（见表5－9），云南、宁夏、湖北、湖南、陕西、山西、浙江、福建、广东等省份认知人力资本生产率排序与平均受教育年限排序差别较大。认知人力资本生产率排序与平均受教育年限排序相同的省份有北京、广西、贵州、上海、天津和西藏。无论是认知人力资本生产率指标还是平均受教育年限指标，北京、上海、天津都位列全国前三。平均受教育年限排序高于认知人力资本生产率排序的省份有：陕西、山西、浙江、广东和福建。这是由于这些省份将更多的资源投入教育事业，再加上认知职业选择的激励措施，使得这些省份的平均受教育年限相对较高，然而认知人力资本生产率需要剔除资源投入和认知职业就业份额等激励因素，以反映该地区认知人力资本的生产和积累状况，导致这些地区的认知人力资本生产率排序要低于平均受教育年限排序。认知人力资本生产率排序高于平均受教育年限排序的省份有宁夏、湖北、湖南、云南。尤其是云南省，按照认知人力资本生产率指标排序，位列全国第 5 名，而按照平均受教育年限指标排序，则位列第 29 名。湖南省认知人力资本生产率指标位列全国第 4 名，平均受教育年限指标位列第 13 名。这说明云南、湖南、宁夏等省份尽管平均受教育年限较低，但在剔除教育资源投入和激励因素的情况下，这些地区在培养认知人力资本方面体现出较高水平，从而导致认知人力资本生产率排序相对较高。两者排序不同，进一步说明了采用平均受教育年限作为人力资本的代理变量会造成人力资本效应的有偏估计。

表 5－9　2017 年中国 31 个省份认知人力资本生产率与平均受教育年限排序比较

省份	认知人力资本生产率	排序	平均受教育年限	排序
安徽	0.69	29	10.50	28
北京	1.00	1	15.02	1
福建	0.74	22	11.55	16
甘肃	0.72	27	10.75	26
广东	0.79	12	12.20	6
广西	0.74	23	11.21	23
贵州	0.65	30	9.75	30
海南	0.75	21	11.49	18
河北	0.77	16	11.74	11
河南	0.73	25	11.29	22
黑龙江	0.76	17	11.58	15
湖北	0.80	11	11.44	20
湖南	0.83	4	11.70	13
吉林	0.79	13	11.65	14
江苏	0.81	6	12.23	5
江西	0.72	26	11.04	24
辽宁	0.80	7	12.00	8
内蒙古	0.78	14	11.74	12
宁夏	0.80	9	11.48	19
青海	0.70	28	10.87	25
山东	0.75	19	11.50	17

续表

省份	认知人力资本生产率	排序	平均受教育年限	排序
山西	0.78	15	12.06	7
陕西	0.76	18	11.84	10
上海	0.96	2	14.16	2
四川	0.73	24	10.61	27
天津	0.95	3	13.31	3
西藏	0.48	31	7.91	31
新疆	0.80	8	11.98	9
云南	0.83	5	10.05	29
浙江	0.80	10	12.23	4
重庆	0.75	20	11.33	21

资料来源：作者计算并整理获得。

5.2.2 非认知人力资本生产率

第4章我们计算了2008—2017年中国31个省份认知人力资本生产率，通过式（4.4.7）可以计算出非认知人力资本生产率 h_n^k，代入相关参数后，具体公式如下：

$$\ln h_n^k = \ln h_c^k - 2 \times \ln\left(\frac{p_c^k / p_n^k}{p_c^0 / p_n^0}\right) \tag{5.2.2}$$

从上式可以看出，非认知人力资本生产率与平均受教育年限、认知能力测试分数无关，因为非认知能力不会随着受教育年限的增长而获得提高，非认知能力无法通过应试教育进行培养，这些能力也不能通过记忆测试和数列测试分数来体现，非认知能力具有稳定性。由于非认知人力资本长时间以来被人们所忽视，很多文献将平均受教育年限作为人力资本的代理变量，仅仅反映了认知人力资本，却忽视了对非认知人力资本的考量。本书从职业选择数据中可以推导出某个地区在培养非认知人力资本上的比较优势，因为职业选择可以反映出技能特点，而技能特点与人力资本类型相匹配。根据式（5.2.2），本书测算出2008—2017年中国31个省份非认知人力资本生产率指标（见表5－10）。

表 5－10　2008—2017 年中国 31 个省份非认知人力资本生产率

省份	2008 年	2009 年	2010 年	2011 年	2012 年	2013 年	2014 年	2015 年	2016 年	2017 年
安徽	0.47	0.79	1.16	0.58	0.40	0.16	0.26	0.32	0.26	0.20
北京	1.00	1.00	1.00	1.00	1.00	1.00	1.00	1.00	1.00	1.00
福建	0.17	0.44	0.56	0.39	0.22	0.10	0.11	0.14	0.15	0.16
甘肃	0.56	0.65	1.08	0.30	0.17	0.14	0.08	0.04	0.14	0.14
广东	0.51	1.05	1.23	0.55	0.51	0.19	0.27	0.20	0.32	0.24
广西	0.52	1.80	1.73	0.51	0.21	0.11	0.12	0.16	0.17	0.19
贵州	0.50	0.53	0.79	0.80	0.41	0.11	0.12	0.12	0.20	0.30
海南	1.02	1.97	1.83	0.88	0.29	0.11	0.14	0.18	0.13	0.13
河北	0.20	0.34	0.44	0.35	0.82	0.27	0.25	0.17	0.16	0.13
河南	0.26	0.38	0.26	0.22	0.14	0.06	0.13	0.13	0.10	0.09
黑龙江	0.34	1.08	1.21	0.62	0.19	0.11	0.18	0.28	0.26	0.20
湖北	2.35	6.01	8.76	4.43	4.24	1.43	1.86	1.59	1.36	1.11
湖南	0.76	1.48	2.09	0.76	1.55	0.98	1.27	1.34	1.55	1.63
吉林	0.40	0.60	0.95	0.63	0.95	0.30	0.62	0.53	0.38	0.52
江苏	0.70	1.51	1.93	0.87	0.62	0.40	0.43	0.44	0.50	0.46
江西	0.29	0.67	0.88	0.49	0.23	0.10	0.14	0.19	0.12	0.11
辽宁	0.23	0.52	0.69	0.37	0.39	0.18	0.27	0.18	0.56	0.43
内蒙古	0.53	1.12	1.46	1.10	0.57	0.20	0.65	0.27	0.21	0.44
宁夏	0.03	0.05	0.17	2.15	2.93	0.58	0.84	1.32	1.41	1.13
青海	0.48	0.83	0.68	0.34	0.18	0.06	0.11	0.09	0.12	0.08
山东	0.66	1.56	2.00	0.98	1.07	0.41	0.43	0.32	0.28	0.28
山西	0.36	0.89	0.70	0.40	0.11	0.06	0.09	0.07	0.05	0.07
陕西	0.12	0.97	1.13	0.79	0.13	0.09	0.07	0.22	0.19	0.12
上海	1.46	2.59	3.81	4.85	0.84	0.33	1.42	0.70	0.66	1.24
四川	0.49	0.79	0.81	0.80	0.81	0.60	0.48	0.55	0.76	0.74
天津	3.39	6.10	7.83	4.32	1.33	0.51	0.93	1.25	3.49	2.66
西藏	0.53	1.88	2.09	0.76	0.29	0.10	0.27	0.27	0.38	0.36
新疆	0.42	1.05	1.31	0.71	0.45	0.18	0.28	0.29	0.17	0.46
云南	0.15	0.44	0.45	0.18	0.12	0.42	1.11	1.23	1.47	1.18
浙江	0.47	1.00	1.23	0.83	0.64	0.28	0.38	0.44	0.39	0.30
重庆	0.57	0.74	1.56	0.62	2.26	0.67	0.60	0.34	0.24	0.32

资料来源：作者计算并整理获得。

表5－11表明非认知人力资本生产率排序与平均受教育年限排序存在很大差异。从排名上看，如果采用平均受教育年限指标将夸大一些省份的非认知人力资本生产情况，因为这些省份平均受教育年限排序靠前而非认知人力资本生产率排序靠后，如山西、陕西、河北、浙江、广东等省份。这些省份平均受教育年限较高，注重应试教育，过于强调考试成绩的重要性，大部分学生在发展认知能力的同时忽视了非认知能力的培养，使得这些地区非认知人力资本生产率较低。与之相反，一些省份采用平均受教育年限度量人力资本却会低估非认知人力资本的生产情况，如云南、四川、宁夏、湖南、湖北、贵州和西藏等省份。这些省份非认知人力资本生产率排序靠前，而平均受教育年限排序却比较靠后，这是因为在这些省份尽管平均受教育程度较低，但很多人会选择非认知职业，说明这些省份在培养非认知人力资本方面有比较优势，提高了这些地区的非认知人力资本生产率。相反，在受教育程度较高的地区，大部分人选择认知职业，强化了这些地区认知人力资本的绝对优势，使得这些省份非认知人力资本生产率较低。

从表5－11我们可以看到，湖南、云南和宁夏无论是认知人力资本生产率还是非认知人力资本生产率排序都比较靠前，而平均受教育年限排序就比较靠后。这是因为这些省份在平均受教育年限不是很高的情况下，注重培养学生的非认知能力，使大部分人偏向于选择非认知职业，提高了非认知职业的就业比重。而一些省份尽管平均受教育年限较高，认知人力资本生产率和非认知人力资本生产率却较低，如广东、山西和浙江。这意味着教育政策制定者不能仅仅以提高全民受教育年限为目标，以学校考试成绩为衡量标准，还要注重教育质量的提高，培养认知能力的同时也要注重非认知能力的培养。

表5－11　2017年中国31个省份相关指标排序比较

省份	认知人力资本生产率排序	平均受教育年限排序	非认知人力资本生产率排序
安徽	29	28	20
北京	1	1	7
福建	22	16	23
甘肃	27	26	24
广东	12	6	19

续表

省份	认知人力资本生产率排序	平均受教育年限排序	非认知人力资本生产率排序
广西	23	23	22
贵州	30	30	17
海南	21	18	26
河北	16	11	25
河南	25	22	29
黑龙江	17	15	21
湖北	11	20	6
湖南	4	13	2
吉林	13	14	9
江苏	6	5	11
江西	26	24	28
辽宁	7	8	13
内蒙古	14	12	12
宁夏	9	19	5
青海	28	25	30
山东	19	17	18
山西	15	7	31
陕西	18	10	27
上海	2	2	3
四川	24	27	8
天津	3	3	1
西藏	31	31	14
新疆	8	9	10
云南	5	29	4
浙江	10	4	16
重庆	20	21	15

资料来源：作者计算并整理获得。

5.2.3　人力资本质量指数（HCQI）

人力资本质量指数可以通过认知人力资本生产率和非认知人力资本生产率加权平均得到。通过式（4.3.8）我们可以计算出封闭经济条件下中国各省份人力资本质量指数，代入相关参数后，具体公式为：

$$H^k = [p_c^0(h_c^k)^{0.4877} + p_n^0(h_n^k)^{0.4877}]^{2.05} \tag{5.2.3}$$

该式说明无论是认知人力资本生产率的提高，还是非认知人力资本生产率的提高，都会提高该地区的人力资本质量指数。通过式（4.3.14）可以计算出开放经济条件下中国各省份人力资本质量指数，代入相关参数后，具体公式为：

$$H^k = \left\{p_c^0 \left\{\left[\frac{p_c^0(1 - x_c^0)}{p_c^k(1 - x_c^k)}\right]^{1.5} h_c^k\right\}^2 + p_n^0 \left\{\left[\frac{p_n^0(1 - x_n^0)}{p_n^k(1 - x_n^k)}\right]^{1.5} h_n^k\right\}^2\right\}^{0.5} \quad (5.2.4)$$

上式说明开放经济条件下，人力资本质量指数仍然是认知人力资本生产率和非认知人力资本生产率的加权平均。与此同时，人力资本质量指数与人力资本国际流动有关，由于存在净出口率（x_c^k，x_n^k），某个地区不同类型的人力资本总供给和总需求并不相等。假设在开放经济条件下，每单位认知人力资本和非认知人力资本都有一个单一的全球价格，比如 $\omega_c^k = \omega_c$，$\omega_n^k = \omega_n$，则上式可以简化为：

$$H^k = \left[p_c^0 \left(\frac{h_c^k}{h_c^0}\right)^{\theta} + p_n^0 \left(\frac{h_n^k}{h_n^0}\right)^{\theta}\right]^{\frac{1}{\theta}} \quad (5.2.5)$$

具体推导过程如下：

在开放经济条件下，$P^k = (\Theta^k)^{-1}$，这意味着式（4.2.5）可以转化为：

$$L_i^k = \frac{L^k p_i^k}{\omega_i}\{(\eta\Theta^k)^{\eta}[T_c(\omega_c h_c^k)^{\theta} + T_n(\omega_n h_n^k)^{\theta}]^{\frac{1}{\theta}}\}^{\frac{1}{1-\eta}}\gamma \quad (5.2.6)$$

式（5.2.6）与式（4.2.6）联立，可以得到 k 地区相对基准地区的人均产出比：

$$\frac{Y^k/L^k}{Y^0/L^0} = \left\{\frac{\Theta^k}{\Theta^0}\left[\frac{T_c(\omega_c h_c^k)^{\theta} + T_n(\omega_n h_n^k)^{\theta}}{T_c(\omega_c h_c^0)^{\theta} + T_n(\omega_n h_n^0)^{\theta}}\right]^{\frac{1}{\theta}}\right\}^{\frac{1}{1-\eta}} \quad (5.2.7)$$

变形后可以得到：

$$\frac{Y^k/L^k}{Y^0/L^0} = \left\{\frac{\Theta^k}{\Theta^0}\left[p_c^0\left(\frac{h_c^k}{h_c^0}\right)^{\theta} + p_n^0\left(\frac{h_n^k}{h_n^0}\right)^{\theta}\right]^{\frac{1}{\theta}}\right\}^{\frac{1}{1-\eta}} \quad (5.2.8)$$

封闭经济条件下和开放经济条件下最大的区别在于，开放经济条件下人力资本质量指数的计算公式中没有劳动力需求弹性系数 α，因为在生产要素自由贸易条件下，某个地区的劳动力总供给不一定等于劳动力总需求，这就使不同地区的劳动力需求弹性系数相对封闭经济条件下趋向于无穷大。由于不同类型人力资本净出口率（x_c^k，x_n^k）数值非常小，式（5.2.3）和式（5.2.4）的计算结果非常相近。本书根据式（5.2.5）计算了开放经济条件下2008—2017年中国31个省份人力资本质量指数（见表5－12）。

表5－12 2008—2017年中国31个省份人力资本质量指数

省份	2008年	2009年	2010年	2011年	2012年	2013年	2014年	2015年	2016年	2017年
安徽	0.69	0.83	0.91	0.72	0.85	0.64	0.67	0.68	0.67	0.63
北京	1.00	1.00	1.00	1.00	1.00	1.00	1.00	1.00	1.00	1.00
福建	0.70	0.83	0.91	0.75	0.87	0.68	0.70	0.70	0.69	0.68
甘肃	0.67	0.82	0.91	0.71	0.84	0.66	0.66	0.66	0.66	0.65
广东	0.81	0.90	0.95	0.78	0.89	0.71	0.74	0.74	0.76	0.73
广西	0.76	0.87	0.93	0.74	0.86	0.67	0.68	0.70	0.69	0.68
贵州	0.68	0.82	0.91	0.72	0.85	0.63	0.62	0.61	0.60	0.61
海南	0.85	0.92	0.96	0.82	0.90	0.71	0.72	0.71	0.70	0.68
河北	0.74	0.86	0.93	0.75	0.87	0.70	0.71	0.73	0.72	0.70
河南	0.74	0.86	0.93	0.71	0.84	0.67	0.69	0.70	0.69	0.66
黑龙江	0.77	0.88	0.94	0.75	0.87	0.66	0.69	0.75	0.73	0.70
湖北	1.11	1.05	1.03	1.71	1.31	0.97	1.07	0.99	0.94	0.86
湖南	0.80	0.89	0.94	0.83	0.91	0.87	0.92	0.93	1.00	1.02
吉林	0.78	0.89	0.94	0.77	0.88	0.71	0.76	0.76	0.73	0.74
江苏	0.78	0.88	0.94	0.81	0.90	0.74	0.74	0.78	0.78	0.76
江西	0.74	0.86	0.93	0.74	0.86	0.68	0.68	0.70	0.68	0.65
辽宁	0.78	0.88	0.94	0.75	0.86	0.71	0.73	0.74	0.79	0.75
内蒙古	0.75	0.87	0.93	0.85	0.92	0.70	0.77	0.72	0.71	0.73
宁夏	0.70	0.83	0.91	1.05	1.02	0.72	0.76	0.91	0.95	0.87
青海	0.67	0.82	0.91	0.70	0.84	0.65	0.65	0.65	0.65	0.63
山东	0.77	0.88	0.94	0.83	0.91	0.74	0.74	0.73	0.71	0.69
山西	0.78	0.88	0.94	0.78	0.88	0.71	0.72	0.74	0.73	0.71
陕西	0.73	0.85	0.92	0.82	0.91	0.71	0.73	0.73	0.72	0.69
上海	1.06	1.03	1.01	1.89	1.37	0.82	1.06	0.91	0.90	1.02
四川	0.69	0.83	0.91	0.76	0.87	0.74	0.71	0.71	0.76	0.73
天津	1.46	1.21	1.10	1.71	1.31	0.83	0.90	0.98	1.71	1.42
西藏	0.46	0.68	0.82	0.74	0.86	0.51	0.48	0.45	0.50	0.46
新疆	0.77	0.88	0.94	0.78	0.88	0.69	0.71	0.75	0.72	0.75
云南	0.62	0.79	0.89	0.65	0.80	0.67	0.80	0.83	0.91	0.82
浙江	0.74	0.86	0.93	0.80	0.89	0.72	0.74	0.77	0.76	0.73
重庆	0.72	0.85	0.92	0.73	0.86	0.75	0.73	0.72	0.70	0.69

资料来源：作者计算获得。

图 5 -6 显示了中国 31 个省份人力资本质量指数的变化趋势，2008—2017 年期间人力资本质量指数波动比较明显的省份有上海、天津和湖北。2008—2017 年上海人力资本质量指数高于北京的年份居多，2011 年上海人力资本质量指数达到 1.89，远远高于北京。天津的人力资本质量指数呈现波动的趋势，2011 年和 2016 年是近十年来的最高值，达到 1.71，天津人力资本质量指数小于北京的年份是 2013—2015 年。湖北的人力资本质量指数变化趋势与上海类似，2011 年湖北人力资本质量指数达到近十年的最高值 1.71，2008—2012 年的人力资本质量指数要高于北京，自 2015 年开始人力资本质量指数趋于下降。其他省份的人力资本质量指数的变化较小，从时间趋势图上看波动并不明显。这说明不同省份人力资本质量具有一定的稳定性，人力资本质量指数不会随时间产生较为剧烈的波动，不同地区人力资本的培养和积累具有延续性。

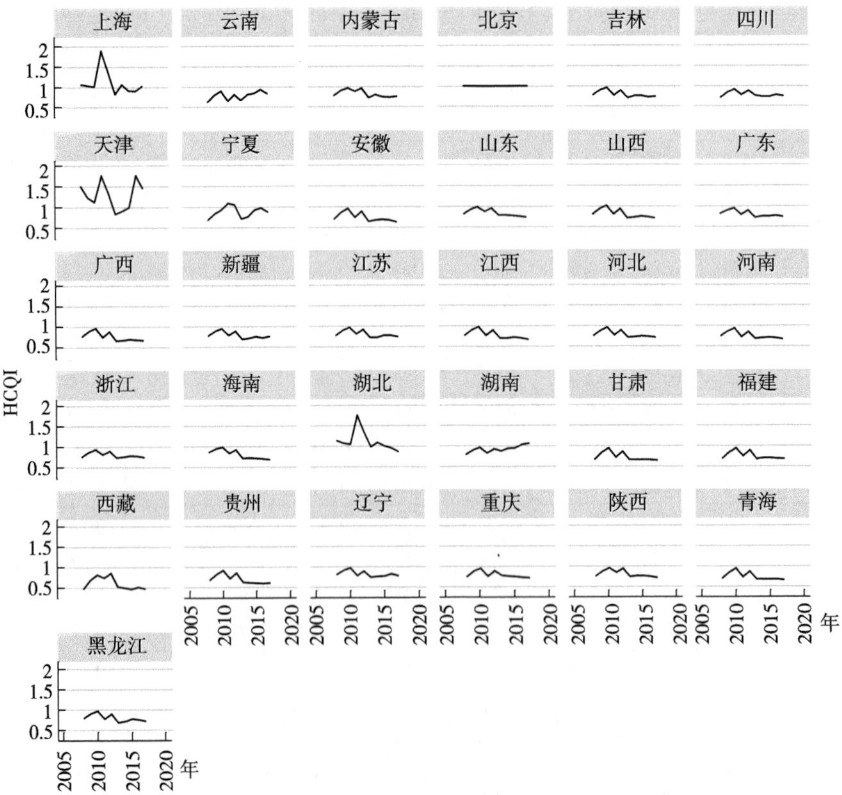

图 5 -6 中国 31 个省份人力资本质量指数时间趋势

从表 5－13 可以看出，中国不同省份的人力资本质量指数排序与平均受教育年限、认知能力测试分数排序存在较大差异。2016 年中国人力资本质量指数最高的五个省份分别是天津、湖南、北京、湖北、云南；而平均受教育年限最高的五个省份分别是北京、上海、天津、江苏、广东，认知能力测试分数最高的五个省份分别是内蒙古、北京、浙江、天津、湖南。这些指标存在排序上的差异主要是因为平均受教育年限和认知能力测试分数只反映了认知人力资本水平，而人力资本质量指数不仅包括认知人力资本，还包括非认知人力资本，从两个维度综合反映了该地区人力资本质量。对人力资本质量指数和平均受教育年限指标进行比较，我们可以发现两者存在较大差异的省份有云南、四川、湖北、湖南。这些省份人力资本质量指数较高，而平均受教育年限水平较低。云南和四川两省在认知能力测试分数上位列第 24 名和第 25 名，说明这两个省份在培养认知人力资本上也处于全国较低水平。而它们在非认知人力资本生产上却表现出较高水平，这也意味着非认知人力资本生产率对人力资本质量指数影响较大。人力资本质量指数和平均受教育年限指标排序没有差异的省份只有 3 个，分别是安徽、贵州和重庆，这说明以平均受教育年限表示的人力资本与以人力资本质量指数表示的人力资本存在较大差异。比较结果表明，人力资本不仅包括认知人力资本，还包括非认知人力资本。平均受教育年限和考试成绩只能反映人力资本的认知维度，这两个指标无法捕捉到人力资本的非认知维度信息。中国不同省份非认知人力资本生产率的差异也很大（见表 5－10），人力资本质量指数指标可以反映出平均受教育年限指标和认知测试分数指标所遗漏的非认知因素，因此采用该指标来度量中国不同地区的人力资本质量更具合理性。

表 5－13　2016 年中国各省份相关指标排序比较

省份	认知能力测试分数排序	平均受教育年限排序	人力资本质量指数排序
安徽	21	25	25
北京	2	1	3
福建	23	18	21
甘肃	18	23	26

续表

省份	认知能力测试分数排序	平均受教育年限排序	人力资本质量指数排序
广东	11	5	10
广西	7	21	22
贵州	26	27	27
海南	27	16	20
河北	6	10	16
河南	15	20	23
黑龙江	20	11	13
湖北	12	17	4
湖南	5	13	2
吉林	9	14	12
江苏	19	4	8
江西	17	22	24
辽宁	13	8	7
内蒙古	1	12	17
山东	16	15	18
山西	10	7	14
陕西	14	9	15
上海	8	2	6
四川	25	24	11
天津	4	3	1
云南	24	26	5
浙江	3	6	9
重庆	22	19	19

资料来源：作者计算并整理获得。

5.2.4 中国省际人力资本质量与人均产出

本章我们进一步揭示人力资本质量与人均产出之间的关系。根据第 4 章人力资本质量指数的计算公式，人均产出由人力资本质量和产出全要素生产率（TFP）两部分组成，并且人力资本生产弹性系数会影响两者对人均产出的贡献率。本书采用2008—2017 年中国31 个省份的相关数据，计算了近十年来中国省际人力资本质量和产出 TFP 对人均产出的影响（见表 5－14）。表中的第（1）列是将不同省份 2008—2017 年的人均 GDP 取平均值，可以看到东部地区 11 个省份的人均 GDP 平均值为 44575.35 元，中部地区 8 个省份的人均 GDP 平均值为 41886.53 元，西部地区 12 个省份的人均 GDP 平均值为 42350.88 元，显然东部地区的人均产出要高于中西部地区的人均产出。第（2）列以北京的人均 GDP 为基准，计算了中国省际的相对人均产出，在 31 个省份中除了上海的人均产出略高于北京，其他省份的人均产出均低于北京，而人均产出指标还可以用来衡量不同地区的收入水平，因此数据表明中国不同省份之间存在较大的收入差距。那么人力资本质量和产出 TFP 在多大程度上解释了不同省份之间的经济增长差异和收入差距呢？第（5）列和第（7）列分别计算了人力资本质量对人均产出的贡献率和产出 TFP 对人均产出的贡献率。以安徽为例，安徽人均产出低于北京的人均产出，一方面是由于安徽人力资本质量低于北京的人力资本质量，人力资本质量相对较低使安徽的人均产出只有北京人均产出的 72.1%；另一方面是由于安徽的产出 TFP 相对较低，使安徽的人均产出只有北京人均产出的 43.74%，两个因素共同导致了安徽相对人均产出为 31.54%（=72.1%×43.74%）。第（2）列的数值根据统计年鉴上的数据计算获得，而第 5 列和第（7）列的数值根据上一章人力资本质量指数模型求得，其中人力资本质量的贡献率的计算公式为 $(H^k)^{\frac{1}{1-\eta}}$，产出 TFP 的贡献率的计算公式为 $\left(\frac{\Theta^k}{\Theta^0}\right)^{\frac{1}{1-\eta}}$。比较分析发现，除了江苏、内蒙古和浙江三个省份，中国大部分省份人力资本质量的贡献率要大于产出 TFP 的贡献率，这说明人力资本质量对人均产出具有重要影响。上海的人力资本质量要高于北京的人力资本质量，而上海产出 TFP 相对较低，在其他条件不变的情况下，上海人均产出却高于北京人均产出。同样，天津的人力资本质量贡献率最高，达到 127.18%，由于产出 TFP 的贡献率仅为 77.94%，天津的人均产出与北京人均产出基本持平。东部地区人力资本质量的贡献率要高于中西部地区，而且产出 TFP 的贡献率也高于中西部地区，因此东部地区的人均产出平均值最高。从中国总体平均水平看，人力资本质量对人均产出的贡献率也要高于产出 TFP 对人均产出的贡献率，因此从总体上看人力资本质量的提高是中国不同省份和地区人均产出增加的重要推动因素，反映出提高人力资本质量是中国经济增长的重要源泉，人力资本的均衡发展有利于缩小中国不同省份的收入差距。

表 5－14　2008—2017 年人力资本质量和产出 TFP 对人均产出的贡献率

省份	人均 GDP 平均值 (1)	相对人均产出 (2)	HCQI 平均值 (3)	η 平均值 (4)	人力资本质量的贡献率 (5)	相对产出 TFP 平均值 (6)	产出 TFP 的贡献率 (7)
安徽	29161. 66	0. 3154	0. 7296	0. 0362	0. 7210	0. 4507	0. 4374
北京	92480. 21	1. 0000	1. 0000	0. 0333	1. 0000	1. 0000	1. 0000
福建	55109. 45	0. 5959	0. 7503	0. 0254	0. 7447	0. 8048	0. 8002
甘肃	21594. 48	0. 2335	0. 7241	0. 0640	0. 7083	0. 3539	0. 3296
广东	57314. 60	0. 6197	0. 7997	0. 0249	0. 7951	0. 7843	0. 7794
广西	27965. 80	0. 3024	0. 7569	0. 0424	0. 7477	0. 4203	0. 4045
贵州	21901. 23	0. 2368	0. 7055	0. 0683	0. 6877	0. 3704	0. 3444
海南	32971. 70	0. 3565	0. 7953	0. 0499	0. 7858	0. 4720	0. 4537
河北	35463. 80	0. 3835	0. 7683	0. 0300	0. 7621	0. 5137	0. 5032
河南	32445. 06	0. 3508	0. 7499	0. 0319	0. 7428	0. 4838	0. 4723
黑龙江	33851. 26	0. 3660	0. 7733	0. 0337	0. 7664	0. 4897	0. 4776
湖北	39970. 09	0. 4322	1. 1050	0. 0280	1. 1082	0. 4004	0. 3900
湖南	34193. 59	0. 3697	0. 9114	0. 0305	0. 9088	0. 4182	0. 4069
吉林	42096. 30	0. 4552	0. 7964	0. 0320	0. 7904	0. 5861	0. 5759
江苏	71710. 30	0. 7754	0. 8104	0. 0226	0. 8065	0. 9623	0. 9615
江西	29547. 14	0. 3195	0. 7532	0. 0414	0. 7440	0. 4448	0. 4294
辽宁	51313. 11	0. 5549	0. 7924	0. 0244	0. 7878	0. 7103	0. 7043
内蒙古	58751. 35	0. 6353	0. 7962	0. 0281	0. 7910	0. 8081	0. 8032
宁夏	35917. 70	0. 3884	0. 8714	0. 0470	0. 8655	0. 4659	0. 4487
青海	32903. 70	0. 3558	0. 7160	0. 0665	0. 6992	0. 5323	0. 5089
山东	53265. 84	0. 5760	0. 7946	0. 0235	0. 7902	0. 7343	0. 7289
山西	31575. 27	0. 3414	0. 7874	0. 0406	0. 7795	0. 4529	0. 4380
陕西	38504. 83	0. 4164	0. 7818	0. 0406	0. 7737	0. 5518	0. 5381
上海	93147. 47	1. 0072	1. 1065	0. 0281	1. 1098	0. 9101	0. 9076
四川	29881. 43	0. 3231	0. 7718	0. 0362	0. 7643	0. 4361	0. 4228

续表

省份	人均 GDP 平均值 (1)	相对人均产出 (2)	HCQI 平均值 (3)	η 平均值 (4)	人力资本质量的贡献率 (5)	相对产出 TFP 平均值 (6)	产出 TFP 的贡献率 (7)
天津	91671.97	0.9913	1.2635	0.0272	1.2718	0.7847	0.7794
西藏	25122.40	0.2717	0.5958	0.1410	0.5473	0.5479	0.4964
新疆	33249.40	0.3595	0.7866	0.0614	0.7743	0.4867	0.4643
云南	23004.40	0.2487	0.7784	0.0551	0.7671	0.3450	0.3243
浙江	65761.27	0.7111	0.7931	0.0250	0.7885	0.9042	0.9019
重庆	40729.30	0.4404	0.7671	0.0325	0.7603	0.5896	0.5793
东部平均	44575.35	0.4820	0.8219	0.0415	0.8141	0.5922	0.5791
中部平均	41886.53	0.4529	0.8040	0.0375	0.7969	0.5754	0.5635
西部平均	42350.88	0.4579	0.8162	0.0420	0.8080	0.5700	0.5562
全国平均	43954.07	0.4753	0.8172	0.0410	0.8093	0.5876	0.5746

资料来源：作者计算并整理获得。

5.3 认知人力资本、非认知人力资本与人均产出

5.3.1 基础模型设定

人力资本质量由认知人力资本生产率和非认知人力资本生产率两个维度决定，而人力资本质量指数会影响人均产出。根据式（4.3.7）、式（4.3.8），可以将不同类型人力资本对人均产出的影响表示为：

$$y_{it}/y_{0t} = \lambda_0 + \lambda_1 h_{it}^c + \lambda_2 h_{it}^n + \lambda_3 \Theta_{it}/\Theta_{0t} + \varepsilon_{it} \tag{5.3.1}$$

我们在计算人力资本质量指数指标时，引入了基准地区，中国历年不同省份认知人力资本生产率和非认知人力资本生产率的计算都以北京为基准，因此，式（5.3.1）中 y_{0t} 表示北京历年的人均 GDP，Θ_{0t} 表示北京历年的产出 TFP。y_{it} 表示 i 省份 t 年的人均产出，h_{it}^c 表示 i 省份 t 年的认知人力资本生产率，h_{it}^n 表示 i 省份 t 年的非认知人力资本生产率，Θ_{it} 表示 i 省份 t 年的产出 TFP。根据式（4.3.8），认知人力资本生产率和非认知人力资本生产率加权平

均得到人力资本质量指数（HCQI），在实证分析中本书用 HCQI 综合指标代替 h_{it}^c和 h_{it}^n进行回归，检验人力资本质量指数的增加对人均产出的影响。同时还引入平均受教育年限指标，并对回归结果进行比较，检验人力资本对产出的影响是否存在偏差。

在估计方法的选择上，实证分析采用的是中国31个省份2008—2017 年的面板数据，显然这些地区在不同发展阶段的数据不能满足技术、环境和社会因素等同质性的假设，使用混合回归会造成估计结果的偏差。该数据符合短面板数据的特征，既可以使用固定效应模型，也可以使用随机效应模型。究竟哪个模型更有效，则需要对固定效应和随机效应的结果进行豪斯曼（Hausman）检验，检验结果的 p 值为 0.0000，强烈拒绝原假设，故应该使用固定效应模型。

5.3.2 回归结果分析

表5－15 展示了基础模型的回归结果，回归分析中进一步将总体样本分为东中西部地区，考察认知人力资本生产率和非认知人力资本生产率对不同地区人均产出的影响。从回归结果上看，中国东部、中部、西部地区不同类型人力资本的回归系数均显著为正，说明认知人力资本生产率、非认知人力资本生产率和产出 TFP 均显著促进了中国不同地区经济增长和收入水平的提高。

表 5－15 基础模型回归结果

变量	全国 (1)	东部地区 (2)	中部地区 (3)	西部地区 (4)
h_{it}^c	0.4041*** (6.13)	0.8449*** (5.43)	0.7086*** (6.94)	0.2552*** (3.98)
h_{it}^n	0.0328*** (11.01)	0.0588*** (10.24)	0.0156*** (5.82)	0.0488*** (10.88)
Θ_{it}/Θ_{0t}	0.4712*** (18.30)	0.6243*** (15.66)	0.6021*** (12.31)	0.5303*** (14.81)
常数项	−0.1730*** (−2.99)	−0.5805*** (−4.05)	−0.5085*** (−5.48)	−0.1548*** (−2.81)

续表

变量	全国 (1)	东部地区 (2)	中部地区 (3)	西部地区 (4)
R - sq	0.786	0.815	0.934	0.919
N	310	110	80	120
省份固定效应	YES	YES	YES	YES
年份固定效应	YES	YES	YES	YES
Hausman	83.72	19.55	39.73	26.13
p 值	0.0000	0.0006	0.0000	0.0000

注：*、**、*** 分别表示有关变量的系数在10%、5%和1%水平上显著；括号中的数值为 t 统计值。

从认知人力资本生产率指标来看，中国不同地区认知人力资本对人均产出都有显著的促进作用，但东部地区认知人力资本对人均产出的促进作用最大，认知人力资本生产率每提高1%，使东部地区人均产出提高0.845%，而西部地区的回归系数相对较小，仅为0.255。中部地区的回归系数介于两者之间，当中部地区认知人力资本生产率提高1%，人均产出增加0.709%。这说明经济越发达的地区，认知人力资本对人均产出的促进作用越大。因此，对于中西部地区来说，加大教育投入，提高劳动者认知能力，仍是促进经济发展、实现经济追赶的重要途径。

从非认知人力资本生产率指标来看，回归系数均小于认知人力资本生产率，但对人均产出的促进作用依然非常显著。东部地区非认知人力资本的影响效应最大，非认知人力资本生产率提高1%，东部地区人均产出会增加0.059%。其次是西部地区，非认知人力资本生产率提高1%，该地区人均产出增加0.049%。而中部地区非认知人力资本的促进作用较弱，回归系数仅为0.016，低于东西部地区。这说明近年来国家实施西部大开发战略取得成效，由于西部地区经济发展明显落后于东部地区，教育水平落后和劳动者素质不高等问题已经成为影响西部地区经济发展的主要因素。为加快西部地区经济发展，国家制定相关激励政策，将东部地区所积累的资金、人才、技术和管理经验向西部地区转移，支持西部地区的经济发展。随着市场经济的发展，我国东部沿海地区生产成本越来越高，尤其是人力资本要素成本不断增加，而中西部地区自然资源丰富、要素成本低、市场潜力大，使得越来越多的产业向中西部地区转移。产业转移使人力资本从低生产率部门向高生产率部门流动，促进了西部地区非认知人力资本生产率的提高，进而有力促进了西部地区的经济增长。

从产出 TFP 指标来看，中国不同地区的回归系数显著为正，说明除了人力资本以外的其他因素对人均产出的增加作用也非常显著。就全国样本而言，产出 TFP 增加 1%，人均产出会增长 0.471%，该回归系数要大于认知人力资本生产率和非认知人力资本生产率的回归系数，说明对于现阶段中国经济发展而言，相对于人力资本因素，资本积累和技术进步等其他因素对人均产出的驱动作用更强，从而导致中国不同地区的经济增长差异和收入差距。分地区来看，东部地区产出 TFP 的促进作用最大，其次是中部地区，最后是西部地区。这是因为改革开放以来东部地区经济快速发展，基础设施不断完善，已经积累了一定的资金和技术，市场化进程和城市化进程的不断加快也将进一步推动东部地区经济的快速增长，而中西部地区的经济发展、基础设施和市场化进程都要落后于东部地区。

自 1993 年 Barro 和 Lee 提出采用平均受教育年限指标表示人力资本存量以来，该指标被国内外大量学者用来分析人力资本与地区经济增长差异之间的关系。相当一部分国内学者采用该方法测算了中国不同省份的平均受教育年限，并结合不同省份经济发展水平差异进行实证分析，如蔡昉和都阳（2000）、陈钊和陆铭（2004）、彭国华（2007）、姚先国和张海峰（2008）。随着新人力资本理论的发展，越来越多的学者指出以平均受教育年限作为人力资本的代理指标会造成人力资本效应的有偏估计，本书通过实证分析（见表 5－16）发现，人力资本质量指数的回归系数均显著为正，数值要小于平均受教育年限的回归系数。就全国样本而言，人力资本质量指数提高 1%，将促进人均产出增加 0.139%，而平均受教育年限提高 1%，将使人均产出提高 0.176%。从东部、中部、西部地区的回归结果来看，东部、中部地区平均受教育年限系数远远高于人力资本质量指数系数，而西部地区平均受教育年限回归系数不显著且为负数，这无法解释相关文献所论证的人力资本提高会促进地区经济增长。从表 5－16 中 R^2 来看，本书测算的人力资本质量指数比平均受教育年限指标的拟合度更好，实证结果表明以平均受教育年限作为人力资本的代理变量会高估人力资本对人均产出的影响，会造成人力资本效应的有偏估计。

表 5－16　中国不同地区人力资本质量对人均产出的影响

变量	全国		东部地区		中部地区		西部地区	
	1	2	3	4	5	6	7	8
HCQI	0.1385*** (9.86)		0.2816*** (10.37)		0.0491*** (3.46)		0.3408*** (12.65)	
S_{it}/S_{0t}		0.1758** (2.10)		0.8398*** (3.03)		0.1426 (0.88)		-0.0662 (-0.75)
Θ_{it}/Θ_{0t}	0.4165*** (15.76)	0.2376*** (10.86)	0.5970*** (14.01)	0.2302*** (6.41)	0.4503*** (7.84)	0.3146*** (7.15)	0.5631*** (16.94)	0.2392*** (6.61)
常数项	0.0831*** (3.55)	0.1505** (2.27)	-0.0416 (-0.78)	-0.2264 (-0.98)	0.0848** (2.62)	0.067 (0.51)	-0.2010*** (-6.58)	0.2130*** (3.19)
R^2	0.75	0.665	0.78	0.557	0.884	0.863	0.929	0.814
N	310	310	110	110	80	80	120	120
省份固定效应	YES	YES	YES	YES	YES	YES	YES	YES
年份固定效应	YES	YES	YES	YES	YES	YES	YES	YES
hausman	116.84	85.39	33.53	13.6	26.64	1.34	20.16	41.41

6 开放经济下中国人力资本质量与地区经济增长的实证研究

第 5 章测算出开放经济条件下中国不同省份的人力资本质量指数，接下来我们将结合第 3 章提出的人力资本与经济增长的综合分析框架，运用中国省际层面的相关数据进行实证研究。

6.1 计量模型与研究方法

Barro 和 Sala - i - Martin（1992）的经济增长模型被国内学者广泛应用于研究中国人力资本与地区经济增长之间的关系（蔡昉和都阳，2000；林毅夫和刘明兴，2003；姚先国和张海峰，2008；韦倩等，2014；刘智勇等，2018）。基于新古典增长模型的回归框架，本书设定如下实证计量模型：

$$\ln(y_{it}) - \ln(y_{it-1}) = \alpha_1 \ln(y_{it-1}) + \alpha_2 \ln(HCQI_{it}) + \alpha_x X_{it} + u_{it} \quad (6.1.1)$$

其中，y_{it} 是 i 地区在 t 时期的人均产出，$\ln(y_{it}) - \ln(y_{it-1})$ 是 $t-1$ 期到 t 期的人均产出增长率，人力资本质量指数（$HCQI_{it}$）是本书的核心变量，以对数形式进入回归方程，X_{it} 为一组控制变量，u_{it} 包含地区固定效应、时间固定效应和误差项。

早期的相关研究大多采用截面数据（Barro，1991；Mankiw，Romer 和 Weil，1992），但截面回归估计可能造成变量遗漏偏误且样本容量太少。近年来关于增长模型的估计大多采用面板数据，为克服解释变量的内生性问题，广义矩估计（GMM）方法被国内外学者广泛运用。差分广义矩估计法和系统广义矩估计法是由 Holtz - Eakin、Newey 和 Rosen（1988）最早提出的，Arellano 和 Bond

(1991)、Arellano 和 Bover (1995)、Blundell 和 Bond (1998) 发表了一系列文章，使得该方法越来越受欢迎。对于时间维度较短而横截面维度较多的短面板数据，差分广义矩估计法和系统广义矩估计法是较为通用的两种方法。因为即使在解释变量不是严格外生的、时间序列中存在自相关、不同个体存在异方差的情况下，GMM 依然是稳健与最优的，GMM 估计量依然满足一致性、渐进正态性与渐进有效性。与系统广义矩估计法 (SYS - GMM) 相比较而言，差分广义矩估计法 (DIF - GMM) 比较容易受到弱工具变量的影响而产生有限样本偏误，所以系统 GMM 比差分 GMM 更有效率。鉴于此，本书主要展示系统 GMM 的估计结果，同时为了进行比较，在稳健性检验部分展示了差分 GMM、随机效应估计、固定效应估计和混合 OLS 的估计结果。

6.2 变量选择与数据说明

本书的被解释变量为人均产出增长率，采用对数形式来表示 $[\ln(y_{it}) - \ln(y_{it-1})]$。$y_{it}$ 表示人均产出，由总产出除以总人数计算得到。

核心解释变量为人力资本质量指数 (HCQI)，该指标利用上文构建的一般均衡模型与宏观数据及微观数据计算得到。本书计算了 2008—2017 年中国 31 个省份的人力资本质量指数。

控制变量根据影响经济增长的因素，参考相关文献进行选择。Barro (1996) 对跨国经济增长收敛研究作了一个比较完整的总结，发表了一篇名为《经济增长的决定因素：一个跨国实证研究》 (Determinants of economic growth: a cross - country empirical study) 的论文。他在文中使用的解释变量包括人均 GDP 的初始水平、人力资本、人口增长率、储蓄率、预期寿命、政府支出比率、贸易条件、投资率、通货膨胀率、政治自由度和民主化程度等。蔡昉和都阳 (2000) 认为，人力资本是造成地区经济增长差异的主要原因，选择的控制变量有投资率、就业系数、投资效率、市场化程度和开放程度。林毅夫和刘明兴 (2003) 在研究中国经济增长收敛与收入分配时，认为影响经济增长实际绩效的关键因素在于技术进步状况，他们选择的控制变量为城市化程度、市场规模大小、基础设施规模、劳动力增长率、储蓄率、对外开放程度、政府平均规模及干预、民营经济发展程度和宏观经济的稳定性。姚先国和张海峰（2008）在考察劳动力教育程度提高对地区经济增长的影响时，选择的控制变量是资本积累率、人口增长率、政府支出规模、基础设施、城乡收入差距、城市化水平、地区技术水平。韦倩等（2014）实证检验了市场因素在中国沿海地区崛起中发挥的重要作用，他们选择的控制变量是物质资本、人力资本、自然资源、交通基础设施和优惠政策指数。李静等（2017）在研究人力资本错配问题时，考虑到全社会信息共享和知识传递效应，她们选择的控制变量是固定资本形成率、劳动年龄人口比重、技术进步和对外开放度。刘智勇等（2018）研究人力资本结构高级化对东中西部地区经济增长的影响时，选择的控制变量是投资率、人均外商直接投资、经济开放度、城市化水平。

基于国内相关研究成果，本书选择的控制变量有投资率、经济开放度、城市化水平、就业率、基础设施建设、政府支出规模、地区技术水平。具体而言，投资率（$invest_{it}$）为固定资本形成总额占 GDP 的比重，该指标也可以用来表示储蓄率；经济开放度（$open_{it}$）为进出口贸易总额占 GDP 的比重，进出口贸易总额的单位是万美元，先采用人民币汇率进行换算再计算该比率；城市化水平（$urban_{it}$）用非农人口占总人口的比重来表示；就业率（$labor_{it}$）用就业人口占总人口的比重来表示；基础设施（$infra_{it}$）用公路网密度来表示，即每平方公里公路里程数；政府支出规模（gov_{it}）用政府消费支出占 GDP 比重来表示，反映出政府干预程度；技术水平（$tech_{it}$）用各地区每万人的专利申请授权数来表示。本书数据为2008—2017 年中国31 个省份的面板数据，基础数据均来自《中国统计年鉴》以及各省份历年统计年鉴，实际人均产出和控制变量根据基础数据计算得到。汇率数据来源于世界银行 WDI 数据库，表 6－1 展示了不同变量的统计特征。

表 6－1　变量的统计性描述

变量	含义	观测值	均值	标准差	最小值	最大值
y	人均 GDP	310	43954.070	23689.870	8824.000	128994.100
$HCQI$	人力资本质量指数	310	0.817	0.178	0.448	1.885
h_c	认知人力资本生产率	310	0.785	0.086	0.445	1.020

续表

变量	含义	观测值	均值	标准差	最小值	最大值
h_n	非认知人力资本生产率	310	0.782	1.051	0.027	8.759
invest	投资率	310	0.614	0.192	0.320	1.483
labor	就业率	310	0.579	0.064	0.403	0.766
open	经济开放度	310	0.288	0.344	0.017	1.800
tech	技术水平	310	3.497	5.514	0.009	33.265
gov	政府支出规模	310	0.155	0.067	0.085	0.523
infra	基础设施	310	1.975	0.903	0.399	4.795
urban	城市化水平	310	0.537	0.140	0.226	0.896

6.3 实证结果与分析

在对计量模型进行回归之前，需要对控制变量的多重共线性进行检验，我们采用相关系数矩阵和方差膨胀因子（VIF）两种方法来检验。相关系数矩阵的检验通过皮尔逊相关系数法则，如果两个变量相关系数大于0.5，则判定两个控制变量之间存在严重的共线性；如果两个变量相关系数小于0.5，则两个控制变量之间不存在严重共线性。根据该法则，7 个控制变量中城市化水平与其他控制变量之间存在较强共线性（见表 6－2）。基础设施与固定资本投资率之间存在较强的相关性，固定资本投资率与政府支出规模相关系数为 0.435，因此在实证研究中剔除基础设施、政府支出规模和城市化水平 3 个控制变量。保留的 4 个控制变量为投资率、就业率、经济开放度、技术水平。我们对这 4 个控制变量进行方差膨胀因子检验，在方差膨胀因子的检验上，VIF 越大说明多重共线性问题越严重。由于最大的 VIF 为 1.61，远小于 10，因此不必担心这 4 个控制变量中存在多重共线性问题。

表 6－2　控制变量相关性检验

变量	ln(*invest*)	ln(*labor*)	ln(*open*)	ln(*tech*)	ln(*gov*)	ln(*infra*)	ln(*urban*)
ln(*invest*)	1						
ln(*labor*)	−0.126**	1					

续表

变量	ln(*invest*)	ln(*labor*)	ln(*open*)	ln(*tech*)	ln(*gov*)	ln(*infra*)	ln(*urban*)
ln(*open*)	-0.629***	0.125**	1				
ln(*tech*)	-0.670***	0.344***	0.550***	1			
ln(*gov*)	0.435***	-0.185***	-0.169***	-0.605***	1		
ln(*infra*)	0.015	0.049	-0.186***	0.164***	-0.142**	1	
ln(*urban*)	-0.470***	-0.055	0.638***	0.640***	-0.364***	-0.139**	1

为了避免模型回归中出现伪回归现象，要对相关变量进行面板单位根检验。面板单位根检验要根据样本容量确定究竟适合何种面板单位根检验。首先判定面板数据是长面板还是短面板，对于 $N>T$ 的短面板数据，一般选择 HT 和 IPS 检验较好，而对于 $T>N$ 的长面板数，则选择 LLC、ADF_Fisher 等检验方法。本书的面板数据属于小 T 大 N，T 仅有 10 期，可以不进行单位根检验。同样，也无须作面板数据的协整检验，接下来对面板数据进行回归分析。

6.3.1 全国样本估计结果

经济增长从长期来看是一个动态变化过程，既受到当期因素的影响，也与前期因素相关，因此我们采用动态面板数据模型进行估计。在研究方法中，我们分析得出系统 GMM 比差分 GMM 更不容易受到弱工具变量的影响，因此本章将采用系统 GMM 两步估计法对面板数据进行估计。表 6 -3 展示了一步系统 GMM 的估计结果，表 6 -4 展示了两步系统 GMM 的估计结果。从两张表格的估计结果可以看到，Arellano - Bond test for AR（1）和 AR（2）的检验结果表明各模型扰动项不存在二阶序列自相关，并且 Hansen 检验结果显示各模型的工具变量有效，所以两个表中的系统 GMM 估计结果是一致和有效的。

表 6 -3 第（1）列只在回归增长模型中加入人力资本质量指数的核心解释变量，而该变量的系数是 0.1611，且在 1% 的置信水平上显著。在依次加入投资率、就业率、经济开放度、技术水平控制变量后，人力资本质量指数的系数依然显著，这说明人力资本质量指数的提高有利于促进经济增长。$\ln(y_{it-1})$ 的系数显著为负，这也证明了人力资本质量的提高会使中国 31 个省份经济增长趋于收敛，因此人力资本质量的差异是影响经济增长的重要因素。

从第（5）列的回归结果可以看到，人力资本质量、固定资本投资、就业率、经济开放度的提高对经济增长都有促进作用。从影响程度上看，人力资本质量提高对经济增长的促进效果最大，人力资本质量每提高1%，中国人均产出增长率会提高0.14～0.17个百分点，且效果非常显著；经济开放度每增加1%，中国人均产出增长率会提高0.018个百分点，效果同样显著；而中国不同省份就业率的提高，同样使人均产出增长率提高0.058～0.075个百分点，在10%的置信水平上显著。

表6-3 中国人力资本质量对经济增长的影响：系统GMM估计1

解释变量	被解释变量：$\ln(y_{it})-\ln(y_{it-1})$				
	一步系统GMM				
	（1）	（2）	（3）	（4）	（5）
$\ln(y_{it-1})$	-0.0841*** (-8.66)	-0.0885*** (-9.57)	-0.0900*** (-9.04)	-0.1061*** (-9.40)	-0.1056*** (-7.22)
ln(*HCQI*)	0.1611*** (4.33)	0.1485*** (3.90)	0.1735*** (4.89)	0.1422*** (4.23)	0.1425*** (4.29)
ln(*invest*)		-0.0188 (-1.27)	-0.0127 (-0.82)	0.0083 (0.47)	0.0071 (0.24)
ln(*labor*)			0.0750* (1.75)	0.0576* (1.73)	0.0587* (1.71)
ln(*open*)				0.0180*** (2.96)	0.0178*** (2.59)
ln(*tech*)					-0.0003 (-0.07)
常数项	1.0262*** (10.06)	1.0608*** (10.99)	1.1255*** (11.04)	1.3221*** (10.13)	1.3162*** (7.71)
AR（1）检验值	-3.14	-2.94	-3.05	-2.89	-2.96
P值	0.002	0.003	0.002	0.004	0.003
AR（2）检验值	1.68	1.53	1.57	1.88	1.83
P值	0.092	0.126	0.117	0.06	0.067
Hansen检验值	30.7	30.07	29.59	30.09	30.06
P值	0.994	0.994	0.993	0.988	0.985
N	248	248	248	248	248

注：*、**、***分别表示有关变量的系数在10%、5%和1%水平上显著；括号中的数值为t统计值。

表6-4展示了两步系统GMM的估计结果，与一步系统GMM估计结果不同的是，第（5）列的估计结果表明人力资本质量、就业率和经济开放度的估计系数均在1%的置信水平上显著。人力资本质量指数提高1%，人均产出增长率将提高0.136个百分点；就业率增加1%会拉动经济增长0.058个百分点；经济开放度提高1%，使得人均产出增加0.019个百分点。相比较而言，同样是人力资本质量对经济增长的促进作用最大。无论是一步系统GMM还是两步系统GMM，初始人均产出的系数均显著为负，这证明了中国不同省份经济增长在2008—2017年中呈现较快的条件收敛现象，从回归结果上看，其估计系数在8.5%~11%。而人力资本质量的系数同样表现得非常显著，但系数却为正，说明人力资本质量的提高可以显著促进经济的增长。姚先国和张海峰（2008）实证结果表明，平均受教育年限每上升1年，年均经济增长率将增加1.4~1.7个百分点，经济增长的收敛速度在6.9%~7.5%；而刘智勇等（2018）的实证结果说明人力资本结构高级化水平增加1%，经济增长率将提高0.16~0.34个百分点。本书实证结果意味着人力资本质量水平提高1%，经济增长率会增加0.14~0.17个百分点。显然，以平均受教育年限作为人力资本的代理变量，会高估人力资本对经济增长的效应，而本书的估计结果与人力资本结构高级化效应比较接近。

表6-4　中国人力资本质量对经济增长的影响：系统GMM估计2

解释变量	被解释变量：$\ln(y_{it})-\ln(y_{it-1})$				
	两步系统GMM				
	(1)	(2)	(3)	(4)	(5)
$\ln(y_{it-1})$	-0.0849*** (-23.16)	-0.0906*** (-23.62)	-0.0920*** (-22.85)	-0.1102*** (-17.84)	-0.1095*** (-16.78)
$\ln(HCQI)$	0.1576*** (22.59)	0.1403*** (15.70)	0.1621*** (14.41)	0.1357*** (15.12)	0.1358*** (15.04)
$\ln(invest)$		-0.0215*** (-4.98)	-0.0157*** (-2.85)	0.0094 (1.07)	0.0073 (0.61)
$\ln(labor)$			0.0717*** (4.86)	0.0568*** (4.47)	0.0583*** (4.32)

续表

解释变量	被解释变量：$\ln(y_{it}) - \ln(y_{it-1})$				
	两步系统 GMM				
	(1)	(2)	(3)	(4)	(5)
$\ln(open)$				0.0187 *** (6.49)	0.0185 *** (5.62)
$\ln(tech)$					-0.0005 (-0.27)
常数项	1.0338 *** (27.93)	1.0796 *** (28.59)	1.1410 *** (27.67)	1.3643 *** (18.73)	1.3565 *** (17.47)
AR（1）检验值	-3.33	-3.2	-3.34	-3.06	-3.07
P 值	0.001	0.001	0.001	0.002	0.002
AR（2）检验值	1.69	1.53	1.67	1.97	1.97
P 值	0.091	0.127	0.095	0.049	0.049
Hansen 检验值	30.7	30.07	29.59	30.09	30.06
P 值	0.994	0.994	0.993	0.988	0.985

注：*、**、*** 分别表示有关变量的系数在10%、5%和1%水平上显著；括号中的数值为 t 统计值。

人力资本具有异质性，不同类型人力资本对经济增长的效应不同。表6-5展示了认知人力资本和非认知人力资本对经济增长的影响。AR（1）的P值小于0.05，AR（2）的P值大于0.05，表明模型不存在二阶自相关，Hansen检验也说明选择的工具变量有效，因此采用系统GMM对模型进行估计是有效和一致的，第（1）列、第（2）列是一步系统GMM的估计结果，第（3）列、第（4）列是两步系统GMM的估计结果。认知人力资本生产率和非认知人力资本生产率的提高都会促进经济增长，可以看到非认知人力资本能显著提高人均产出增长率，非认知人力资本生产率增加1%，人均产出增长率提高0.034~0.039个百分点。第（4）列的估计结果表明，在加入了投资率、就业率、经济开放度、技术水平等影响经济增长的重要变量后，认知人力资本生产率的系数从0.05提高到0.09，且在10%的置信水平上显著，而非认知人力资本生产率的系数则略有下降，但仍然在1%的置信水平上显著。这些估计结果表明，无论是认知人力资本还是非认知人力资本的增加都对经济增长具有促进作用，非认知人力资本对经济增长的影响更显著，认知人力资本对经济增长促进作用最大，其系数要大于影响经济增长其他重要变量的系数，并且也证明了中国不同省份人均产出增长呈现条件收敛的现象。由此可见，人力资本是影响中国经济增长的重要因素。

表6-5　中国不同类型人力资本对经济增长的影响：系统GMM估计

解释变量	被解释变量：$\ln(y_{it}) - \ln(y_{it-1})$			
	一步系统GMM		两步系统GMM	
	(1)	(2)	(3)	(4)
$\ln(y_{it-1})$	-0.0841***	-0.1045***	-0.0854***	-0.1053***
	(-6.64)	(-7.19)	(-22.49)	(-19.42)
$\ln(h_c)$	0.0569	0.1007	0.0507**	0.0917*
	(0.78)	(0.65)	(2.20)	(1.66)
$\ln(h_n)$	0.0390***	0.0341***	0.0380***	0.0337***
	(6.18)	(4.06)	(18.21)	(11.71)
$\ln(invest)$		0.0203		0.0199*
		(0.61)		(1.85)
$\ln(labor)$		0.0569		0.0517*
		(0.78)		(1.73)
$\ln(open)$		0.0141*		0.0145***
		(1.70)		(4.68)
$\ln(tech)$		0.0005		-0.0001
		(0.06)		(-0.06)
_cons	1.0379***	1.3261***	1.0490***	1.3292***
	(7.30)	(7.24)	(27.00)	(24.57)
AR（1）检验值	-2.15	-2.1	-2.18	-2.1
P值	0.031	0.036	0.029	0.035
AR（2）检验值	1.09	1.15	1.18	1.33
P值	0.275	0.249	0.237	0.184
Hansen检验值	30.23	30.36	30.23	30.36
P值	0.993	0.978	0.993	0.978
N	248	248	248	248

注：*、**、***分别表示有关变量的系数在10%、5%和1%水平上显著；括号中的数值为t统计值。

6.3.2 东部、中部、西部地区估计结果

中国31个省份按东部、中部、西部地区划分，其中东部地区包括北京、天津、河北、辽宁、上海、江苏、浙江、福建、山东、广东和海南11个省份，中部地区包括山西、吉林、黑龙江、安徽、江西、河南、湖北、湖南8个省份，西部地区包括四川、重庆、贵州、云南、西藏、陕西、甘肃、青海、宁夏、新疆、广西、内蒙古12个省份。1986年六届全国人大四次会议通过的“七五”计划正式公布，将中国划分为东部、中部、西部三个地区，东部地区11个省份、中部地区10个省份、西部地区9个省份。1997年八届全国人大五次会议批准设立重庆直辖市，并将其划入西部地区。2000年国家制定西部大开发战略，西部地区中享受优惠政策的范围增加了内蒙古和广西。因此，本书中东部、中部、西部地区的划分按照西部大开发战略实施之后的划分标准。

林毅夫和刘明兴（2003）指出，中国经济增长存在所谓的“俱乐部收敛”现象，东部、中部、西部地区差距不断拉大，但地区内部却呈现出收敛的趋势。很多学者从不同角度阐述了该现象背后的原因，并开展了深入的研究。蔡昉和都阳（2000）的实证研究表明，人力资本差异是地区差异的主要原因，韩延春（1999）、Yan和Yao（2001）认为，对于现阶段的中国经济发展，人力资本的作用远远高于科研投入，Lucas等学者也强调了在东亚奇迹中人力资本所扮演的重要角色。姚先国和张海峰（2008）认为，教育差异对中国地区经济增长差异的解释力有限，资本积累才是经济增长的主要原因。而黄燕萍等（2013）则认为，中国地区经济增长差异是由于不同层级教育所带来的效应。刘智勇等（2018）也认为，人力资本结构高级化能更好地解释东部、中部、西部地区的差异。但相关的研究都将教育视为人力资本的代名词，那么人力资本是以什么形式进入生产函数的？这也是人力资本理论值得思考的关键问题。正如林毅夫等（2003）指出的，不见得有了教育就有了所谓的人力资本。本书试图从人力资本质量的角度去解释中国东部、中部、西部地区差异，进而提出通过改善人力资本质量缩小中国不同地区差距的政策建议。

6.3.2.1 地区面板数据的估计策略

就全国样本而言，时间维度 T 相对较小，横截面个体 n 相对较大，国内外

学者大多采用系统 GMM 估计法来解决小样本偏差和短频率偏差问题。而对于分地区样本而言，在 T 和 n 差不多的情况下，则要考虑扰动项是否存在异方差和自相关。对于扰动项可能存在的组间异方差、组内自相关或组间同期相关的情况，则应该使用可行广义最小二乘法（FGLS）进行估计。对组间异方差，本书采用沃尔德（Wald）检验，原假设是不同个体的扰动项方差均相等，检验结果表明存在组间异方差。再对模型进行组间自相关检验，结果表明存在一阶组内自相关。Pesaran 检验表明存在组间同期相关（见表 6 -6）。在同时存在组间异方差、组内自相关和组间同期相关的情况下，采用全面 FGLS 估计最有效率，因此，本书采用全面 FGLS 对东中西部地区样本进行估计。

表 6 -6　计量模型检验结果

检验类型	原假设	检验统计量	伴随概率	结论
Wald 检验	组间同方差	242.84	p = 0.0000	拒绝原假设
Wooldridge 检验	不存在一阶自相关	24.21	p = 0.0000	拒绝原假设
Pesaran 检验	不存在组间同期相关	32.208	p = 0.0000	拒绝原假设

6.3.2.2　估计结果

表 6 -7 展示了中国东部、中部、西部地区人力资本质量对经济增长的影响，从第（1）列、第（3）列、第（5）列的估计结果可以看出不同地区人力资本质量对人均产出增长率的影响程度，东部、中部地区人力资本质量的提高可以显著促进地区经济快速增长，中部地区的人力资本效应要强于东部地区，人力资本质量提高 1%，中部地区人均产出增长率提高 0.097 个百分点，东部地区人均产出增长率提高 0.029 个百分点。对控制变量进行比较发现，投资率增加、就业率提高、扩大经济开放度、技术水平提高都能非常显著地促进东部地区的经济发展。这说明一方面，东部地区发达的经济发展水平、较高的对外开放度、较完善的物质积累等因素为人力资本效应的发挥创造了良好的外部环境；另一方面，在拉动东部经济增长的要素中投资率作用最强，就业率和经济开放度的影响都要强于人力资本对经济增长的影响。中部地区人力资本的效应要强于其他影响因素，尽管就业率提高和扩大地区开放也能促进中部地区的经济增长。西部地区人力资本质量的提高对经济增长

的影响并不显著，其他因素比如投资率增加和技术水平提高能显著促进西部地区的经济增长。由于东部、中部、西部地区经济发展阶段不同，不同要素对经济增长的影响也会不同，因此应该将全国样本进一步细分成三大区域，分别考察人力资本质量对区域经济增长的影响。这也是对全国样本估计结果作进一步的稳健性检验。

表 6-7　东部、中部、西部地区人力资本质量对经济增长的影响：全面 FGLS 估计

解释变量	被解释变量：$\ln(y_{it})-\ln(y_{it-1})$					
	东部地区		中部地区		西部地区	
	(1)	(2)	(3)	(4)	(5)	(6)
$\ln(y_{it-1})$	-0.0815*** (-14.21)	-0.0804*** (-6.76)	-0.0861*** (-8.19)	-0.0845*** (-6.04)	-0.0848*** (-6.96)	-0.0889*** (-9.65)
$\ln(HCQI)$	0.0285*** (14.27)		0.0967*** (15.42)		0.0132 (1.50)	
$\ln h_c$		0.1002*** (2.75)		0.0426 (0.88)		0.1266*** (7.36)
$\ln h_n$		-0.0003 (-0.15)		0.0153*** (7.26)		0.0014 (0.71)
$\ln(invest)$	0.1152*** (18.57)	0.1072*** (5.63)	-0.0179* (-1.95)	-0.0102 (-0.71)	0.0190** (2.05)	0.0290** (2.08)
$\ln(labor)$	0.0662*** (11.41)	0.0789*** (4.44)	0.0872*** (4.16)	0.0554* (1.73)	-0.0600** (-2.45)	-0.0082 (-0.37)
$\ln(open)$	0.0409*** (11.59)	0.0288*** (5.48)	0.0368*** (11.13)	0.0367*** (6.79)	0.0035 (0.80)	0.0056 (1.42)
$\ln(tech)$	0.0076*** (17.04)	0.0089*** (5.91)	-0.0071** (-2.33)	-0.0017 (-0.39)	0.0036* (1.78)	0.0032 (1.22)
常数项	1.1220*** (16.07)	1.1168*** (7.86)	1.1464*** (11.50)	1.1145*** (8.17)	0.9708*** (8.09)	1.1015*** (11.17)
Wald chi2	945.66	118	1133.17	778.75	76.14	191.01
Prob > chi2	0.0000	0.0000	0.0000	0.0000	0.0000	0.0000
N	99	99	72	72	108	108

注：*、**、*** 分别表示有关变量的系数在 10%、5% 和 1% 水平上显著；括号中的数值为 t 统计值。

表6－7的第（2）列、第（4）列、第（6）列考察不同类型人力资本对东中西部地区经济增长的影响，从估计结果看，认知人力资本对东部地区和西部地区人均产出增长率具有非常显著的影响，尤其是西部地区认知人力资本生产率提高1个百分点，经济增长率增加0.127个百分点。而非认知人力资本对中部地区经济增长的促进作用最为显著，非认知人力资本生产率提高1个百分点，中部地区人均产出增长率会提高0.015个百分点。在考虑一系列控制变量后，东部地区投资率的系数最大，其次是认知人力资本，就业率的促进作用次之，最后是经济开放度，技术水平对经济增长的作用比较微弱；中部地区提高就业率可以最大限度影响经济增长，其次是扩大开放水平，最后是认知人力资本和非认知人力资本的系数（分别是0.043和0.015）；对于西部地区而言，认知人力资本是影响经济增长最重要的因素，投资率提高也会显著促进西部地区的经济增长，其他因素对西部地区人均产出增长率的影响较弱。上述实证结果表明，不同类型人力资本对于不同地区经济增长产生的效用不同，人力资本结构要与企业部门的需求结构相匹配才能更好地促进经济发展。

6.4 稳健性检验

6.4.1 增加和替换控制变量进行的稳健性检验

本书参考相关文献，全面考虑影响人均产出的因素，选择较多的控制变量。为对实证结果进行稳健性检验，控制变量选择了以下7个变量：投资率、经济开放度、城市化水平、人口增长率、基础设施、政府支出规模、技术水平。对本章第一部分的经济增长计量模型进行一步系统GMM估计和两步系统GMM估计。估计结果参见表6－8、表6－9，结果表明$\ln(y_{it-1})$的系数仍然显著为负，证明中国不同省份经济增长存在条件收敛现象，人力资本质量的回归系数显著为正。无论是一步系统GMM还是两步系统GMM的估计结果，核心变量人力资本质量指数的系数符号和显著性保持不变。这进一步证明了实证结果的稳健性，说明基本模型中控制变量的设定是合理的。

表 6-8 增加和替换控制变量的一步系统 GMM 估计结果

解释变量	一步系统 GMM							
	被解释变量：$\ln(y_{it}) - \ln(y_{it-1})$							
	(1)	(2)	(3)	(4)	(5)	(6)	(7)	(8)
$\ln(y_{it-1})$	-0.0855 *** (-10.92)	-0.0923 *** (-14.30)	-0.0922 *** (-14.27)	-0.0929 *** (-13.55)	-0.0955 *** (-13.02)	-0.1182 *** (-4.96)	-0.1207 *** (-4.15)	-0.1367 *** (-5.23)
$\ln(HCQI)$	0.1421 *** (4.73)	0.1246 *** (3.78)	0.1245 *** (3.79)	0.1221 *** (3.64)	0.1077 *** (3.30)	0.0821 *** (2.92)	0.0815 *** (3.01)	0.0626 ** (2.50)
$\ln(invest)$		-0.0340 *** (-2.82)	-0.0333 ** (-2.54)	-0.0337 ** (-2.51)	-0.0337 ** (-2.40)	-0.0297 * (-1.81)	-0.0271 (-1.20)	0.0015 (0.06)
$\ln(gov)$			-0.0012 (-0.09)	-0.0007 (-0.05)	-0.0064 (-0.44)	-0.0013 (-0.08)	0.0003 (0.02)	-0.0094 (-0.51)
$\ln(pop)$				-0.0019 (-0.39)	-0.0038 (-0.86)	-0.0037 (-0.79)	-0.0037 (-0.80)	-0.0051 (-1.10)
$\ln(infra)$					-0.0151 * (-1.68)	-0.0158 * (-1.67)	-0.0162 * (-1.70)	-0.0146 (-1.45)
$\ln(urban)$						0.0556 (1.12)	0.0586 (1.07)	0.0662 (1.34)
$\ln(tech)$							0.0008 (0.15)	0.0002 (0.04)
$\ln(open)$								0.0168 *** (2.99)
常数项	1.0388 *** (12.37)	1.0889 *** (15.53)	1.0867 *** (14.48)	1.0972 *** (12.88)	1.1228 *** (13.11)	1.4043 *** (4.87)	1.4366 *** (3.97)	1.6335 *** (4.98)
AR (1) 检验值	-3.930	-3.710	-3.710	-3.670	-3.670	-3.670	-3.800	-3.740
P 值	0.000	0.000	0.000	0.000	0.000	0.000	0.000	0.000
AR (2) 检验值	1.900	1.730	1.730	1.600	1.540	1.320	1.330	1.530
P 值	0.057	0.084	0.083	0.111	0.125	0.187	0.185	0.126
Hansen 检验值	30.580	30.440	30.420	30.320	29.790	29.710	29.470	29.330
P 值	1.000	1.000	0.999	0.999	0.999	0.999	0.999	0.998
N	236	236	236	236	236	236	236	236

注：*、**、*** 分别表示有关变量的系数在 10%、5% 和 1% 水平上显著；括号中的数值为 t 统计值。

表 6 –9　增加和替换控制变量的两步系统 GMM 估计结果

解释变量	两步系统 GMM							
	被解释变量：$\ln(y_{it})-\ln(y_{it-1})$							
	(1)	(2)	(3)	(4)	(5)	(6)	(7)	(8)
$ln(y_{it-1})$	-0.0862 ***	-0.0926 ***	-0.0926 ***	-0.0934 ***	-0.0969 ***	-0.1214 ***	-0.1217 ***	-0.1341 ***
	(-49.90)	(-76.32)	(-73.14)	(-64.28)	(-41.16)	(-12.62)	(-11.05)	(-16.78)
ln(*HCQI*)	0.1391 ***	0.1224 ***	0.1223 ***	0.1210 ***	0.1041 ***	0.0780 ***	0.0761 ***	0.0600 ***
	(22.91)	(30.00)	(29.33)	(28.24)	(13.89)	(10.02)	(9.25)	(12.11)
ln(*invest*)		-0.0343 ***	-0.0338 ***	-0.0339 ***	-0.0351 ***	-0.0316 ***	-0.0314 ***	-0.004
		(-8.99)	(-6.59)	(-6.83)	(-5.28)	(-4.41)	(-3.58)	(-0.41)
ln(*gov*)			-0.0012	-0.0006	-0.0071 **	-0.0023	-0.0027	-0.0117 *
			(-0.47)	(-0.24)	(-2.41)	(-0.56)	(-0.44)	(-1.96)
ln(*pop*)				-0.0023 *	-0.0047 ***	-0.0043 ***	-0.0041 ***	-0.0056 ***
				(-1.89)	(-4.15)	(-3.52)	(-3.43)	(-4.68)
ln(*infra*)					-0.0173 ***	-0.0185 ***	-0.0189 ***	-0.0168 ***
					(-4.80)	(-4.86)	(-4.91)	(-3.46)
ln(*urban*)						0.0589 ***	0.0598 ***	0.0637 ***
						(2.74)	(2.65)	(3.65)
ln(*tech*)							-0.0001	-0.0005
							(-0.06)	(-0.29)
ln(*open*)								0.0160 ***
								(6.34)
常数项	1.0449 ***	1.0917 ***	1.0892 ***	1.1027 ***	1.1368 ***	1.4379 ***	1.4399 ***	1.5972 ***
	(60.77)	(83.63)	(73.62)	(61.93)	(53.15)	(12.40)	(10.54)	(15.43)
AR (1) 检验值	-4.570	-4.510	-4.510	-4.510	-4.480	-4.350	-4.330	-4.240
P 值	0.000	0.000	0.000	0.000	0.000	0.000	0.000	0.000
AR (2) 检验值	1.820	1.730	1.740	1.680	1.340	1.200	1.180	1.330
P 值	0.068	0.084	0.082	0.093	0.181	0.232	0.238	0.184
Hansen 检验值	30.580	30.440	30.420	30.320	29.790	29.710	29.470	29.330
P 值	1.000	1.000	0.999	0.999	0.999	0.999	0.999	0.998
N	236	236	236	236	236	236	236	236

注：*、**、*** 分别表示有关变量的系数在 10%、5% 和 1% 水平上显著；括号中的数值为 t 统计值。

6.4.2　基于内生变量与外生变量再划分的稳健性检验

在实证回归模型中，本书将 $\ln(y_{it-1})$、$\ln(HCQI)$ 视为内生变量，将控制变量投资率、就业率、经济开放度和技术水平视为外生变量。将 $\ln(y_{it-1})$ 滞后一阶作为GMM式工具变量，将控制变量的滞后二阶作为IV式工具变量。刘智勇等（2018）文献中将投资率视为内生变量，然后依次把其他控制变量视为内生变量，本书参照该做法依次将投资率、就业率、经济开放度视为内生变量，使IV式工具变量依次减少。表6-10展示了两步系统GMM的估计结果，可以看到人力资本质量指数的系数显著为正，与基准回归结果的差别较小，这说明在基本模型的估计中，内生变量与外生变量的选择偏差不会影响实证结果。

表6-10　内生变量与外生变量再划分的两步系统GMM估计结果

解释变量	被解释变量：$\ln(y_{it})-\ln(y_{it-1})$					
$ln(y_{it-1})$	-0.0860*** (-83.62)	-0.1052*** (-13.48)	-0.0857*** (-106.07)	-0.1032*** (-11.07)	-0.0890*** (-59.53)	-0.1014*** (-11.56)
$\ln(HCQI)$	0.1594*** (29.55)	0.0497*** (8.60)	0.1635*** (42.37)	0.1012*** (12.23)	0.1655*** (50.71)	0.1188*** (14.82)
$\ln(invest)$		-0.2561*** (-13.37)		-0.3364*** (-11.53)		-0.3471*** (-11.98)
$\ln(labor)$		0.0765*** (3.26)		0.6043*** (17.61)		0.6485*** (21.05)
$\ln(open)$		-0.0035 (-1.09)		-0.0077 (-1.58)		-0.0137** (-2.54)
$\ln(tech)$		-0.0273*** (-8.32)		-0.0484*** (-7.87)		-0.0478*** (-8.13)
常数项	1.0467*** (98.18)	1.1403*** (12.50)	1.0444*** (120.69)	1.3733*** (13.30)	1.0788*** (69.94)	1.3716*** (13.14)
AR（1）检验值	-3.33	-2.67	-3.36	-2.7	-3.41	-2.83
P值	0.001	0.008	0.001	0.007	0.001	0.005
AR（2）检验值	1.69	0.05	1.69	0.61	1.7	0.62

续表

解释变量	被解释变量: $\ln(y_{it}) - \ln(y_{it-1})$					
P值	0.091	0.962	0.09	0.541	0.089	0.533
Hansen 检验值	30.59	30.29	30.76	29.07	30.92	30
P值	0.986	0.964	0.968	0.948	0.932	0.875
N	248	248	248	248	248	248

注：*、**、*** 分别表示有关变量的系数在10%、5%和1%水平上显著；括号中的数值为t统计值。

6.4.3 不同估计方法的比较

基准模型采用一步系统 GMM 和两步系统 GMM 进行估计，在稳健性检验中我们采用全面 FGLS 对全国样本进行估计，表6－11 展示了回归结果。该估计结果与基准模型得出的结论基本一致，人力资本质量提高会显著促进人均产出增长率的提高，且中国不同省份经济增长趋于收敛。采用全面 FGLS 估计的人力资本质量系数要小于基准回归的系数，但始终在1%的置信水平上显著。控制变量的显著性略微有差异，因此可以看到就全国样本而言，系统 GMM 估计结果最为稳健。

表6－11 采用全面 FGLS 对全国样本进行估计的回归结果

解释变量	被解释变量: $\ln(y_{it}) - \ln(y_{it-1})$				
$\ln(y_{it-1})$	−0.0707*** (−6.40)	−0.0731*** (−6.01)	−0.0682*** (−5.51)	−0.0786*** (−4.91)	−0.0680*** (−4.22)
$\ln(HCQI)$	0.0592*** (5.45)	0.0518*** (5.11)	0.0559*** (5.40)	0.0508*** (3.37)	0.0522*** (3.55)
$\ln(invest)$		−0.0283** (−2.26)	−0.0238** (−2.38)	0.0149 (1.48)	0.0031 (0.29)
$\ln(labor)$			0.0461* (1.93)	0.0640** (2.54)	0.0652** (2.56)
$\ln(open)$				0.0189*** (2.88)	0.0275*** (3.81)
$\ln(tech)$					−0.0180*** (−2.83)

续表

解释变量	被解释变量：$\ln(y_{it}) - \ln(y_{it-1})$				
常数项	0.8575 *** (7.03)	0.8650 *** (6.71)	0.8329 *** (6.38)	1.0111 *** (5.77)	0.9059 *** (5.14)
Wald chi2	76.29	62.67	66.97	61.77	68.81
Prob > chi2	0.0000	0.0000	0.0000	0.0000	0.0000
N	279	279	279	279	279

注：*、**、*** 分别表示有关变量的系数在10%、5%和1%水平上显著；括号中的数值为t统计值。

6.4.4 用平均受教育年限替代人力资本质量指数进行的稳健性检验

由于人力资本很难度量，大部分文献将平均受教育年限作为人力资本的代理变量，在稳健性检验中本书将人力资本质量指数替换为平均受教育年限采用一步系统 GMM 和两步系统 GMM 进行估计。表6－12 的估计结果表明，替换核心变量后的模型并未通过 Arelleno－Bond 检验，AR（1）检验 P 值都大于0.05，说明扰动项不存在一阶自相关，故拒绝原假设“扰动项无自相关”，因此对于该面板数据而言，尽管系统 GMM 可能更有效，但其成立的前提并不满足。从平均受教育年限的估计结果来看，系数显著为正，加入一系列变量之后，系数发生了较大的变化。尽管教育被认为是人力资本积累的重要方式，但仅仅用教育来度量人力资本水平会造成人力资本效应的有偏估计。可见，该检验结果进一步说明应该采用更为全面的度量指标人力资本质量指数来反映不同地区的人力资本水平，进而得到更为稳健的结果。

表6－12 以平均受教育年限作为核心变量的系统 GMM 估计结果

解释变量	被解释变量：$\ln(y_{it}) - \ln(y_{it-1})$			
	一步系统 GMM		两步系统 GMM	
$\ln(y_{it-1})$	−0.0999 *** (−5.70)	−0.1228 *** (−6.74)	−0.1028 *** (−20.95)	−0.1241 *** (−16.87)
$\ln(edu)$	0.1627 * (1.86)	0.0715 (0.59)	0.1693 *** (12.13)	0.0889 ** (2.45)

续表

解释变量	被解释变量：$\ln(y_{it})-\ln(y_{it-1})$			
	一步系统 GMM		两步系统 GMM	
ln(*invest*)		0.0049 (0.13)		−0.0014 (−0.12)
ln(*labor*)		0.001 (0.02)		0.0065 (0.47)
ln(*open*)		0.0273 *** (3.32)		0.0251 *** (7.22)
ln(*tech*)		0.0008 (0.15)		0.0001 (0.05)
_*cons*	0.7645 *** (5.97)	1.2778 *** (5.62)	0.7790 *** (32.13)	1.2449 *** (15.52)
AR（1）检验值	−1.47	−1.73	−1.49	−1.64
P 值	0.141	0.084	0.137	0.101
AR（2）检验值	1.01	0.92	0.98	0.87
P 值	0.314	0.355	0.33	0.383
Hansen 检验值	30.61	30.33	30.61	30.33
P 值	0.994	0.983	0.994	0.983
N	248	248	248	248

注：*、**、*** 分别表示有关变量的系数在10%、5%和1%水平上显著；括号中的数值为 t 统计值。

7 开放经济下中国人力资本质量与全要素生产率的实证研究

7.1 中国全要素生产率增长的测算

7.1.1 全要素生产率的测算方法

测算全要素生产率的方法有很多种，本书通过对相关文献的梳理，总结出估计全要素生产率的三大类方法：参数估计、半参数估计和非参数估计。参数估计法需要事先设定生产函数形式，如果生产函数设定不准确会影响结论的准确性。非参数估计法的特点是无须设定具体的生产函数，利用全局数据可以有效避免各指标分散处理的局限性，而且以各决策单元的投入产出为权重变量，具有很强的客观性。半参数估计法主要是共同建立参数关系和非参数关系，参数关系是针对影响产出的主要因素建立的，而非参数关系则是针对其他影响产出的未知因素建立的，这样就能够有效解决生产函数的样本选择和内生性问题。

参数估计法主要有收入份额法、生产函数法、随机前沿分析法和增长核算法等。收入份额法（IS）以新古典增长模型为基础，在规模报酬不变、利润最大化和完全竞争的假设条件下，得出资本和劳动等要素的产出弹性与不同要素在国民收入中所占的份额相等。根据统计资料法、经验法和比例法来确定各要素的收入份额进而测算出全要素生产率。生产函数法（PF）又称索洛残差法或计量回归方法，其基本思路是在新古典增长模型的基础上，通过建立具体形式的生产函数，利用计量回归方法直接对各投入要素的产出弹性进行估计，将产出增长率扣除各投入要素增长率后的残差视为全要素生产率的增长。在全要素生产率的测算中，生产函数法最常用的函数形式主要有三种，分别是柯布—道格拉斯（C-D）生产函数、不变替代弹性生产函数和超越对数生产函数。随机前沿分析法（SFA）通过随机生产前沿函数刻画厂商生产行为，将生产函数中的随机误差项表示为各种随机环境因素对前沿产出影响的对称误差项和衡量技术非有效性的单边误差项。具体做法是根据 Kumbhakar 和 Lovell（2000）提出的方法将全要素生产率进行分解，进而得出全要素生产率。

表7-1　国际权威和重要期刊上
关于参数估计法测算全要素生产率的主要论文与工作文稿

测算方法	作者	时期	测算的经济体数	关键步骤
收入份额法（IS）	Coe 和 Helpman（1995）	1971—1990年	22 OECD	资本和劳动收入份额根据统计资料计算，并取样本均值
	Coe 等（1997）	1971—1990年	77 LDC	用经验法确定各要素的收入份额：资本份额0.4、劳动份额0.6
	Frantzen（1998）	1965—1991年	21 OECD	资本和劳动收入份额根据统计资料计算，并取样本均值
	Porter 和 Stern（2000）	1973—1993年	17 OECD	用经验法确定各要素的收入份额：资本份额0.33、劳动份额0.67
	Xu（2000）	1966—1994年	40 OECD/LDC	用经验法确定各要素的收入份额：资本份额0.35、劳动份额0.65
	del Barrio-Castro 等（2002）	1966—1995年	21 OECD	资本和劳动收入份额根据统计资料计算，并取样本均值
	Luintel 和 Khan（2004）	1965—1999年	10 OECD	用经验法确定各要素的收入份额：资本份额0.3、劳动份额0.7
	Ciruelos 和 Wang（2005）	1988—2001年	47 OECD/LDC	用经验法确定各要素的收入份额：资本份额0.35、劳动份额0.65
	Crispolti 和 Marconi（2005）	1980—2000年	45 LDC	用经验法确定各要素的收入份额：资本份额0.35、劳动份额0.65

续表

测算方法	作者	时期	测算的经济体数	关键步骤
收入份额法（IS）	Lee（2005a）	1971—2000年	17 OECD	资本和劳动收入份额根据统计资料计算，并取样本均值
	Luintel 和 Khan（2005）	1981—2000年	19 OECD	用经验法确定各要素的收入份额：资本份额0.3、劳动份额0.7
	Xu 和 Chiang（2005）	1980—2000年	48 DC/LDC	用经验法确定各要素的收入份额：资本份额0.4、劳动份额0.6
	Kwark 和 Shyn（2006）	1970—1995年	103 OECD/LDC	OECD 国家：资本和劳动收入份额根据统计资料计算，并取样本均值 LDC 国家：经验法确定资本收入份额0.4、劳动收入份额0.6
	Lee（2006）	1981—2000年	16 OECD	资本和劳动收入份额根据统计资料计算，并取样本均值
	Mendi（2007）	1971—1995年	16 OECD	资本和劳动收入份额根据统计资料计算，并取样本均值
	Lee（2008）	1981—1999年	13 OECD	资本和劳动收入份额根据统计资料计算，并取样本均值
	Coe 等（2009）	1971—2004年	24 OECD	资本和劳动收入份额根据统计资料计算，并取样本均值
	Koske（2009）	1981—2005年	72 OECD/LDC	OECD 国家：资本和劳动收入份额根据统计资料计算，并取样本均值 LDC 国家：经验法确定资本收入份额0.4、劳动收入份额0.6
	Lee（2009）	1981—2000年	17 OECD	资本和劳动收入份额根据统计资料计算，并取样本均值
	Krammer（2010）	1990—2006年	47 OECD/Trans	Ⅰ用经验法确定各要素的收入份额：资本份额0.35、劳动份额0.65 Ⅱ资本和劳动收入份额根据统计资料计算，并取样本均值
	Le 和 Cheong（2012）	1973—2005年	15 OECD	用经验法确定各要素的收入份额：资本份额0.3、劳动份额0.7

续表

测算方法	作者	时期	测算的经济体数	关键步骤
收入份额法（IS）	Schiff 和 Wang（2012）	1976—2000 年	50 LDC/Trans	资本和劳动收入份额根据统计资料计算，并取样本均值
	Ang 和 Madsen（2013）	1955—2006 年	26 OECD/Asia	用经验法确定各要素的收入份额：资本份额 0.3、劳动份额 0.7
	Krammer（2014）	1990—2009 年	47 OECD/Trans	用经验法确定各要素的收入份额：资本份额 0.35、劳动份额 0.65
生产函数法（PF）	Crespo 等（2004）	1988—1998 年	28 OECD	用回归法确定各要素的收入份额：资本份额 0.35、劳动份额 0.65
	Le（2012）	1998—2006 年	41 Africa	用回归法确定各要素的收入份额
随机前沿分析法（SFA）	Henry 等（2009）	1970—1998 年	57 LCD	采用的函数形式：超越对数生产函数
	Csastillo 等（2011）	1996—2006 年	16 LATAM	采用的函数形式：超越对数生产函数
	Wang 和 Wong（2012）	1986—2007 年	77 OECD/LDC	采用的函数形式：超越对数生产函数
	Krammer（2014）	1990—2009 年	47 OECD/Trans	采用的函数形式：超越对数生产函数

非参数估计法不需要假设研究对象在技术上是有效率的，也不涉及参数函数的估计。指数法（IN）估计主要通过将一个经济单位在某一时期内的总产出比上总投入，然后将两个不同时期的该统计指标再求比值得到全要素生产率指数，以此来衡量全要素生产率。指数法最常用的指数形式主要有两种，分别是 Törnqvist 指数和 Superlative 指数。数据包络分析法（DEA）是一种能够用于多输入和多输出系统的相对效率评价方法，它在全要素生产率的测算中经常与 Malmquist 指数相结合，形成 DEA – Malmquist 指数法。该方法根据各观测单元的投入产出数据，利用 DEA 法的线性规划技术构造出有效生产前沿面，然后将每个观测单元的实际产出与有效生产前沿面进行比较构造出距离函数，最后基于两期的距离函数测算出 Malmquist 生产率变动指数。

半参数估计法主要有 OP 法、LP 法和 ACF 法，这些方法主要用来计算微观企业的全要素生产率。Olley 和 Pakes（1996）基于结构模型的生产函数，使用投资作为不可观察的生产率的代理变量，获得参数的一致性估计，解决了生产要素与生产率的内生性问题。Levinsohn 和 Petrin（2003）在 OP 法的基础上提出了 LP 法，将中间投入作为代理变量，这样较好地解决了模型估计的联立性偏误和选择性偏差问题，而且在较大程度上保留了观测样本，使大量当年投资额为 0 的企业全要素生产率得以估算，LP 法比 OP 法的估算更为准确。Ackerberg 等（2006、2007）指出，企业中间投入依赖资本、劳动和生产率，这导致 OP 法和 LP 法在估计方法上具有不可识别以及内生性，所以 Ackerberg 等放松了 OP 法和 LP 法的假设条件，比如资本投入的决策先于其他生产要素，将劳动投入引入中间投入函数，进一步完善了这两类方法，提高了企业全要素生产率的准确性。

中国宏观层面的全要素生产率测算可以追溯到 20 世纪 90 年代初，当时由李京文团队（李京文等，1993；李京文和李军，1993）带头开展了中国、美国和日本的生产率比较研究；随后郑玉歆（1999）也对全要素生产率的测度及经济增长方式进行了研究，讨论了不同测算方法和生产函数对于全要素生产率测算结果的影响。进入 21 世纪后，Chow 和 Li（2002）采用中国官方统计的 1952—1998 年的数据，利用柯布—道格拉斯生产函数测算了中国经济增长中劳动、资本和全要素生产率的贡献，估算结果显示全要素生产率的贡献约为 3%。易纲等（2003）在回顾测算全要素生产率方法的基础上，提出了新兴经济体全要素生产率的测算方法要与发达国家不同，要充分考虑技术进步机制的不同及投资方向上的不同。孙琳琳和任若恩（2005）在中国资本投入指数序列基础上，利用增长核算法估计了中国 1981—2002 年的全要素生产率，研究结果表明资本投入对中国经济增长的贡献为 49%，而全要素生产率对经济增长的贡献为 35%。他们将测算结果与李京文等（1996）的研究结果进行比较，发现李京文的结果由于没有准确测量资本投入，会造成全要素生产率增长对经济增长贡献的高估。郭庆旺和贾俊雪（2005）也开展了相关研究，在比较了全要素生产率四种估算方法的基础上，采用索洛残差法、隐性变量法和潜在产出法计算了我国1979—2004年的全要素生产率增长率，并对我国全要素生产率增长和经济增长源泉作了简要分析，指出我国经济增长主要依赖要素投入增长，全要素生产率增长率较低的原因在于技术进步率偏低、生产能力没有得到充分利用、技术效率低下和资源配置不合理。章祥荪和贵斌威（2008）对Malmquist指数法进行了回顾，并对中国1979—2005年全要素生产率变动及其分解进行了分析，得出由于地区之间技术差距的拉大，我国并没有出现全要素生产率的趋同效应的结论。姚战琪（2009）使用跨产业面板数据，对1985—2007年中国经济总体和工业部门的生产率增长及要素再配置效应进行了比较、分析和评估，认为部门内部要素配置的不合理和要素在部门间配置的扭曲造成要素总配置效应较小，表明中国要素配置对生产率的贡献效应仍有较大的提升空间。苏洪和刘渝琳（2015）分析了“初始规模条件路径依赖”、“文化堕距阻碍”和“制度约束陷阱”3种潜在路径对全要素生产率增长存在的负向影响，并建议政府实施让权和限权，加大人力资本积累，从而将潜在路径对全要素生产率的负向影响降到最低。

关于中国省际全要素生产率的测算也受到国内学者的关注，对相关文献进行梳理，其测算方法主要有3种：索洛残差法（生产函数法）、数据包络分析法（DEA）和随机前沿分析法（SFA）。

采用索洛残差法测算省际全要素生产率的文献主要有：叶裕民（2002）采用索洛残差法对全国及各省份全要素生产率进行了测算，数据分析结果表明，中国经济结构的显著变动是全要素生产率提高的重要原因，中国的经济增长属于资本和技术双推动型，资本深化速度的差异是东中西部全要素生产率水平差异的重要原因。彭国华（2005）对中国地区收入差距、全要素生产率及其收敛性进行研究，采用索洛残差法测算了1982—2002年中国不同省份的全要素生产率，并将该指标的收敛模式与收入收敛模式进行对比，发现全要素生产率可以解释中国省份收入差距，两者具有很大的相似性。全要素生产率的收敛速度明显高于收入的收敛速度，三大地区中只有东部地区存在“俱乐部收敛”现象。许和连等（2006）构造了贸易开放度和人力资本内生化全要素生产率的估计模型，文中省际全要素生产率的测算采用生产函数法，研究结果表明人力资本积累有助于提高物质资本的利用率，人力资本积累水平的提高对全要素生产率的影响比对经济增长的影响更加直接，它主要通过影响全要素生产率而作用于经济增长。贸易开放度主要是通过影响人力资本的积累水平而影响全要素生产率，贸易开放度和人力资本对全要素生产率的影响在东部、中部、西部存在差异。李国璋等（2010）基于1978—2007年的省际面板数据根据索洛残差法测算了各省历年的全要素生产率水平，同时对劳均产出差异进行了方差分解。研究结果表明，人力资本在我国经济增长中发挥着越来越重要的作用，要素投入差异是我国地区差距的主要决定因素。陈仲常和谢波（2013）基于中国省际层面1990—2009年的经验数据，运用动态面板数据模型估计，考察人力资本存量和不同类型人力资本对中国全要素生产率增长的外部效应，全要素生产率采用修正索洛残差法。研究结果表明，人力资本存量即期对全要素生产率产生显著为负的外部性，而滞后多期则呈现出正外部溢出效应。不同类型人力资本的即期外部性也显著为负，初等教育对我国全要素生产率的提高作用始终不明显，中等、高等教育在滞后第三期才具有显著的正外部性。程惠芳和陈超（2017）研究了开放经济下知识资本对全要素生产率的影响，采用索洛残差法对130个经济体1981—2010年的全要素生产率进行测算，研究结果表明，国内知识资本和国外知识资本的溢出都是影响全要素生产率提升的重要因素，但是不同知识资本要素对不同创新经济体全要素生产率的影响存在明显差异。李言等（2018）采用生产函数法计算了中国30个省份1978—2016年的全要素生产率，研究了改革开放以来中国地区要素生产率的变迁，分别从要素生产率、要素配置效率和要素生产率协调度三个视角对中国地区层面的要素生产率进行测算和分析。

相当一部分的文献采用数据包络分析法测算中国不同省份的全要素生产率，比如颜鹏飞和王兵（2004）、岳书敬和刘朝明（2006）、章祥荪和贵斌威（2008）、夏良科（2010）、孙广生等（2012）、田友春等（2017）。近年来，也有一部分学者采用随机前沿分析法测算中国不同省份的全要素生产率，比如涂正革和肖耿（2005）、吴延瑞（2008）、匡远凤（2012）、吴建新和钟玲（2013）、钱雪亚和缪仁余（2014）、王华（2018）。还有一部分文献对不同方法测算的全要素生产率结果进行比较。傅晓霞和吴利学（2007）采用1978—2004年的省际面板数据，对数据包络分析法和随机前沿分析法测算出的全要素生产率结果进行比较，认为随机前沿分析法得到的全要素生产率指数高于数据包络分析法测算的全要素生产率指数，最后得出随机前沿分析法的结果具有较好的稳健性，其结论也更为可靠。姚战琪（2009）却认为无论是使用数据包络分析法还是随机前沿分析法都得出相似的结果。段文斌和尹向飞（2009）在《中国全要素生产率研究评述》一文中详细说明了应用传统的索洛残差法、索洛扩展模型、随机前沿分析模型、数据包络分析方法测算中国全要素生产率时所存在的缺陷和不足。他们认为中国全要素生产率的研究方向应围绕投入要素度量的改善、测度方法改进、研究对象三个方面展开。魏下海、张建武和余玲铮（2011）采用数据包络分析法（DEA）和随机前沿分析法（SFA）对中国29个省份1990—2007年的全要素生产率变动进行测算和适用性分析，认为SFA方法得到的全要素生产率指数明显高于数据包络分析法，SFA估计结果显示各地区全要素生产率增长相对平均、差距较小，而DEA估计结果则表现出鲜明的地区差异性，与中国各地区经济发展的非均衡性相契合。因此，比较而言由DEA方法得到的结论可能更加可靠，也更能满足对中国经济现实进行解释的需要。

综上所述，索洛残差法是国内外学者度量全要素生产率最基本的方法。随着可获得数据的增加，关于中国省际全要素生产率增长测算，许多学者采用数据包络分析法和随机前沿分析法，中国省际全要素生产率增长的测算文献也越来越多，呈现方兴未艾之势。通过对国内相关文献进行梳理（见表7-2），本书罗列了涉及中国省际全要素生产率增长测算的相关文献，这些文献来源于国内具有较高影响力的权威期刊或者核心期刊。从表7-2可以看到，近年来国内学者采用索洛残差法和数据包络分析法的文献较多，因此在接下来的实证分析中，本书将采用数据包络分析法对中国不同省份的全要素生产率增长率进行测度和分析。

表 7－2　中国权威期刊和核心期刊上关于省际全要素生产率增长测算的主要论文

全要素生产率测算方法	作者	国内相关文献	发表期刊
索洛残差法（生产函数法）	叶裕民（2002）	全国及各省区市全要素生产率的计算和分析	《经济学家》
	彭国华（2005）	中国地区收入差距、全要素生产率及其收敛分析	《经济研究》
	黄先海和石东楠（2005）	对外贸易对我国全要素生产率影响的测度与分析	《世界经济研究》
	许和连等（2006）	贸易开放度、人力资本与全要素生产率：基于中国省际面板数据的经验分析	《世界经济》
	刘智勇和胡永远（2009）	人力资本、要素边际生产率与地区差异——基于全要素生产率视角的研究	《中国人口科学》
	李国璋等（2010）	区域全要素生产率的估算及其对地区差距的贡献	《数量经济技术经济研究》
	张先锋等（2010）	中国区域全要素生产率的影响因素分析——基于地理溢出效应的视角	《经济地理》
	陈仲常和谢波（2013）	人力资本对全要素生产率增长的外部性检验——基于我国省际动态面板模型	《人口与经济》
	王文静等（2014）	人力资本对我国全要素生产率增长作用的空间计量研究	《经济与管理》
	黄燕萍（2016）	金融发展、人力资本与全要素生产率	《厦门大学学报》
	程惠芳和陈超（2017）	开放经济下知识资本与全要素生产率——国际经验与中国启示	《经济研究》
	李言等（2018）	中国地区要素生产率的变迁：1978—2016	《数量经济技术经济研究》
数据包络分析法（DEA）	颜鹏飞和王兵（2004）	技术效率、技术进步与生产率增长：基于 DEA 的实证分析	《经济研究》
	岳书敬和刘朝明（2006）	人力资本与区域全要素生产率分析	《经济研究》

续表

全要素生产率测算方法	作者	国内相关文献	发表期刊
数据包络分析法（DEA）	章祥荪和贵斌威（2008）	中国全要素生产率分析：Malmquist 指数法评述与应用	《数量经济技术经济研究》
	魏下海（2009）	贸易开放、人力资本与全要素生产率的动态关系——基于非参数 Malmquist 指数与 VAR 方法	《世界经济研究》
	夏良科（2010）	人力资本与 R&D 如何影响全要素生产率——基于中国大中型工业企业的经验分析	《数量经济技术经济研究》
	白俊红（2011）	人力资本、R&D 与生产率增长——基于中国省级数据的实证分析	《山西财经大学学报》
	孙广生等（2012）	全要素生产率、投入替代与地区间的能源效率	《经济研究》
	梁超（2012）	制度变迁、人力资本积累与全要素生产率增长——基于动态面板和脉冲反应的实证研究	《中央财经大学学报》
	魏峰和江永红（2013）	劳动力素质、全要素生产率与地区经济增长——基于安徽省 17 个地级市的研究	《人口与经济》
	陈启斐和刘志彪（2015）	进口服务贸易、技术溢出与全要素生产率——基于 47 个国家双边服务贸易数据的实证分析	《世界经济文汇》
	余凡等（2016）	人力资本质量、技能溢价与企业全要素生产率——基于中国企业 - 员工匹配调查（CEES）的实证分析	《中南财经政法大学学报》
	高帆和汪亚楠（2016）	城乡收入差距是如何影响全要素生产率的？	《数量经济技术经济研究》
	田友春等（2017）	方法、数据与全要素生产率测算差异	《数量经济技术经济研究》

续表

全要素生产率测算方法	作者	国内相关文献	发表期刊
随机前沿方法（SFA）	涂正革和肖耿（2005）	中国的工业生产力革命——用随机前沿生产模型对中国大中型工业企业全要素生产率增长的分解及分析	《经济研究》
	吴延瑞（2008）	生产率对中国经济增长的贡献：新的估计	《经济学（季刊）》
	匡远凤（2012）	技术效率、技术进步、要素积累与中国农业经济增长——基于 SFA 的经验分析	《数量经济技术经济研究》
	吴建新和钟玲（2013）	要素配置非效率与生产率增长——来自中国省际面板数据的证据	《当代财经》
	钱雪亚和缪仁余（2014）	人力资本、要素价格与配置效率	《统计研究》
	纪雯雯和赖德胜（2015）	人力资本、配置效率及全要素生产率变化	《经济与管理研究》
	孙早和刘李华（2016）	中国工业全要素生产率与结构演变：1990—2013 年	《数量经济技术经济研究》
	王华（2018）	中国 GDP 数据修订与全要素生产率测算：1952—2015	《经济学动态》

7.1.2 中国省际全要素生产率增长与分解

结合第 6 章的分析，本书采用数据包络分析法测算中国省际全要素生产率的增长。数据包络分析法又称 Malmquist 生产率指数法，由于该方法具有不需要对生产函数结构作先验假定、不需要对参数进行估计、允许无效率行为存在、能对全要素生产率变动进行分解等优点，近年来在相关研究中得到国内外学者越来越多的关注。Malmquist 生产率指数法将全要素生产率变动进一步分解为技术进步指数和技术效率指数，见式（7.1.1）。

$$M_O(x^{t+1},y^{t+1},x^t,y^t)=\left[\left(\frac{D_O^t(x^{t+1},y^{t+1})}{D_O^t(x^t,y^t)}\right)\left(\frac{D_O^{t+1}(x^{t+1},y^{t+1})}{D_O^{t+1}(x^t,y^t)}\right)\right]^{1/2}$$
$$=\frac{D_O^{t+1}(x^{t+1},y^{t+1})}{D_O^t(x^t,y^t)}\times\left[\left(\frac{D_O^t(x^{t+1},y^{t+1})}{D_O^{t+1}(x^{t+1},y^{t+1})}\right)\left(\frac{D_O^t(x^t,y^t)}{D_O^{t+1}(x^t,y^t)}\right)\right]^{1/2} \tag{7.1.1}$$

上式中括号外面的表达式表示相对效率变化，比如从 t 期到 $t+1$ 期观察到的生产产量变化与潜在最大产量之间的差异。括号内的几何平均值表示 t 期到 $t+1$ 期的技术转移，因而可以用下面两个等式表示：

$$efficiencychange=\frac{D_O^{t+1}(x^{t+1},y^{t+1})}{D_O^t(x^t,y^t)} \tag{7.1.2}$$

$$technicalchange=\left[\left(\frac{D_O^t(x^{t+1},y^{t+1})}{D_O^{t+1}(x^{t+1},y^{t+1})}\right)\times\left(\frac{D_O^t(x^t,y^t)}{D_O^{t+1}(x^t,y^t)}\right)\right]^{1/2} \tag{7.1.3}$$

本书使用 DEAP2.1 软件运用中国 30 个省份 2008—2017 年的面板数据，可以计算出全要素生产率变动指数、技术效率指数和技术进步指数。在使用 DEAP2.1 软件之前，需要收集和计算以下几个指标。

省际层面的国内生产总值：该指标的原始数据主要来自《中国统计年鉴》和各省份的统计年鉴，时间跨度为 2008—2017 年。为了剔除价格因素的影响，本书利用国内生产总值指数（以 2008 年为基期，GDP 指数 = 100）对不同省份历年的 GDP 进行处理。由于在测算固定资本存量的过程中，西藏的数据缺失较为严重，故本书剔除西藏对 30 个省份的实际 GDP 进行测算。

省际层面的物质资本存量：本书采用永续存盘法计算中国 30 个省份的物质资本存量，即 $K_{it}=K_{it-1}(1-\delta_{it})+I_{it}$，$I_{it}$ 表示 i 地区在 t 时期的实际固定资本形成总额，K_{it} 表示 i 地区在 t 时期的物质资本存量。实际固定资本形成总额的计算需要收集 2008—2017 年固定资本形成总额和 2008—2017 年固定资产投资价格指数的原始数据。原始数据主要来自《中国统计年鉴》和各省份的统计年鉴，为了剔除价格因素的影响，2008—2017 年中国不同省份的实际固定资本形成总额也是以 2008 年为基期，利用固定资产投资价格指数对不同省份固定资本形成总额进行处理得到 I_{it}。然后再测算 2008 年地区物资资本存量。本书主要参考张军等（2004）、单豪杰（2008）等文献的做法，他们借鉴 Hall

和 Jones（1999）的测算方法，用 2008 年的固定资本形成总额比上 2008—2017 年固定资本形成总额的几何平均增长率 θ 加上固定物质资本折旧率 δ，即 $K_{i2008} = I_{i2008}/(\theta + \delta)$。本书参考张军等（2004）的做法，将折旧率设定为 9.6%，从而可以计算出中国 30 个省份 2008 年的物质资本存量。最后再利用永续存盘法计算出中国 30 个省份 2009—2017 年的物质资本存量。

省际层面的劳动力投入：劳动力投入用各省份就业人员表示，2008—2017 年就业人数来源于《中国统计年鉴》和各省份的统计年鉴。

将经过价格调整后的实际 GDP 作为产出指标，物质资本存量和劳动力投入作为两种投入要素指标，利用 DEAP2.1 软件计算出中国 30 个省份的全要素生产率变化、技术进步指数和技术效率指数，具体结果参见表 7-3、表 7-4。

表 7-3　2008—2017 年中国平均 Malmquist 生产率指数及其分解

年份	技术效率指数	技术进步指数	纯技术效率指数	规模效率指数	TFP 增长率
2008—2009	0.829	1.049	1.011	0.819	0.869
2009—2010	1.323	0.693	1.036	1.277	0.917
2010—2011	0.928	1.102	1.018	0.912	1.023
2011—2012	0.956	1.191	1.103	0.867	1.138
2012—2013	1.076	0.946	1.023	1.052	1.018
2013—2014	0.892	0.941	0.9	0.992	0.84
2014—2015	1.082	1.141	1.044	1.036	1.234
2015—2016	1.022	0.991	1.01	1.012	1.013
2016—2017	1.006	0.921	1.019	0.987	0.926

根据表 7-3，从 Malmquist 各项指数的年度变化来看，各年全要素生产率变化、技术进步指数总体表现出下降的态势，2008—2017 年全要素生产率年平均下降 0.9%，技术进步指数年平均下降 1.3%，而技术效率指数略有上涨，年平均增长 0.4%。这些指标说明由于技术进步指数的下降，近年来中国全要素生产率也在不断下降。

表 7-4　2008—2017 年中国不同省份平均 Malmquist 生产率指数及其分解

省份	技术效率指数	技术进步指数	纯技术效率指数	规模效率指数	TFP 增长率
安徽	1.012	1.014	1.102	0.919	1.027
北京	1.011	1.013	1.091	0.927	1.024
福建	1.009	1.013	1.074	0.939	1.022
甘肃	1.01	1.012	1.059	0.954	1.022
广东	1.011	1.011	1.047	0.966	1.023
广西	1.013	1.01	1.037	0.977	1.024
贵州	1.012	1.009	1.026	0.987	1.022
海南	1.012	1.008	1.018	0.994	1.02
河北	1.012	1.007	1.012	1	1.019
河南	1.013	1.005	1.005	1.008	1.018
黑龙江	0.98	0.938	0.933	1.051	0.92
湖北	0.98	0.94	0.94	1.042	0.921
湖南	0.984	0.94	0.951	1.034	0.925
吉林	0.987	0.941	0.961	1.026	0.928
江苏	0.989	0.941	0.97	1.019	0.93
江西	0.991	0.94	0.978	1.014	0.932
辽宁	0.992	0.94	0.981	1.011	0.932
内蒙古	0.995	0.94	0.988	1.007	0.935
宁夏	0.998	0.94	0.994	1.004	0.938
青海	1	0.942	1	1	0.942
山东	1	1.002	1.096	0.912	1.002
山西	1.002	1.005	1.082	0.927	1.007
陕西	1.006	1.007	1.067	0.942	1.012
上海	1.01	1.012	1.05	0.962	1.022
四川	1.012	1.014	1.032	0.98	1.026
天津	1.013	1.009	1.017	0.996	1.022
新疆	1.014	1.012	1.01	1.004	1.026
云南	1.016	1.016	1.006	1.01	1.032
浙江	1.019	1.017	1.004	1.015	1.036
重庆	1.021	1.018	1	1.021	1.039

表7-4展示了中国30个省份Malmquist生产率的各项指标，大多数省份的全要素生产率均呈现增长的态势，除了一些中西部地区，比如湖北、湖南、江西、宁夏和青海。这些省份无论是技术进步指数还是技术效率指数均小于1，意味着这些指标在2009—2017年期间平均增长率为负，因此这些省份的全要素生产率也没有增长。其余省份的全要素生产率呈现增长趋势，技术进步指数和技术效率指数均大于等于1，并且技术进步指数要大于技术效率指数，这说明技术进步是全要素生产率增长的内在动力。

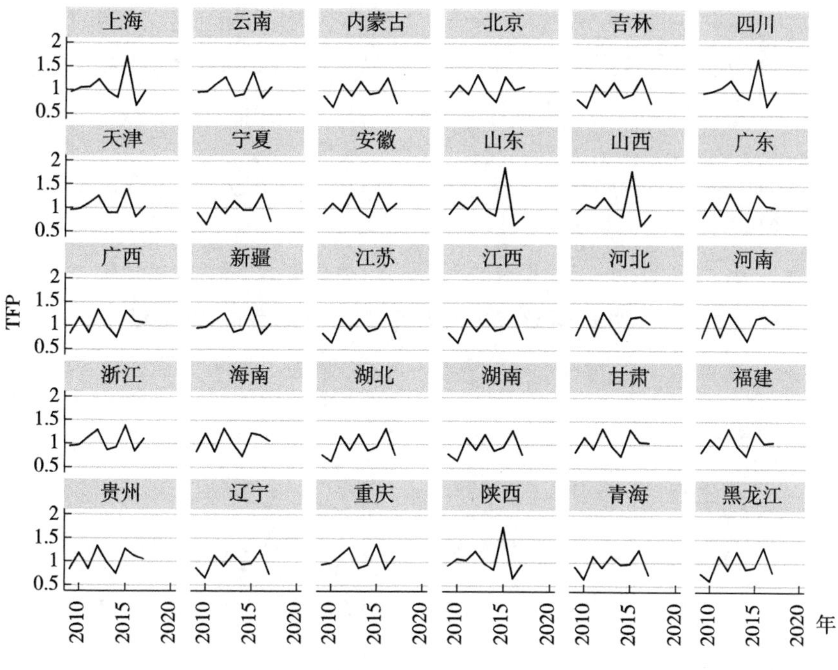

图7-1 2009—2017年中国30个省份全要素生产率增长率趋势

从中国30个省份Malmquist指标趋势图看，全要素生产率增长率、技术进步指数和技术效率指数变化趋势大致相同，技术进步指数在2009—2017年期间表现出波动频繁、波幅较大的特点，比如上海、云南、天津、四川、山东、山西，浙江、重庆、陕西等。技术效率指数波动幅度较大的省份有北京、广东、河北、河南、甘肃、福建、贵州、黑龙江等。

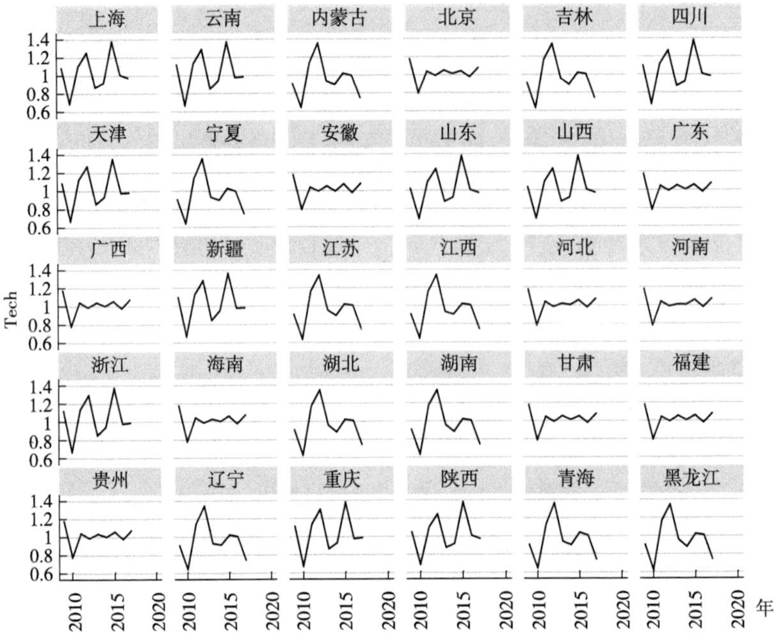

图7-2　2009—2017年中国30个省份技术进步指数发展趋势

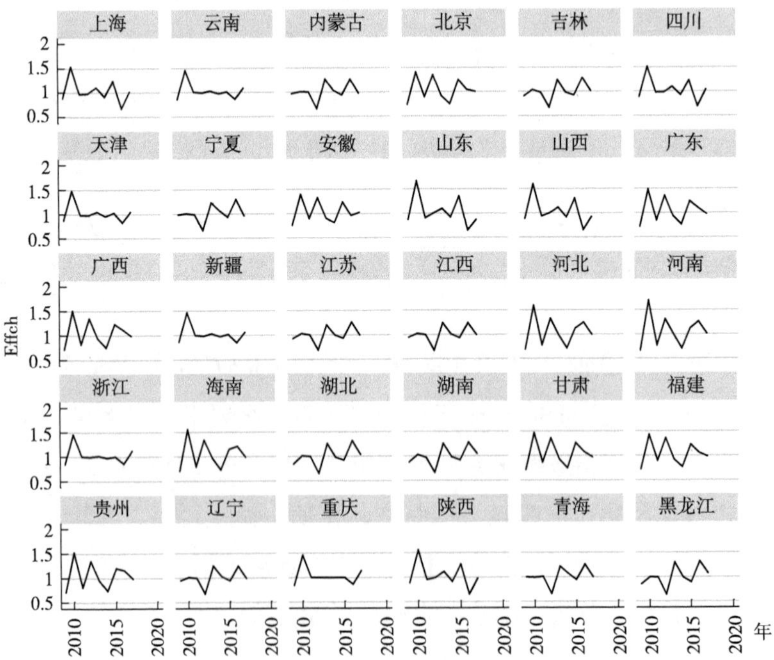

图7-3　2009—2017年中国30个省份技术效率指数发展趋势

7.2 计量模型设定

本章主要研究中国人力资本质量对全要素生产率的影响，实证模型的构建主要参考 Nelson 和 Phelps（1966），Romer（1990），Benhabib 和 Spiegel（1994），Vandenbussche、Aghion 和 Meghir（2006）等经典模型的构建。Benhabib 和 Spiegel（1994）将 Nelson 和 Phelps（1966）的技术追赶或技术模仿思想和 Romer（1990）的技术创新思想统一到一个框架中，他们认为人力资本促进全要素生产率增长主要通过两种途径实现：一种途径是人力资本决定了一国技术创新能力而直接影响全要素生产率增长，另一种途径是人力资本水平影响技术追赶效应决定了全要素生产率的增长。该模型也被国内学者广泛使用（魏下海和张建武，2010；黄燕萍等，2013）。基于这些模型，本书构建如下实证分析模型：

$$\ln TFP_{it} = \beta_0 + \beta_1 \ln(HCQI_{it}) + \beta_2 \ln(Catch\_up_{it}) + \beta_x X_{it} + \varepsilon_{it} \quad (7.2.1)$$

其中，TFP_{it}表示全要素生产率增长率，中国不同省份 2009—2017 年全要素生产率增长由数据包络分析法计算得到。$HCQI_{it}$表示人力资本质量指数，反映某个地区的技术创新能力，本书在第 5 章计算了该指标。$Catch_up_{it}$表示技术追赶项，反映技术模仿效应，$Catch\_up_{it} = HCQI_{it} \times (Y_{max}/Y_i)$，$Y_i$ 表示省份 i 的人均收入水平，Y_{max} 表示最发达地区人均收入水平，相关文献选择上海指标（刘智勇等，2008；魏下海，2010；黄燕萍，2016），本书也采用上海人均收入水平来表示。X_{it}表示影响全要素生产率增长的一组控制变量，ε_{it}包含了地区固定效应、时间固定效应和误差项。

根据 Malmquist 生产率指数计算，全要素生产率增长可以进一步分解为技术效率改善、技术进步和规模效率提高。为深入分析人力资本质量对不同地区全要素生产率变化的影响机制，本书将人力资本对全要素生产率的影响分解为对技术效率变化和技术进步两部分变化的影响。因此本书构建技术进步方程与技术效率变化方程，分别如下式所示：

$$\ln TECH_{it} = \beta_0 + \beta_1 \ln(HCQI_{it}) + \beta_2 \ln(Catch\_up_{it}) + \beta_x X_{it} + \varepsilon_{it} \quad (7.2.2)$$

$$\ln EFFCH_{it} = \beta_0 + \beta_1 \ln(HCQI_{it}) + \beta_2 \ln(Catch\_up_{it}) + \beta_x X_{it} + \varepsilon_{it} \tag{7.2.3}$$

上述模型中我们将人力资本质量指数作为衡量人力资本水平的综合指标来研究其对全要素生产率的影响，然而人力资本具有异质性，不同类型人力资本所具备的能力不同，进而决定了不同类型人力资本对技术创新和技术模仿的吸收能力不同，比如认知人力资本更容易学习、效仿和应用来自发达地区的新知识和新技术，而非认知人力资本具备的创新能力使其更容易产生新的观点，开发新的技术和新的产品。为考察不同类型人力资本对全要素生产率的影响，我们参照 VAM 模型，结合 Ang 等（2011）的检验人力资本结构对全要素生产率影响的实证模型，构建本书的计量模型：

$$\ln \dot{TFP}_{it} = \gamma_0 + \gamma_1 \ln\left(\frac{TFP_{it-1}}{TFP^{SH}_{t-1}}\right) + \gamma_2 h^c_{it-1} + \gamma_3 h^n_{it-1} + \gamma_4 \ln\left(\frac{TFP_{it-1}}{TFP^{SH}_{t-1}}\right) \times h^c_{it-1} + \gamma_5 \ln\left(\frac{TFP_{it-1}}{TFP^{SH}_{t-1}}\right) \times h^n_{it-1} + \theta X_{it} + \varepsilon'_{it} \tag{7.2.4}$$

其中，被解释变量 $\dot{TFP}_{it}$ 表示全要素生产率增长率，解释变量都滞后一期，控制变量选择当期指标。TFP^{SH}_{t-1} 表示中国全要素生产率最高的省份，本书选择上海的全要素生产率作为国内前沿，$\frac{TFP_{it-1}}{TFP^{SH}_{t-1}}$ 表示中国不同省份与技术前沿的差距。h^c_{it-1} 表示认知人力资本生产率，h^n_{it-1} 表示非认知人力资本生产率，等式中还包括认知人力资本生产率与技术差距的交互项和非认知人力资本生产率与技术差距的交互项。X_{it} 表示一系列的控制变量，ε'_{it} 包含了地区固定效应、时间固定效应和误差项。用 GAP 表示 $\ln\left(\frac{TFP_{it-1}}{TFP^{SH}_{t-1}}\right)$，式（7.2.4）可以简化为：

$$\ln \dot{TFP}_{it} = \gamma_0 + \gamma_1 GAP + \gamma_2 h^c_{it-1} + \gamma_3 h^n_{it-1} + \gamma_4 GAP \times h^c_{it-1} + \gamma_5 GAP \times h^n_{it-1} + \theta X_{it} + \varepsilon'_{it} \tag{7.2.5}$$

7.3 变量选择与数据来源

在上述回归模型中，被解释变量是全要素生产率的增长率 $\ln TFP_{it}$，根据

数据包络分析法将 $\ln TFP_{it}$ 分解为技术进步指数取对数 $\ln TECH_{it}$ 和技术效率变化指数取对数 $\ln EFFCH_{it}$。解释变量为人力资本质量指数取对数和技术追赶项取对数，技术追赶项 $Catch\_up_{it}$ 由人力资本质量指数与 Y_{max}/Y 相乘得到，追赶效应对全要素生产率增长所起的作用反映在其对应系数上。当对应系数符号为正，说明中国不同省份存在生产率追赶效应，即中国经济相对落后的省份将会经历较快的生产率增长；当对应系数符号为负，则说明生产率增长不存在追赶效应，技术差距反而抑制了经济落后省份的全要素生产率增长。除了以上两个核心变量之外，在回归模型中还加入了一系列影响全要素生产率的控制变量。

第一，投资率。在经济增长理论中，物质资本和人力资本是两个基本的投入要素，两者相互促进，在很大程度上影响经济增长。人力资本能够使物质资本生产更有效率，而物质资本能为人力资本效用的发挥提供保障。另外，物质资本在一定程度上反映了该地区的要素禀赋，加入投资率指标可以检验近年来我国大规模的投资是否有利于促进全要素生产率的提高。已有相关文献中也有选择投资率作为控制变量的，比如颜鹏飞和王兵（2004）在检验人力资本和制度变迁对全要素生产率增长的影响时，选择了投资率、FDI 比率、政府消费等控制变量。魏下海和张建武（2010）研究人力资本对全要素生产率增长的门槛效应时，选择了投资率、贸易开放度、外商直接投资、基础设施和城市化等门槛变量。

第二，外商直接投资（FDI）比率和经济开放度。在经济全球化背景下，一个国家或地区的技术进步不仅取决于自身的研发投入和创新水平，还取决于国外研发活动所带来的溢出效应。Grossman 和 Helpman（1991）提出贸易自由化通过技术外溢会缩小国家之间的收入差距，并解释了技术外溢的三个传导路径：其一，国际贸易规模越大，国内外个体之间交流就越多，将会导致越多的信息交换。其二，进口使其国内中间产品更多样化，促使国内研发者萌发新的想法，这将鼓励国内企业加快研发创新、采用新技术、改善资源的配置。其三，当货物出口，国外采购商对制造工艺提出改进方案，通过技术示范效应提高了国内企业的生产技术和管理水平。这些传导路径在某种程度上提高了两国之间的溢出效应，其中心思想就是有形的商品贸易促进了无形的思想交流。Helpman（1999）归纳总结出研究开发领域存在大量的国际溢出效应，他认为国际贸易和FDI是国际溢出效应的主要载体。Borenszteinet等（1998）研究发现，FDI对东道国的技术溢出效应受东道国人力资本积累水平的影响，只有当东道国人力资本水平达到并超过一定门限值时，东道国才能有效地吸收FDI的技术溢出。许和连等（2006）研究表明，贸易开放度主要是通过影响人力资本的积累水平而影响全要素生产率。赵伟和汪全立（2006）研究了以进口贸易为传导机制的国际技术溢出对我国全要素生产率的影响，实证结果表明国内研发和贸易伙伴国溢出的研发与我国全要素生产率之间存在着稳定的长期均衡关系，国外研发溢出与人力资本相结合促进全要素生产率的提高，人力资本在技术溢出中发挥着重要作用。何元庆（2007）实证检验了人力资本、国际进出口以及FDI对全要素生产率的影响，实证结果表明，对外开放能够促进全要素生产率的增长，但是其影响只有人力资本正向效果的十分之一。Ang、Madsen和Islam（2011）在研究人力资本结构对全要素生产率增长影响的计量模型中，也选择了经济开放度和FDI这两个指标作为控制变量。大量研究文献都认为进出口贸易和FDI会影响全要素生产率的增长，但两者之间的关系并未达成一致，所以本书采用贸易依存度指标来反映不同地区的对外开放程度，采用FDI占GDP比重来反映不同地区的FDI情况。第6章已经测算了贸易依存度指标来表示中国不同省份的经济开放度，中国31个省份的FDI和GDP数据来源于《中国统计年鉴》以及各省份历年统计年鉴，两者相除得到FDI指标。

第三，技术研发水平。Griliches（1984）对1957—1977年美国1000家大型制造业企业R&D投资与生产率进行实证研究，其结果表明，R&D资本对美国大型制造业企业生产率的持续增长起到重要作用。Xu和Wang（2000）研究了国内R&D资本、资本品贸易、FDI及对外直接投资渠道的国际知识溢出对美国、日本、德国、法国、英国等国家全要素生产率的影响，实证结果表明，国内R&D资本能显著促进全要素生产率的提高，商品贸易渠道的外国R&D溢出与一国的生产率具有显著正相关性。吴延兵（2008）采用1996—

2003 年中国地区工业面板数据研究了自主研发、国外技术引进和国内技术引进对不同地区全要素生产率的影响，实证结果表明，自主研发和国外技术引进对生产率有显著促进作用，并且自主研发、国外技术引进与生产率之间的关系存在地区效应，自主研发对东部和中部地区的生产率有显著正影响，但对西部地区的生产率没有显著影响。程惠芳和陆嘉俊（2014）研究知识资本对工业企业全要素生产率的影响，实证结果表明，技术开发和技术改造投入与企业全要素生产率具有显著正相关性，国内外技术引进和消化吸收对企业创新的作用在减弱。程惠芳和陈超（2017）采用 1981—2010 年 130 个经济体的面板数据研究知识资本对全要素生产率的影响效应，将国内知识资本划分为研发资本、人力资本、创新设施资本和技术资本，国外知识资本分为进口和 FDI 溢出知识资本。实证结果表明，国内知识资本和国外知识资本的溢出都是影响全要素生产率提升的重要因素。毫无疑问，不同地区的研发水平会对全要素生产率产生影响。本书采用专利授权数来反映中国不同省份的技术研发水平，用各地区每万人的专利申请授权数指标来表示。

第四，基础设施和城市化水平。基础设施有利于提升地区的吸引力，发挥区位优势，某一地区基础设施的发展可以降低相邻地区的运输成本和交易费用，促进生产要素的快速流动。城市已经成为人才聚集、技术创新及产业集聚的所在地，它可以吸收附近地区的资源形成虹吸效应，城市数量和规模的扩大有利于促进生产率的提高。正如 Becker 等（1992）和 Yang 等（1991）指出城市化有利于社会分工，从而促进人力资本快速积累，进而实现生产率的增长，因此基础设施的完善和城市化进程的加快会影响人力资本效应的发挥。魏下海（2010）研究全要素生产率增长与人力资本效应，文中将基础设施和城市化作为控制变量，研究人力资本对全要素生产率增长的影响。本书分别用非农人口占总人口比重表示城市化水平（$Urban_{it}$）、用公路网密度（每平方公里公路里程数）表示基础设施（$Infra_{it}$）。

第五，政府支出规模。韦倩等（2014）认为，市场发展水平的不同是造成各省份之间巨大经济差距的主要原因，中国的市场化改革才是促进我国沿海地区崛起的根本引擎，而与市场化改革相对的则是政府对地方经济的干预作用。王志刚等（2006）指出，1994 年中国加快财税体制改革，实行分税制提高了中央财政收入比重，将原先由中央负责的支出项目下放到了地方政府，同时中央并未给予相应的财政支持，这使地方财政赤字增加。为了填补财政缺口，地方政府必须寻找国家预算以外的收入来源，因此财税改革在某种程度上反而更容易滋生腐败导致生产效率的损失。而且政府支出多用于生产领域，这在某种程度上反映了政府对经济的干预程度。参考已有文献的做法（林毅夫等，2003；王志刚等，2006；姚先国等，2008；魏下海，2010；刘贯春，2019），本书采用政府消费支出占 GDP 的比重来反映政府干预行为对地区全要素生产率的影响。

综上所述，本章计量模型中选择的控制变量主要有投资率、FDI 比率、经济开放度（$open_{it}$）、技术研发水平（$tech_{it}$）、城市化水平（$urban_{it}$）、基础设施（$infra_{it}$）、政府支出规模（gov_{it}），具体见表 7－5。

表 7－5　变量的统计性描述

变量	含义	观测值	均值	标准差	最小值	最大值
TFP	全要素生产率增长率	270	1.013	0.219	0.615	1.869
TECH	技术进步指数	270	1.002	0.175	0.620	1.379
EFFCH	技术效率指数	270	1.027	0.221	0.629	1.692
HCQI	人力资本质量指数	270	0.831	0.174	0.605	1.885
Catch_up	技术追赶项	270	2.111	0.934	0.751	6.320
h_c	认知人力资本生产率	270	0.795	0.071	0.659	1.020
h_n	非认知人力资本生产率	270	0.813	1.099	0.027	8.759
invest	投资率	270	0.602	0.173	0.320	1.381
fdi	FDI 比率	270	0.023	0.017	0.000	0.082
open	经济开放度	270	0.298	0.354	0.032	1.699
tech	技术研发水平	270	3.383	5.271	0.023	26.994
infra	基础设施	270	1.974	0.899	0.439	4.795
urban	城市化水平	270	0.541	0.134	0.291	0.896
gov	政府支出规模	270	0.145	0.042	0.085	0.282

7.4 估算结果与分析

与第6章一样，由于选择了较多的控制变量，实证分析之前需要进行多重共线性检验，本书采用相关系数矩阵方法来检验。根据皮尔逊相关系数法则（见表7-6），7个控制变量中经济开放度和城市化水平与其他控制变量之间存在较强共线性，经济开放度与FDI比率的相关系数为0.506，与技术研发水平的相关系数高达0.592，因此在实证研究中剔除经济开放度指标。城市化水平与FDI比率的相关系数为0.532，与技术研发水平的相关系数为0.522，因此城市化水平指标在分析中也予以剔除。最后保留的5个控制变量为投资率、FDI比率、技术研发水平、基础设施和政府支出规模。

表7-6 控制变量相关性检验

变量	ln(*invest*)	ln(*fdi*)	ln(*open*)	ln(*tech*)	ln(*infra*)	ln(*urban*)	ln(*gov*)
ln(*invest*)	1						
ln(*fdi*)	-0.493***	1					
ln(*open*)	-0.651***	0.506***	1				
ln(*tech*)	-0.617***	0.479***	0.592***	1			
ln(*infra*)	0.081	-0.066	-0.187***	0.094	1		
ln(*urban*)	-0.368***	0.532***	0.720***	0.522***	-0.293***	1	
ln(*gov*)	0.272***	-0.450***	-0.117*	-0.462***	-0.057	-0.088	1

在研究人力资本与全要素生产率关系的文献中，很多学者采用静态面板数据模型（何元庆，2007；刘智勇等，2008；魏下海，2010；夏良科，2010；白俊红，2011；黄燕萍等，2013；黄燕萍，2016），本书实证分析使用的是中国30个省份2008—2017年的面板数据，显然这些地区在不同发展阶段的数据不能满足技术、环境和社会因素等同质性的假设，由于混合回归方法忽视了个体效应造成估计的偏差，因此采用随机效应模型或者固定效应模型。然后对固定效应和随机效应的结果进行Hausman检验，检验结果强烈拒绝原假设，故应该使用固定效应模型，而非随机效应模型。表7-7汇报了静态面板数据固定效应模型的估计结果，第（1）列、第（2）列是模型（7.2.1）的估计

结果，第（3）列、第（4）列是模型（7.2.2）的估计结果，第（5）列、第（6）列是模型（7.2.3）的估计结果。

表7－7　中国人力资本质量对全要素生产率的影响：固定效应模型

变量	全要素生产率增长		技术进步指数		技术效率指数	
	(1)	(2)	(3)	(4)	(5)	(6)
ln(*HCQI*)	0.5228***	0.5944***	0.3224***	0.6628***	0.2008	-0.0681
	(3.62)	(3.55)	(2.62)	(4.83)	(1.32)	(-0.39)
ln(*catch_up*)	-0.3185***	-0.4142***	-0.3117***	-0.7610***	-0.0072	0.3466**
	(-4.29)	(-3.07)	(-4.92)	(-6.87)	(-0.09)	(2.46)
ln(*invest*)		0.0702		-0.1691		0.2394*
		(0.55)		(-1.60)		(1.78)
ln(*fdi*)		-0.0184		0.0064		-0.0248
		(-0.51)		(0.22)		(-0.65)
ln(*tech*)		-0.0751*		-0.1519***		0.0768*
		(-1.78)		(-4.37)		(1.74)
ln(*infra*)		0.1442		-0.0213		0.1652
		(1.48)		(-0.27)		(1.62)
ln(*gov*)		-0.1749		0.0653		-0.24
		(-1.14)		(0.52)		(-1.50)
常数项	0.3054***	-0.0633	0.2562***	0.7308**	0.0495	-0.7934**
	(4.17)	(-0.17)	(4.11)	(2.40)	(0.64)	(-2.05)
N	270	270	270	270	270	270
Hausman	17.28	21.44	18.96	41.93	1.63	13.08
模型	FE	FE	FE	FE	FE	FE
F值	9.62	3.79	12.63	7.63	1.49	2.37
R^2	0.075	0.102	0.096	0.186	0.012	0.066

从表7－7的估计结果来看，中国人力资本质量对全要素生产率增长和技术进步指数都有显著的促进作用，在加入投资率、FDI比率、技术研发水平、基础设施和政府支出规模等一系列控制变量后，人力资本质量对全要素生产率增长和技术进步仍然产生显著的正向影响。中国人力资本质量指数提高1个百分点，全要素生产率增长会显著提高0.6个百分点。中国人力资本质量

的提高对技术进步的影响非常显著，当人力资本质量指数增加1%，技术进步指数提高0.66%。而人力资本质量对技术效率的影响并不显著，在加入一系列控制变量之后，其影响从促进变为抑制作用，这说明中国人力资本质量的提高主要通过促进技术进步来实现全要素生产率的增长。

与人力资本质量的估计结果相反，技术追赶项的系数都显著为负，该实证结果与相关研究成果类似（刘智勇等，2008；魏下海，2010；王文静等，2014，余凡等，2016）。这说明人力资本的技术模仿效应并未发挥作用。一种解释认为，中国不同省份存在地方市场分割现象，这会削减经济发达省份对经济落后省份的技术溢出效应，使不同省份之间的技术追赶和技术模仿所带来的全要素生产率增长并不明显。技术落后地区与技术发达地区地理距离较远，无法享受技术扩散带来的好处，因此就中国大部分地区而言，生产率上的"后发优势"并不存在，而人力资本对技术创新的作用却能很好地解释中国不同省份全要素生产率增长的差异。另一种解释认为，中国的全要素生产率增长表现为鲜明的"马太效应"，经济发达地区的生产率增长较快，而经济落后地区自身难以开展技术创新活动，同时技术模仿、学习和吸收能力较弱，使其与发达地区的生产率差异不断扩大。从一系列控制变量的影响来看，表7-7第（2）列投资率和基础设施的系数为正，说明投资率的增加和基础设施的加大投入会促进现阶段中国全要素生产率的增长。FDI比率和政府支出规模的系数为负且不显著，这与梁超（2012）的实证结果类似，外商直接投资对技术进步的影响并不显著，且抑制了技术效率的提高，因此对全要素生产率带来不利影响。产生这一现象的原因主要有：外商直接投资利用中国廉价劳动力大量投资劳动密集型产业，可能加剧劳动密集型产业、技术密集型产业和资本密集型产业的供需失衡；外商直接投资利用其资金、技术、管理、品牌、规模等方面的垄断优势，在市场竞争中迫使本土企业倒闭、破产，使一些民族品牌退出市场；外商直接投资企业控制核心技术，吸引中国高素质人才研发新技术和新产品，而本土企业技术人才大量流失，因而使外商直接投资抑制了中国全要素生产率的提高。同理，政府支出规模对全要素生产率增长的促进作用也十分有限。技术研发水平的提高往往能促进全要素生产率的增长，而该控制变量的系数为负，可能的原因是技术研发水平并未达到促进全要素生产率增长的“门槛值”。

表7－8展示了模型（7.2.5）的估计结果，从回归结果可以看出认知人力资本和非认知人力资本对全要素生产率的影响，两者作为投入要素直接促进了全要素生产率的增长，说明人力资本的技术创新是经济增长的重要源泉，并且认知人力资本的促进作用要强于非认知人力资本。人力资本与技术差距的交互项反映的是人力资本的技术模仿效应，认知人力资本生产率与技术差距交互项的回归系数为正，说明认知人力资本通过技术模仿促进了全要素生产率的增长。而非认知人力资本生产率与技术差距交互项的回归系数为负，技术差距的回归系数也为负值，这说明技术差距只有与人力资本相结合才能实现技术追赶，认知人力资本是技术追赶的重要驱动力，非认知人力资本则通过加快技术创新速度提高全要素生产率。分地区来看，东部地区认知人力资本的技术创新系数为1.255，而非认知人力资本的技术创新系数仅为0.005，认知人力资本与技术差距交互项的系数为3.724，说明认知人力资本通过技术模仿提高全要素生产率促进了东部地区经济增长。对于中西部地区而言，认知人力资本的技术创新并没有发挥作用，主要是因为无论是人力资本水平还是人力资本结构，东部地区都具有明显的优势，东部地区劳动者素质较高，具有较强的技术创新和技术模仿能力。中西部地区非认知人力资本生产率回归系数要高于东部地区，说明近年来受国家政策导向的影响，一大批不同领域精英人才支持西部建设，使中西部地区非认知人力资本的技术创新作用得到了很好的发挥。

表7－8　不同类型人力资本对全要素生产率的影响

变量	全国	东部地区	中部地区	西部地区
	1	2	3	4
GAP	−0.6393	−3.4795*	0.8473	−0.154
	(−0.65)	(−1.69)	(0.37)	(−0.07)
h^c_{it-1}	0.2408	1.2547	−0.2798	−1.1859
	(0.29)	(0.93)	(−0.14)	(−0.65)

续表

变量	全国	东部地区	中部地区	西部地区
	1	2	3	4
h_{it-1}^{n}	0.0247 (1.02)	0.0051 (0.16)	0.0365 (0.67)	0.0428 (0.52)
$GAP \times h_{it-1}^{c}$	0.063 (0.05)	3.724 (1.45)	−1.9061 (−0.66)	−0.5416 (−0.18)
$GAP \times h_{it-1}^{n}$	−0.048 (−1.05)	−0.3754 (−1.57)	−0.0155 (−0.20)	−0.0307 (−0.19)
常数项	−0.3945 (−0.61)	−1.1836 (−1.06)	−0.1862 (−0.12)	0.7445 (0.56)
R^2	0.315	0.241	0.564	0.227
N	240	88	64	88
Hausman	76.22	18.95	26.59	56.51
模型	FE	FE	FE	FE

注：*、**、*** 分别表示有关变量的系数在10%、5%和1%水平上显著；括号中的数值为 t 统计值。

8　结论及政策启示

8.1　研究结论

一个国家或地区的人力资本水平既取决于认知人力资本的培养，也取决于非认知人力资本的积累。本书将认知人力资本和非认知人力资本纳入一般均衡模型，利用中国省际的宏观数据和微观数据计算出认知人力资本生产率和非认知人力资本生产率，根据两者加权得到开放经济下中国省际人力资本质量指数（HCQI），并讨论了人力资本质量指数与人均产出之间的关系。实证研究基于人力资本与经济增长的综合分析框架，具体分析了开放经济条件下中国人力资本质量与地区经济增长之间的关系，以及开放经济下中国人力资本质量与全要素生产率之间的关系。本书研究的主要结论主要有以下几个方面。

第一，中国 31 个省份的认知人力资本生产率排序与平均受教育年限排序存在较大差异。平均受教育年限高的省份认知人力资本生产率不一定高，陕西、山西、浙江、广东和福建的平均受教育年限排序要高于认知人力资本生产率的排序，而宁夏、湖北、湖南、云南等省份的认知人力资本生产率排序却远远高于平均受教育年限的排序。比如，云南 2017 年按照平均受教育年限指标排序位列第 29 名，而认知人力资本生产率却位列第 5 名。湖南平均受教育年限指标位列第 13 名，而认知人力资本生产率却位列第 4 名。

第二，非认知人力资本对人力资本质量非常重要，非认知人力资本生产率对人均产出具有重要影响。云南、四川、湖北、湖南等省份人力资本质量指数排序远远高于平均受教育年限指标排序，这是因为平均受教育年限只在一定程度上反映了认知人力资本水平，而人力资本质量指数不仅包括认知人力资本，还包括非认知人力资本，它从两个维度综合反映了该地区人力资本质量。这些省份的认知人力资本生产率排序较低，而非认知人力资本生产率的排序较高，从而决定了人力资本质量指数在全国排序较高，研究表明非认知人力资本对人均产出也有较大的影响。

第三，本书从认知人力资本和非认知人力资本两个维度解释了中国不同省份人均产出差异，认知人力资本生产率和非认知人力资本生产率的提高对人均产出的增加具有显著的促进作用。我们首先基于中国各省份上市公司的微观数据计算出认知职业和非认知职业的就业份额，并根据平均受教育年限、人均教育支出和人力资本净出口等指标测算出省际认知人力资本生产率和非认知人力资本生产率。然后采用2008—2017 年中国31 个省份的面板数据，实证检验了认知人力资本生产率、非认知人力资本生产率和产出全要素生产率对各省人均产出均有显著的促进作用，认知人力资本生产率对人均 GDP 的作用要大于非认知人力资本生产率的作用。

第四，人力资本质量指数可以综合反映出中国不同省份的人力资本质量水平。人力资本质量指数根据认知人力资本生产率和非认知人力资本生产率加权平均得到。本书将人力资本质量指数与平均受教育年限指标的回归结果进行比较，实证结果表明，以平均受教育年限作为人力资本的代理变量，会高估人力资本对人均产出的影响。另外，人力资本质量指数的人均产出模型拟合度更好，该指标从多个维度反映了不同地区的人力资本构成，采用该指标来度量中国不同地区的人力资本质量更为科学。

第五，人力资本质量的提高会使中国 31 个省份经济增长趋于收敛，人力资本质量的差异是影响不同地区经济增长的重要因素。实证结果表明，中国人力资本质量每提高 1%，人均产出增长率会提高 0.14 个 ~0.17 个百分点，且效果非常显著。另外，除了人力资本因素，经济开放度和就业率的提高都会显著促进中国经济的增长。从东部、中部、西部地区来看，不同地区人力资本质量对地区经济增长的影响存在明显差异，东部、中部地区人力资本质量的提高可以显著促进地区经济的快速增长，而且中部地区的人力资本所带来的经济增长效应要强于东部地区。

第六，人力资本质量是影响全要素生产率增长的重要因素，不同类型人力资本对经济增长的影响机制不同。中国不同省份人力资本质量的提高对全要素生产率增长和技术进步具有显著的促进作用，中国人力资本质量指数提高 1 个百分点，全要素生产率增长会显著提高 0.6 个百分点。与相关文献的研究结果类似，人力资本的技术模仿效应在中国并未发挥作用。认知人力资本和非认知人力资本对全要素生产率的影响机制存在差异，认知人力资本通过技术模仿促进了全要素生产率的增长，而非认知人力资本则通过加快技术创新速度来提高全要素生产率。

8.2 政策启示

本章我们将进一步讨论认知人力资本生产率、非认知人力资本生产率和人力资本质量指数等指标的经济学含义，基于上文的研究结论提出促进中国经济可持续发展的政策建议。

本书计算了非认知人力资本生产率指标，我们可以从新的角度对中国不同省份的人力资本水平进行比较，而在过去的研究中非认知维度的人力资本往往被认知维度的人力资本所掩盖，因为大部分学者采用平均受教育年限指标作为人力资本的代理变量，而非认知人力资本水平无法通过该指标得以体现。同样，教育政策的实施往往以考试分数的高低来评判教育改革是否取得成功，但考试成绩也只能反映个体的认知能力，考试分数越高并不意味着该地区认知人力资本水平就越高，显然非认知人力资本水平也不能通过考试成绩来体现。从本书的研究结果来看，如果以平均受教育年限指标衡量不同省份人力资本水平的高低，那么山西、广东、浙江等省份劳动者的受教育年限普遍较高，因为教育资源的高投入意味着高产出，然而这些省份的认知人力资本生产率和非认知人力资本生产率却相对较低，使其人力资本质量指数低于其他省份。本书研究结果表明，天津、湖南、上海、北京等省份的教育体制改革更值得其他省份效仿，这些省份不仅认知人力资本生产率指标高于其他省份，非认知人力资本生产率也高于其他省份，使这些省份的人力资本质量指数位于全国前列。因此，教育政策的制定和实施应该考虑到人力资本是多维的，考试分数仅仅捕捉到的是认知维度的人力资本，无法捕捉到非认知维度的人力资本，应试教育导致的后果是该教育体制下培养的人才无法满足社会发展的需要，同样，劳动者受教育年限的普遍增加也不能说明该地区的人力资本质量水平的提高。本书中人力资本质量指数包含了认知人力资本和非认知人力资本两个维度，只有认知人力资本和非认知人力资本均衡发展的情况下，该省份人力资本质量指数才会高于其他省份。如果认知维度的人力资本较低，而非认知维度的人力资本较高，则人力资本质量指数可能仍然较低，比如贵州、西藏、安徽等省份。

本书实证分析了认知人力资本生产率、非认知人力资本生产率和人力资本质量指数增加对人均产出的影响。在政策启示中，我们考虑的是认知人力资本生产率和非认知人力资本生产率在多大程度上变化才会影响某个地区的平均受教育年限和总产出。假设某个地区的劳动力数量和产出 TFP 不变，用 $\hat{z}$ 表示最终均衡相对最初均衡的比率，$\hat{z} = z'/z$。

对式（4.3.8）进行变形，那么某个地区的总产出可以表示为：

$$\hat{Y}^k = [p_c^k(\hat{h}_c^k)^{\frac{\theta(\alpha-1)}{\theta+\alpha-1}} + p_n^k(\hat{h}_n^k)^{\frac{\theta(\alpha-1)}{\theta+\alpha-1}}]^{\frac{\theta+\alpha-1}{\theta(\alpha-1)}\frac{1}{1-\eta}} \tag{8.2.1}$$

上式表明认知人力资本生产率 h_c^k 和非认知人力资本生产率 h_n^k 通过影响人力资本质量指数进而影响总产出，而某个地区总产出的增加取决于职业就业份额权重以及认知人力资本生产率和非认知人力资本生产率的提高。

对式（4.5.9）进行变形，那么某个地区的平均受教育年限或者考试分数可以表示为：

$$(1-\eta)dlnS^k = (1+Bp_c^k)dlnh_c^k - (Bp_n^k)dlnh_n^k \tag{8.2.2}$$

上式中 $B = \frac{(\theta-1)(\alpha-1)-\alpha\eta}{\theta+\alpha-1}$，该等式说明平均受教育年限或者考试分数的增加，要么是由于认知人力资本生产率的提高，要么是因为非认知人力资本生产率下降。而非认知人力资本生产率下降的原因主要是该地区教育体制培养出来的人才具备较高的认知能力，进而选择认知职业的劳动者占大多数，非认知职业就业比重则相对较低。认知职业就业比重的提高会进一步促进劳动者在认知人力资本方面的投资和积累，表现为考试分数的提高和平均受教育年限的增加，最终导致的结果是认知人力资本水平的提高和非认知人力资本水平的下降。因此，式（8.2.1）和式（8.2.2）意味着不同地区平均受教育年限或者考试分数与总产出可能向相反的方向变化，相关实证结果表明平均受教育年限的回归系数显著为负（Pritchett，2001）。

该分析结果的政策启示为：教育改革政策的制定和实施往往以考试成绩、升学率和受教育年限等指标来评判教育改革是否取得成功，但考试成绩、升学率的提高以及平均受教育年限的增加并不一定能促进该地区总产出的增加。中西部一些省份尽管教育投入较多，但依然无法发挥人力资本对经济增长的促进作用，也从另一个侧面反映出劳动者受教育年限不断增加，而人均产出却并没有同步增长。某个地区平均受教育年限高可能由以下几个因素共同决定：该地区教育投入相对较多，然而高投入并不意味着高产出；教育政策的激励作用，应试教育体制下认知人力资本投资占据主导，却忽视了非认知人力资本的培养。某个地区总产出的增加既需要认知人力资本水平的提高，也需要非认知人力资本水平的提高，两者均衡发展才能共同促进该地区经济发展。因此，教育体制改革所取得的成效，我们更应该以某个地区的总产出增加或者人均收入的提高为衡量标准，而不是以考试成绩、升学率、受教育年限等指标作为衡量标准。

基于以上分析，我们提出如下政策建议：第一，推动教育体制改革，将非认知能力纳入教育评价体系，将有助于提高教育投资的效益。长期以来中国的教育体系评价只注重认知能力的考察，成绩是中国教育评价的主要方式，但它只能反映出学生的认知能力，许多重要的非认知能力被忽视了。教育政策的实施不能仅仅以提高考试成绩、升学率、平均受教育年限为目标，更应该关注人力资本的供给是否与产业结构需求相匹配。我们要重新审视国家的教育体制和人才选拔方式，建立一套更为综合的教育评价体系，促进非认知人力资本的积累。各地区政府要注重青少年兴趣的培养，发挥家庭和社区及其他教育机构在个人人格形成过程中的作用，着眼于认知能力和非认知能力的培养。同时，非认知技能的投资应该发挥职业选择的激励作用，提高非认知职业的回报率，鼓励有领导能力、沟通能力、团队协作能力的人才选择非认知职业，提高非认知人力资本的收入水平。

第二，加快优化人力资本结构，不断提高人力资本质量，推动我国经济持续快速增长。开放经济下人力资本结构是动态变化的，不同地区人力资本质量和结构水平存在较大差异，高质量的人力资本为经济发展提供强有力的支撑。因此，不同类型人力资本的培养要适应科技创新、企业发展、产业转型升级和供给侧结构性改革的需求，使人力资本供给符合当地社会经济发展的需求，减少人力资本的错配，提高人力资本的配置效率。具体而言，要实现教育、培训和就业相统一，教育部门要加强与企业的合作，明确企业需要的人才，注重职业技能培训；政府要及时公布企业招聘信息和劳动者求职信息，使不同地区人力资本供给与企业需求相匹配。随着时代的发展、科技的进步，东部、中部地区经济增长方式从劳动密集型向资本密集型和知识密集型增长方式转变，产业结构由传统产业向现代产业转型升级，优先发展高附加值的技术密集型产业，企业的生产技术和管理模式在不断改进。经济的发展不仅需要认知人力资本，还需要非认知人力资本，两者均衡发展才能促进中国不同省份总产出的增长。

第三，制定科学的人才政策，建立与经济结构相适应的人才评价体系。政府继续实施“内培外引”的人才战略，加强国际交流合作，利用发达国家在非认知人力资本上的比较优势，引进高层次人才。尽管除西藏外，各省份均实施了高层人才引进计划（Mariassunta Giannetti 等，2015），但效果却不同。在高层次人才引进方面，政府应该发挥引导作用，由企业或用人机构作为引进创新人才的主体，并享受人才创造带来的价值和收益，只有基于企业或用人机构内部需求的人才引进，才不会造成人力资源的错配与浪费。我们认为人才的培养和引进应该有机结合，既要引进高层次人才，也要引进先进的教育理念。新人力资本理论的相关研究表明，高质量的早期儿童教育和学前教育项目对非认知能力的培养起到重要作用。早期的人力资本投资会奠定后期事业成功的基础，因为非认知能力的培养会带来社会包容，促进经济生产率的提高和创造社会福利。

8.3 研究展望

本书的理论研究和实证研究可以为人力资本相关研究提供以下新的视角：

第一，认知人力资本生产率排序与平均受教育年限排序、认知能力测试成绩排序存在差异，而非认知人力资本生产率排序与平均受教育年限排序、认知能力测试成绩排序无关。

第二，平均受教育年限指标不能反映不同地区的人力资本质量水平，由于非认知人力资本对人力资本质量起到重要作用，人力资本质量指数才是衡量不同地区人力资本质量高低的合适指标，并且人力资本质量指数与人均产出密切相关。

第三，人力资本作为生产要素在全球范围内流动，因此国际贸易在人力资本模型中非常重要。开放经济条件下，人力资本质量指数的权重系数只取决于劳动力供给弹性系数，与劳动力需求弹性系数无关。

第四，认知人力资本和非认知人力资本的非均衡发展会导致人力资本质量指数降低。人力资本质量指数与人均产出的相关度要高于平均受教育年限与人均产出的相关度，这是因为人力资本质量指数包含了认知能力和非认知能力两个维度，而平均受教育年限指标只反映该地区的认知人力资本水平。

第五，教育体制改革不能以提高考试成绩为目标，考试成绩的提高，或者平均受教育年限的增加可能导致人均产出的下降。这说明教育政策的制定和对教育政策实施效果进行成本效益分析时，应该明确教育政策是以对总产出的影响为最终目标。

当然，本书还存在一些不足和需要完善的地方，我们将在未来的研究中逐步加以改进，具体如下：

第一，在对中国不同省份人力资本质量指数进行测算的过程中，尽管我们不需要对不同省份认知人力资本和非认知人力资本水平进行直接度量，但我们要对其中一种人力资本进行度量，比如本书中采用认知能力测试分数来表示不同省份的认知人力资本水平，该指标必须在宏观层面和微观层面都可用，并且还能指导区分认知职业和非认知职业。由于中国家庭追踪调查（China Family Panel Studies，CFPS）数据库只提供2010年、2012年、2014年和2016年四年的数据，在实证研究中时间维度太短会降低估计的精确度，面板数据的样本容量越大，估计的精确度越高。因此我们选择平均受教育年限指标来表示不同省份的认知人力资本水平，而且数据表明平均受教育年限越高的省份，认知能力测试分数也越高。那么平均受教育年限对非认知能力是否会产生影响？有没有更合适的指标来表示不同省份的认知人力资本水平？在未来的研究工作中我们需要进一步去考虑。

第二，本书理论模型的构建考虑了人力资本作为生产要素的国际流动，却没有考虑人力资本在中国省际的流动。夏怡然和陆铭（2019）研究表明，历史上的人力资本遗产、政策冲击和劳动力流动是影响中国城市人力资本发展的三股重要力量。改革开放以来，市场经济环境下高技能劳动力更多流向了人力资本水平更高的城市，城市人力资本的积累与地理区位有关，离大港口较近的城市有较好的历史继承下来的人力资本基础，在经济开放条件下产生了较高的人力资本回报，吸引了更多高技能人力资本的流入。如果我们能找到中国省际层面不同类型人力资本流入和流出数据，将劳动力流动与地区经济增长差异纳入同一个研究框架，将更有力地解释中国所特有的一些经济现象，比如民工潮与世界工厂、民工荒与产业转移、中西部人才东流等。

第三，在理论模型中我们假设认知人力资本生产率和非认知人力资本生产率是外生的，因为不同地区教育体制对人力资本的生产起到决定性作用，而且可以对相关参数进行量化并计算出不同类型人力资本生产率，从而对不同地区人力资本质量指数和人均产出进行分析。但实施教育体制改革是否会影响认知人力资本生产率和非认知人力资本生产率？在封闭经济条件和开放经济条件下，教育政策的实施所带来的效果有何不同？这些问题我们将在未来的研究中进一步探讨。

附　录

1. 式（4.2.3）的推导过程：

假设 $\varpi_c = \omega_c h_c$，$\varpi_n = \omega_n h_n$，$F_c = \dfrac{\partial F(.)}{\partial \varepsilon_c}$，$F_{nc} = \dfrac{\partial^2 F(.)}{\partial \varepsilon_n \partial \varepsilon_c}$

$$p_n = \Pr(\varpi_n \varepsilon_n \geqslant \varpi_c \varepsilon_c) = \int_0^\infty \int_{\frac{\varpi_c}{\varpi_n}\varepsilon_c}^\infty F_{nc} d\varepsilon_n d\varepsilon_c$$

$$= \int_0^\infty F_c(\varepsilon_c, \varepsilon_n \to \infty) d\varepsilon_c - \int_0^\infty F_c(\varepsilon_c, \varepsilon_n = \frac{\varpi_c}{\varpi_n}\varepsilon_c) d\varepsilon_c$$

劳动力服从 Frechet 分布，则

$$F_c(\varepsilon_c, \varepsilon_n) = AFT_c \varepsilon_c^{-\theta-1}, A = (1-\rho)\theta(T_n \varepsilon_n^{-\theta} + T_c \varepsilon_c^{-\theta})^{-\rho}$$

（1）当 $\varepsilon_n \to \infty$，$A = (1-\rho)\theta(T_c \varepsilon_c^{-\theta})^{-\rho}$，$F = \exp[-(T_c \varepsilon_c^{-\theta})^{1-\rho}]$

所以，$F_c(\varepsilon_c, \varepsilon_n \to \infty) = \theta(1-\rho)(T_c)^{1-\rho} \varepsilon_c^{-\theta(1-\rho)-1} \exp[-(T_c)^{1-\rho} \varepsilon_c^{-\theta(1-\rho)})]$

$$\int_0^\infty F_c(\varepsilon_c, \varepsilon_n \to \infty) d\varepsilon_c = 1$$

（2）当 $\varepsilon_n = \dfrac{\varpi_c}{\varpi_n}\varepsilon_c$，$A = (1-\rho)\theta\left(T_n \varepsilon_c^{-\theta}\left(\dfrac{\varpi_c}{\varpi_n}\right)^{-\theta} + T_c \varepsilon_c^{-\theta}\right)^{-\rho}$

$$= (1-\rho)\theta(\varepsilon_c^{-\theta})^{-\rho} B^{-\rho}$$

$$B = T_n\left(\frac{\varpi_c}{\varpi_n}\right)^{-\theta} + T_c$$

$$F_c\left(\varepsilon_c, \varepsilon_n = \frac{\varpi_c}{\varpi_n}\varepsilon_c\right) = \exp[-B^{1-\rho}(\varepsilon_c^{-\theta})^{1-\rho}]$$

所以，$\displaystyle\int_0^\infty F_c\left(\varepsilon_c, \varepsilon_n = \frac{\varpi_c}{\varpi_n}\varepsilon_c\right) d\varepsilon_c = T_c B^{-1} \int_0^\infty \frac{d\exp[-B^{1-\rho}(\varepsilon_c^{-\theta})^{1-\rho}]}{d\varepsilon_c} = T_c B^{-1}$

把式（1）、式（2）代入，得到

$$p_n = 1 - T_c B^{-1} = \frac{T_n (\omega_n h_n)^{\theta}}{T_c (\omega_c h_c)^{\theta} + T_n (\omega_n h_n)^{\theta}}$$

2. 式（4.2.4）的推导过程：

$e(\varepsilon_i)$ 表示人力资本投资的数量，不同类型职业净收入可以表示为：

$$I_i(\varepsilon_i) = (1-\eta)\eta^{\frac{\eta}{1-\eta}}\left(\frac{\omega_i^k}{P^k}h_i^k\varepsilon_i^k\right)^{\frac{1}{1-\eta}}$$

假设 $\varepsilon^* = \max\{\omega_c h_c \varepsilon_c, \omega_n h_n \varepsilon_n\}$

文中 $\varepsilon^* = \omega_n h_n \varepsilon_n$

$$\Pr(\varepsilon^* \leqslant y) = \Pr(\omega_n h_n \varepsilon_n \leqslant y) = F\left(\frac{y}{\omega_c h_c}, \frac{y}{\omega_n h_n}\right)$$

$$= \exp[-B_1 y^{-\theta(1-\rho)}]$$

$$B_1 = \left[T_c\left(\frac{\omega_c}{P}h_c\right)\theta + T_n\left(\frac{\omega_n}{P}h_n\right)^{\theta}\right]^{1-\rho}$$

$$\int_0^{\infty} y^{\frac{1}{1-\eta}} \frac{d\exp[-B_1 y^{-\theta(1-\rho)}]}{dy}$$

$$= \int_0^{\infty} y^{\frac{1}{1-\eta}} \exp[-B_1 y^{-\theta(1-\rho)}] B_1 \theta(1-\rho) y^{-\theta(1-\rho)-1} dy$$

$$\because \Gamma(a+1) = \int_0^{\infty} t^a e^{-t} dt$$

假定

$$x = -B_1 y^{-\theta(1-\rho)}$$

$$y = \left(\frac{x}{B_1}\right)^{-\frac{1}{\theta(1-\rho)}}, dy = -\frac{1}{\theta(1-\rho)} B_1^{\frac{1}{\theta(1-\rho)}} x^{-\frac{1}{\theta(1-\rho)}-1} dx$$

$$\int_0^{\infty} y^{\frac{1}{1-\eta}} \frac{dexp[-B_1 y^{-\theta(1-\rho)}]}{dy}$$

$$= \int_0^{\infty} y^{\frac{1}{1-\eta}} exp[-B_1 y^{-\theta(1-\rho)}] B_1 \theta(1-\rho) y^{-\theta(1-\rho)-1} dy$$

$$= \int_0^\infty \left(\frac{x}{B_1}\right)^{\frac{1}{-\theta(1-\rho)(1-\eta)}+\frac{1}{\theta(1-\rho)}+1-\frac{1}{\theta(1-\rho)}-1} e^{-x} dx$$

$$= \gamma\left[T_c\left(\frac{\omega_c}{P}h_c\right)^\theta + T_n\left(\frac{\omega_n}{P}h_n\right)^\theta\right]^{\frac{1}{\theta(1-\eta)}}$$

$$\gamma = \Gamma\left(1 - \frac{1}{\theta(1-\rho)(1-\eta)}\right)$$

因为 $I_i(\varepsilon_i) = (1-\eta)\eta^{\frac{\eta}{1-\eta}}\left(\frac{\omega_i^k}{P^k}h_i^k\varepsilon_i^k\right)^{\frac{1}{1-\eta}}$,

所以 $L_i^{kS} = \frac{L^k p_i^k}{\omega_i^k}\left\{\eta^\eta (P^k)^{1-\eta}\left[T_c\left(\frac{\omega_c^k h_c^k}{P^k}\right)^\theta + T_n\left(\frac{\omega_n^k h_n^k}{P^k}\right)^\theta\right]^{\frac{1}{\theta}}\right\}^{\frac{1}{1-\eta}}\gamma$

由于最终产品价格 P^k 对 $e(\varepsilon_i)$、$I_i(\varepsilon_i)$ 的影响相同，因此

$$E_c^k = E_n^k = \gamma\left\{\eta\left[T_c\left(\frac{\omega_c^k h_c^k}{P^k}\right)^\theta + T_n\left(\frac{\omega_n^k h_n^k}{P^k}\right)^\theta\right]^{\frac{1}{\theta}}\right\}^{\frac{1}{1-\eta}}$$

γ 是伽玛函数，它是一个常数。

3. 式（4.3.7）、式（4.3.8）的推导过程

假设 $P^k=1$，通过式（4.1.5）可以得到，

$$Y^k = \Theta^k\left[A_c(L_c^k)^{\frac{\alpha-1}{\alpha}} + A_n(L_n^k)\frac{\alpha-1}{\alpha}\right]^{\frac{\alpha}{\alpha-1}}$$

$$= \Theta^k L_c^k\left[A_c + A_n\left(\frac{L_n^k}{L_c^k}\right)^{\frac{\alpha-1}{\alpha}}\right]^{\frac{\alpha}{\alpha-1}}$$

由式（4.2.10）可以得到，

$$\frac{L_c^k}{L_n^k} = \left(\frac{p_c^k}{p_n^k}\frac{A_n}{A_c}\right)^{\frac{\alpha}{\alpha-1}}$$

代入上式得到，

$$Y^k = \Theta^k L_c^k\left(\frac{A_c}{p_c^k}\right)^{\frac{\alpha}{\alpha-1}}$$

与式（4.2.7）联立得到，

$$\omega_c^k = \Theta^k (p_c^k)^{\frac{-1}{\alpha-1}}(A_c)^{\frac{\alpha}{\alpha-1}}$$

将其代入式（4.2.4），得到

$$E_c^k = (\eta\omega_c^k h_c^k)^{\frac{1}{1-\eta}} \left(\frac{T_c}{p_c^k}\right)^{\frac{1}{\theta(1-\eta)}} \gamma$$

根据 $E^k = \eta Y^k / L^k$ 且 $\omega_c^k = \Theta^k (p_c^k)^{\frac{-1}{\alpha-1}} (A_c)^{\frac{\alpha}{\alpha-1}}$，得到

$$\frac{Y^k}{L^k} = [\Theta^k h_c^k (p_c^k)^{\frac{-\phi}{\theta(\alpha-1)}} (A_c)^{\frac{\alpha}{\alpha-1}} (T_c)^{\frac{1}{\theta}} \eta]^{\frac{1}{1-\eta}} \frac{\gamma}{\eta}$$

再将

$$\frac{\omega_n^k}{\omega_c^k} = \left[\frac{T_c}{T_n}\left(\frac{h_c^k}{h_n^k}\right)^{\theta}\left(\frac{A_n}{A_c}\right)^{\alpha}\right]^{\frac{1}{\phi}}, \phi = \theta + \alpha - 1 > 0$$

与

$$\left(\frac{A_n}{A_c}\right)^{\frac{\theta\alpha}{\phi}}\left(\frac{T_n}{T_c}\right)^{\frac{\alpha-1}{\phi}} = \left(\frac{h_c^0}{h_n^0}\right)^{\frac{\theta(\alpha-1)}{\phi}} \frac{p_n^0}{p_c^0}$$

代入可以得到

$$\frac{Y^k/L^k}{Y^0/L^0} = \left(\frac{\Theta^k}{\Theta^0}H^k\right)^{\frac{1}{1-\eta}}$$

$$H^k = \left[p_c^0\left(\frac{h_c^k}{h_c^0}\right)^{\frac{\theta(\alpha-1)}{\theta+\alpha-1}} + p_n^0\left(\frac{h_n^k}{h_n^0}\right)^{\frac{\theta(\alpha-1)}{\theta+\alpha-1}}\right]^{\frac{\theta+\alpha-1}{\theta(\alpha-1)}}$$

参考文献

［1］白俊红．人力资本、R&D 与生产率增长——基于中国省级数据的实证分析［J］．山西财经大学学报，2011，33（12）：18－25.

［2］蔡昉，都阳．中国地区经济增长的趋同与差异——对西部开发战略的启示［J］．经济研究，2000（10）：30－37.

［3］蔡昉．理解中国经济发展的过去、现在和将来——基于一个贯通的增长理论框架［J］．经济研究，2013，48（11）：4－16.

［4］蔡昉．中国发展经验的世界意义［J］．经济研究，2017，52（11）：4－6.

［5］蔡昉．中国经济改革效应分析——劳动力重新配置的视角［J］．经济研究，2017，52（7）：4－17.

［6］蔡昉．中国经济增长如何转向全要素生产率驱动型［J］．中国社会科学，2013（1）：56－71.

［7］钞小静，沈坤荣．城乡收入差距、劳动力质量与中国经济增长［J］．经济研究，2014，49（6）：30－43.

［8］陈昆亭，周炎．创新补偿性与内生增长可持续性理论研究［J］．经济研究，2017，52（7）：34－48.

［9］陈钊，陆铭，金煜．中国人力资本和教育发展的区域差异：对于面板数据的估算［J］．世界经济，2004（12）：25－31.

［10］陈仲常，谢波．人力资本对全要素生产率增长的外部性检验——基于我国省际动态面板模型［J］．人口与经济，2013（1）：68－75.

[11] 程虹，李唐. 人格特征对于劳动力工资的影响效应——基于中国企业—员工匹配调查（CEES）的实证研究 [J]. 经济研究，2017，52（2）：171-186.

[12] 程虹. 管理提升了企业劳动生产率吗？——来自中国企业—劳动力匹配调查的经验证据 [J]. 管理世界，2018，34（2）：80-92.

[13] 程惠芳，陈超. 开放经济下知识资本与全要素生产率——国际经验与中国启示 [J]. 经济研究，2017，52（10）：21-36.

[14] 程惠芳，陆嘉俊. 知识资本对工业企业全要素生产率影响的实证分析 [J]. 经济研究，2014，49（5）：174-187.

[15] 程名望，Jin Yanhong，盖庆恩，等. 农村减贫：应该更关注教育还是健康？——基于收入增长和差距缩小双重视角的实证 [J]. 经济研究，2014，49（11）：130-144.

[16] 段文斌，尹向飞. 中国全要素生产率研究评述 [J]. 南开经济研究，2009（2）：130-140.

[17] 樊儒经，张雯. 人力资本和流动人口对于区域经济增长差异的影响研究——基于2011—2015年度江浙沪地区数据的实证分析 [J]. 人口与发展，2019，25（3）：14-26.

[18] 方福前，祝灵敏. 人口结构、人力资本结构与经济增长 [J]. 经济理论与经济管理，2013（8）：5-16.

[19] 冯晨，陈舒，白彩全. 长期人力资本积累的历史根源：制度差异、儒家文化传播与国家能力塑造 [J]. 经济研究，2019，54（5）：146-163.

[20] 傅晓霞，吴利学. 前沿分析方法在中国经济增长核算中的适用性 [J]. 世界经济，2007（7）：56-66.

[21] 高帆，汪亚楠. 城乡收入差距是如何影响全要素生产率的？[J]. 数量经济技术经济研究，2016，33（1）：92-109.

[22] 郭继强. 中国城市次级劳动力市场中民工劳动供给分析——兼论向右下方倾斜的劳动供给曲线 [J]. 中国社会科学，2005（5）：16-26.

[23] 郭庆旺，贾俊雪. 公共教育政策、经济增长与人力资本溢价 [J].

经济研究，2009，44（10）：22－35.

［24］郭庆旺，贾俊雪．中国全要素生产率的估算：1979—2004［J］．经济研究，2005（6）：51－60.

［25］黄国英，谢宇．认知能力与非认知能力对青年劳动收入回报的影响［J］．中国青年研究，2017（2）：56－64.

［26］黄先海，石东楠．对外贸易对我国全要素生产率影响的测度与分析［J］．世界经济研究，2005（1）：22－26.

［27］黄燕萍，刘榆，吴一群，等．中国地区经济增长差异：基于分级教育的效应［J］．经济研究，2013，48（4）：94－105.

［28］黄燕萍．金融发展、人力资本与全要素生产率［J］．厦门大学学报（哲学社会科学版），2016（2）：102－110.

［29］纪雯雯，赖德胜．人力资本、配置效率及全要素生产率变化［J］．经济与管理研究，2015，36（6）：45－55.

［30］纪雯雯，赖德胜．人力资本结构与创新［J］．北京师范大学学报（社会科学版），2016（5）：169－181.

［31］匡远凤．技术效率、技术进步、要素积累与中国农业经济增长——基于SFA的经验分析［J］．数量经济技术经济研究，2012，29（1）：3－18.

［32］赖德胜，纪雯雯．人力资本配置与创新［J］．经济学动态，2015（3）：22－30.

［33］乐君杰，胡博文．非认知能力对劳动者工资收入的影响［J］．中国人口科学，2017（4）：66－76.

［34］李国璋，周彩云，江金荣．区域全要素生产率的估算及其对地区差距的贡献［J］．数量经济技术经济研究，2010，27（5）：49－61.

［35］李京文，龚飞鸿，明安书．生产率与中国经济增长［J］．数量经济技术经济研究，1996（12）：27－40.

［36］李京文，李军．中美生产率比较［J］．经济研究，1993（4）：67－71.

［37］李京文．中国地区经济发展的结构变动状况与趋势［J］．中国软科

学，1993（6）：4－6.

［38］李静，楠玉，刘霞辉．中国经济稳增长难题：人力资本错配及其解决途径［J］．经济研究，2017，52（3）：18－31.

［39］李尚骜，陈继勇，李卓．干中学、过度投资和R&D对人力资本积累的“侵蚀效应”［J］．经济研究，2011，46（6）：57－67.

［40］李世刚，尹恒．政府—企业间人才配置与经济增长——基于中国地级市数据的经验研究［J］．经济研究，2017，52（4）：78－91.

［41］李晓曼，曾湘泉．新人力资本理论——基于能力的人力资本理论研究动态［J］．经济学动态，2012（11）：120－126.

［42］李言，高波，雷红．中国地区要素生产率的变迁：1978—2016［J］．数量经济技术经济研究，2018，35（10）：21－39.

［43］梁超．贸易结构、人力资本与技术创新效率——基于大中型企业动态面板的研究［J］．国际商务研究，2012，33（1）：31－39.

［44］梁超．制度变迁、人力资本积累与全要素生产率增长——基于动态面板和脉冲反应的实证研究［J］．中央财经大学学报，2012（2）：58－64.

［45］林毅夫，刘明兴．中国的经济增长收敛与收入分配［J］．世界经济，2003（8）：3－14，80.

［46］刘智勇，李海峥，胡永远，等．人力资本结构高级化与经济增长——兼论东中西部地区差距的形成和缩小［J］．经济研究，2018，53（3）：50－63.

［47］毛其淋．人力资本推动中国加工贸易升级了吗？［J］．经济研究，2019，54（1）：52－67.

［48］彭国华．我国地区全要素生产率与人力资本构成［J］．中国工业经济，2007（2）：52－59.

［49］彭国华．中国地区经济增长及差距的来源［J］．世界经济，2005（9）：42－50，80.

［50］彭国华．中国地区收入差距、全要素生产率及其收敛分析［J］．经济研究，2005（9）：19－29.

[51] 钱雪亚，缪仁余．人力资本、要素价格与配置效率［J］．统计研究，2014，31（8）：3－10.

[52] 邵文波，李坤望，王永进．人力资本结构、技能匹配与比较优势［J］．经济评论，2015（1）：26－39.

[53] 单豪杰．中国资本存量 K 的再估算：1952—2006 年［J］．数量经济技术经济研究，2008，25（10）：17－31.

[54] 盛卫燕，胡秋阳．认知能力、非认知能力与技能溢价——基于 CFPS2010—2016 年微观数据的实证研究［J］．上海经济研究，2019（4）：28－42.

[55] 苏洪，刘渝琳．制约全要素生产率增长的潜路径影响分析［J］．管理世界，2015（1）：167－168.

[56] 孙广生，黄祎，田海峰，等．全要素生产率、投入替代与地区间的能源效率［J］．经济研究，2012，47（9）：99－112.

[57] 孙琳琳，任若恩．中国资本投入和全要素生产率的估算［J］．世界经济，2005（12）：3－13.

[58] 孙早，刘李华．中国工业全要素生产率与结构演变：1990—2013 年［J］．数量经济技术经济研究，2016，33（10）：57－75.

[59] 田友春，卢盛荣，靳来群．方法、数据与全要素生产率测算差异［J］．数量经济技术经济研究，2017，34（12）：22－40.

[60] 铁瑛，张明志，陈榕景．人口结构转型、人口红利演进与出口增长——来自中国城市层面的经验证据［J］．经济研究，2019，54（5）：164－180.

[61] 涂正革，肖耿．中国的工业生产力革命——用随机前沿生产模型对中国大中型工业企业全要素生产率增长的分解及分析［J］．经济研究，2005（3）：4－15.

[62] 王兵，吴延瑞，颜鹏飞．环境管制与全要素生产率增长：APEC 的实证研究［J］．经济研究，2008（5）：19－32.

[63] 王弟海，龚六堂，李宏毅．健康人力资本、健康投资和经济增长——以中国跨省数据为例［J］．管理世界，2008（3）：27－39.

[64] 王弟海，黄亮，李宏毅．健康投资能影响跨国人均产出差距吗？——

来自跨国面板数据的经验研究［J］. 经济研究，2016，51（8）：129－143.

［65］王弟海. 健康人力资本、经济增长和贫困陷阱［J］. 经济研究，2012，47（6）：143－155.

［66］王华. 中国 GDP 数据修订与全要素生产率测算：1952—2015［J］. 经济学动态，2018（8）：39－53.

［67］王志刚，龚六堂，陈玉宇. 地区间生产效率与全要素生产率增长率分解（1978—2003）［J］. 中国社会科学，2006（2）：55－66.

［68］韦倩，王安，王杰. 中国沿海地区的崛起：市场的力量［J］. 经济研究，2014，49（8）：170－183.

［69］魏峰，江永红. 劳动力素质、全要素生产率与地区经济增长——基于安徽省 17 个地级市的研究［J］. 人口与经济，2013（4）：30－38.

［70］魏下海，余玲铮. 人力资本与区域经济增长：只是线性关系吗?［J］. 财经科学，2009（10）：59－66.

［71］魏下海，张建武，余玲铮. 人力资本不平等与全要素生产率增长关系［J］. 财经科学，2011（1）：66－74.

［72］魏下海. 贸易开放、人力资本与全要素生产率的动态关系——基于非参数 Malmquist 指数与 VAR 方法［J］. 世界经济研究，2009（3）：9－15.

［73］魏下海. 贸易开放、人力资本与中国全要素生产率——基于分位数回归方法的经验研究［J］. 数量经济技术经济研究，2009，26（7）：61－72.

［74］吴建新，钟玲. 要素配置非效率与生产率增长——来自中国省际面板数据的证据［J］. 当代财经，2013（4）：14－26.

［75］吴延瑞. 生产率对中国经济增长的贡献：新的估计［J］. 经济学（季刊），2008（3）：827－842.

［76］夏良科. 人力资本与 R&D 如何影响全要素生产率——基于中国大中型工业企业的经验分析［J］. 数量经济技术经济研究，2010，27（4）：78－94.

［77］夏怡然，陆铭. 跨越世纪的城市人力资本足迹——历史遗产、政策冲击和劳动力流动［J］. 经济研究，2019，54（1）：132－149.

［78］徐现祥，李书娟. 官员偏爱籍贯地的机制研究——基于资源转移的

视角［J］. 经济研究，2019（7）：111－126.

［79］许和连，亓朋，祝树金．贸易开放度、人力资本与全要素生产率：基于中国省际面板数据的经验分析［J］. 世界经济，2006（12）：3－10.

［80］颜鹏飞，王兵．技术效率、技术进步与生产率增长：基于 DEA 的实证分析［J］. 经济研究，2004（12）：55－65.

［81］杨建芳，龚六堂，张庆华. 人力资本形成及其对经济增长的影响——一个包含教育和健康投入的内生增长模型及其检验［J］. 管理世界，2006（5）：10－18.

［82］姚先国，张海峰．教育、人力资本与地区经济差异［J］. 经济研究，2008（5）：47－57.

［83］姚战琪．生产率增长与要素再配置效应：中国的经验研究［J］. 经济研究，2009，44（11）：130－143.

［84］叶裕民．全国及各省区市全要素生产率的计算和分析［J］. 经济学家，2002（3）：115－121.

［85］易纲，樊纲，李岩．关于中国经济增长与全要素生产率的理论思考［J］. 经济研究，2003（8）：13－20.

［86］于凌云．教育投入比与地区经济增长差异［J］. 经济研究，2008，43（10）：131－143.

［87］余凡，许伟，王平田．人力资本质量、技能溢价与企业全要素生产率——基于中国企业—员工匹配调查（CEES）的实证分析［J］. 中南财经政法大学学报，2016（4）：104－111.

［88］袁富华，张平，陆明涛．长期经济增长过程中的人力资本结构——兼论中国人力资本梯度升级问题［J］. 经济学动态，2015（5）：11－21.

［89］岳书敬，刘朝明．人力资本与区域全要素生产率分析［J］. 经济研究，2006（4）：90－96.

［90］张国强，温军，汤向俊．中国人力资本、人力资本结构与产业结构升级［J］. 中国人口·资源与环境，2011，21（10）：138－146.

［91］张军，吴桂英，张吉鹏．中国省际物质资本存量估算：1952—2000

[J]. 经济研究，2004 (10)：35 - 44.

[92] 张苏，朱媛．最优代际人力资本投资研究新进展 [J]. 经济学动态，2018 (5)：117 - 128.

[93] 张先锋，丁亚娟，王红．中国区域全要素生产率的影响因素分析——基于地理溢出效应的视角 [J]. 经济地理，2010，30 (12)：1955 - 1960.

[94] 章祥荪，贵斌威．中国全要素生产率分析：Malmquist 指数法评述与应用 [J]. 数量经济技术经济研究，2008 (6)：111 - 122.

[95] 赵伟，汪全立．人力资本与技术溢出：基于进口传导机制的实证研究 [J]. 中国软科学，2006 (4)：66 - 74.

[96] 赵伟，汪全立．人力资本与跨国收入差距研究的新进展 [J]. 经济理论与经济管理，2006 (2)：31 - 36.

[97] 郑玉歆．全要素生产率的测度及经济增长方式的"阶段性"规律——由东亚经济增长方式的争论谈起 [J]. 经济研究，1999 (5)：57 - 62.

[98] 周金燕．人力资本内涵的扩展：非认知能力的经济价值和投资 [J]. 北京大学教育评论，2015，13 (1)：78 - 95.

[99] 周京奎，王贵东，黄征学．生产率进步影响农村人力资本积累吗？——基于微观数据的研究 [J]. 经济研究，2019，54 (1)：100 - 115.

[100] 祝树金，许和连，赖明勇．开放经济中人力资本与经济增长的多重均衡——模型及中国的经验研究 [J]. 湖南大学学报（自然科学版），2006 (6)：137 - 140.

[101] Acemoglu D, Angrist J. How large are the social returns to education? Evidence from compulsory schooling laws [R]. National Bureau of Economic Research, 1999.

[102] Acemoglu D, Johnson S, Robinson J A. The colonial origins of comparative development: An empirical investigation [J]. American Economic Review, 2001, 91 (5): 1369 - 1401.

[103] Acemoglu D. Introduction to economic growth [J]. Journal of Economic Theory, 2012, 147 (2): 545 - 550.

[104] Akerman A, Helpman E, Itskhoki O, et al. Sources of wage inequality [J]. American Economic Review, 2013, 103 (3): 214 –219.

[105] Akyol S. Pelin, Kala Krishna, Jinwen Wang. Taking PISA seriously: How accurate are low stakes exams? . [R]. National Bureau of Economic Research, 2018.

[106] Allen T, Arkolakis C. Trade and the topography of the spatial economy [J]. The Quarterly Journal of Economics, 2014, 129 (3): 1085 –1140.

[107] Altonji J G, Pierret C R. Employer learning and statistical discrimination [J]. The Quarterly Journal of Economics, 2001, 116 (1): 313 –350.

[108] Amiti M, Davis D R. Trade, firms, and wages: Theory and evidence [J]. The Review of Economic Studies, 2011, 79 (1): 1 –36.

[109] Anand S, Segal P. The global distribution of income [M] //Handbook of income distribution. Elsevier, 2015 (2): 937 –979.

[110] Ang J B, Madsen J B, Islam M R. The effects of human capital composition on technological convergence [J]. Journal of Macroeconomics, 2011, 33 (3): 465 –476.

[111] Antràs P, Garicano L, Rossi – Hansberg E. Offshoring in a knowledge economy [J]. The Quarterly Journal of Economics, 2006, 121 (1): 31 –77.

[112] Arkolakis C, Costinot A, Rodriguez – Clare A. New trade models, same old gains? [J]. American Economic Review, 2012, 102 (1): 94 –130.

[113] Arrow K J. Classificatory notes on the production and transmission of technological knowledge [J]. The American Economic Review, 1969, 59 (2): 29 – 35.

[114] Arrow K J. Economic welfare and the allocation of resources for invention [M] //Readings in industrial economics. London: Palgrave, 1972: 219 –236.

[115] Arrow, K. J. The economic implications of learning by doing [J]. The Review of Economic Studies, 1962b, 29 (3): 155 –173.

[116] Atkin D. Endogenous skill acquisition and export manufacturing in

Mexico [J]. American Economic Review, 2016, 106 (8): 2046 - 2085.

[117] Atkinson A B, Piketty T, Saez E. Top incomes in the long run of history [J]. Journal of Economic Literature, 2011, 49 (1): 3 - 71.

[118] Autor D H, Dorn D, Hanson G H, et al. Trade adjustment: Worker - level evidence [J]. The Quarterly Journal of Economics, 2014, 129 (4): 1799 - 1860.

[119] Autor D H, Katz L F, Krueger A B. Computing inequality: Have computers changed the labor market? [J]. The Quarterly Journal of Economics, 1998, 113 (4): 1169 - 1213.

[120] Autor D H, Levy F, Murnane R J. The skill content of recent technological change: An empirical exploration [J]. The Quarterly Journal of Economics, 2003, 118 (4): 1279 - 1333.

[121] Banerjee A V, Duflo E. Growth theory through the lens of development economics [J]. Handbook of Economic Growth, 2005 (1): 473 - 552.

[122] Barrick M R, Mount M K. The big five personality dimensions and job performance: a meta - analysis [J]. Personnel Psychology, 1991, 44 (1): 1 - 26.

[123] Barro R J, Lee J W. A new data set of educational attainment in the world, 1950 - 2010 [J]. Journal of Development Economics, 2013 (104): 184 - 198.

[124] Barro R J, Lee J W. International comparisons of educational attainment [J]. Journal of Monetary Economics, 1993, 32 (3): 363 - 394.

[125] Barro R J, Sala - i - Martin X. Public finance in models of economic growth [J]. The Review of Economic Studies, 1992, 59 (4): 645 - 661.

[126] Becker G S. A theory of marriage: Part I [J]. Journal of Political Economy, 1973, 81 (4): 813 - 846.

[127] Becker G S. Investment in human capital: A theoretical analysis [J]. Journal of Political Economy, 1962, 70 (5, Part 2): 9 - 49.

[128] Behrman J R, Parker S W, Todd P E, et al. Aligning learning incen-

tives of students and teachers: Results from a social experiment in Mexican high schools [J]. Journal of Political Economy, 2015, 123 (2): 325 - 364.

[129] Benhabib J, Spiegel M M. The role of human capital in economic development: Evidence from aggregate cross - country data [J]. Journal of Monetary Economics, 1994, 34 (2): 143 - 173.

[130] Berman E, Bound J, Griliches Z. Changes in the demand for skilled labor within US manufacturing: Evidence from the annual survey of manufactures [J]. The Quarterly Journal of Economics, 1994, 109 (2): 367 - 397.

[131] Berman E, Bound J, Machin S. Implications of skill - biased technological change: International evidence [J]. The Quarterly Journal of Economics, 1998, 113 (4): 1245 - 1279.

[132] Berman E, Machin S. Skill - biased technology transfer around the world [J]. Oxford Review of Economic Policy, 2000, 16 (3): 12 - 22.

[133] Bernard A B, Eaton J, Jensen J B, et al. Plants and productivity in international trade [J]. American Economic Review, 2003, 93 (4): 1268 - 1290.

[134] Bernard A B, Jensen J B, Redding S J, et al. Firms in international trade [J]. Journal of Economic Perspectives, 2007, 21 (3): 105 - 130.

[135] Bernard A B, Jensen J B. Exceptional exporter performance: Cause, effect, or both? [J]. Journal of International Economics, 1999, 47 (1): 1 - 25.

[136] Bils M, Klenow P J. Does schooling cause growth? [J]. American Economic Review, 2000, 90 (5): 1160 - 1183.

[137] Blanchard E J, Olney W W. Globalization and human capital investment: Export composition drives educational attainment [J]. Journal of International Economics, 2017 (106): 165 - 183.

[138] Bombardini M, Gallipoli G, Pupato G. Skill dispersion and trade flows [J]. American Economic Review, 2012, 102 (5): 2327 - 2348.

[139] Borjas G J, Freeman R B, Katz L F, et al. How much do immigration and trade affect labor market outcomes? [J]. Brookings Papers on Economic Activi-

ty, 1997 (1): 1 -90.

[140] Bourguignon F, Morrisson C. Inequality among world citizens: 1820 - 1992 [J]. American Economic Review, 2002, 92 (4): 727 -744.

[141] Bowles S, Gintis H. Schooling in capitalist America: Educational reform and the contradictions of economic life [M]. Chicago: Haymarket Books, 2011.

[142] Burstein A, Morales E, Vogel J. Changes in between - group inequality: computers, occupations, and international trade [J]. American Economic Journal: Macroeconomics, 2019, 11 (2): 348 -400.

[143] Burstein A, Vogel J. International trade, technology, and the skill premium [J]. Journal of Political Economy, 2017, 125 (5): 1356 -1412.

[144] Bustos P. The impact of trade liberalization on skill upgrading: Evidence from Argentina [C]. Meeting Papers. Society for Economic Dynamics, 2010.

[145] Bustos P. Trade liberalization, exports, and technology upgrading: Evidence on the impact of MERCOSUR on Argentinian firms [J]. American Economic Review, 2011, 101 (1): 304 -340.

[146] Caliendo M, Fossen F, Kritikos A S. Personality characteristics and the decisions to become and stay self - employed [J]. Small Business Economics, 2014, 42 (4): 787 -814.

[147] Card D, DiNardo J E. Skill - biased technological change and rising wage inequality: Some problems and puzzles [J]. Journal of Labor Economics, 2002, 20 (4): 733 -783.

[148] Card D, Lemieux T. Can falling supply explain the rising return to college for younger men? A cohort - based analysis [J]. The Quarterly Journal of Economics, 2001, 116 (2): 705 -746.

[149] Caselli F, Coleman I I, John W. The world technology frontier [J]. American Economic Review, 2006, 96 (3): 499 -522.

[150] Caselli F. Accounting for cross - country income differences [J].

Handbook of Economic Growth, 2005 (1): 679 -741.

[151] Cattell R B. Intelligence: Its structure, growth and action [M]. Amsterdam: Elsevier, 1987.

[152] Chetty R, Friedman J N, Hilger N, et al. How does your kindergarten classroom affect your earnings? Evidence from Project STAR [J]. The Quarterly Journal of Economics, 2011, 126 (4): 1593 -1660.

[153] Coe D T, Helpman E. International R&D spillovers [J]. European Economic Review, 1995, 39 (5): 859 -887.

[154] Costa Jr P T, McCrae R R. Four ways five factors are basic [J]. Personality and Individual Differences, 1992, 13 (6): 653 -665.

[155] Costinot A, Rodríguez - Clare A. Trade theory with numbers: Quantifying the consequences of globalization [M] //Handbook of international economics. Elsevier, 2014 (4): 197 -261.

[156] Costinot A, Vogel J. Matching and inequality in the world economy [J]. Journal of Political Economy, 2010, 118 (4): 747 -786.

[157] Cunha F, Heckman J J, Schennach S M. Estimating the technology of cognitive and noncognitive skill formation [J]. Econometrica, 2010, 78 (3): 883 -931.

[158] David H, Dorn D, Hanson G H. The China syndrome: Local labor market effects of import competition in the United States [J]. American Economic Review, 2013, 103 (6): 2121 -2168.

[159] David H, Katz L F, Kearney M S. Trends in US wage inequality: Re - assessing the revisionists [R]. National Bureau of Economic Research, 2005.

[160] David H, Manning A, Smith C L. The contribution of the minimum wage to US wage inequality over three decades: A reassessment [J]. American Economic Journal: Applied Economics, 2016, 8 (1): 58 -99.

[161] David H. Skills, education, and the rise of earnings inequality among the "other 99 percent" [J]. Science, 2014, 344 (6186): 843 -851.

[162] Davis D R, Harrigan J. Good jobs, bad jobs, and trade liberalization [J]. Journal of International Economics, 2011, 84 (1): 26 -36.

[163] Davis D R, Weinstein D E. An account of global factor trade [J]. American Economic Review, 2001, 91 (5): 1423 -1453.

[164] Deming D J. The growing importance of social skills in the labor market [J]. The Quarterly Journal of Economics, 2017, 132 (4): 1593 -1640.

[165] Deming D. Early childhood intervention and life - cycle skill development: Evidence from Head Start [J]. American Economic Journal: Applied Economics, 2009, 1 (3): 111 -134.

[166] Dixit A K, Stiglitz J E. Monopolistic competition and optimum product diversity [J]. The American Economic Review, 1977, 67 (3): 297 -308.

[167] Duncan G J, Magnuson K. Investing in preschool programs [J]. Journal of Economic Perspectives, 2013, 27 (2): 109 -132.

[168] Eaton J, Kortum S. Technology, geography, and trade [J]. Econometrica, 2002, 70 (5): 1741 -1779.

[169] Eeckhout J, Kircher P. Assortative matching with large firms [J]. Econometrica, 2018, 86 (1): 85 -132.

[170] Feenstra R C, Hanson G H. Foreign direct investment and relative wages: Evidence from Mexico's maquiladoras [J]. Journal of International Economics, 1997, 42 (3 -4): 371 -393.

[171] Feenstra R C, Hanson G H. Foreign investment, outsourcing and relative wages [R]. National Bureau of Economic Research, 1995.

[172] Feenstra R C, Hanson G H. Global production sharing and rising inequality: A survey of trade and wages [J]. Handbook of International Trade, 2003 (1): 146 -185.

[173] Feenstra R C, Hanson G H. Productivity measurement and the impact of trade and technology on wages: Estimates for the US, 1972—1990 [R]. National Bureau of Economic Research, 1997.

[174] Feenstra R C, Inklaar R, Timmer M P. The next generation of the Penn World Table [J]. American Economic Review, 2015, 105 (10): 3150 - 3182.

[175] Feenstra R C. Advanced international trade: Theory and evidence [M]. Princeton: Princeton University Press, 2015.

[176] Filmer D, Pritchett L H. Estimating wealth effects without expenditure data - or tears: An application to educational enrollments in states of India [J]. Demography, 2001, 38 (1): 115 - 132.

[177] Findlay R, Kierzkowski H. International trade and human capital: A simple general equilibrium model [J]. Journal of Political Economy, 1983, 91 (6): 957 - 978.

[178] Galle S, Rodríguez - Clare A, Yi M. Slicing the pie: Quantifying the aggregate and distributional effects of trade [R]. National Bureau of Economic Research, 2017.

[179] Garces E, Thomas D, Currie J. Longer - term effects of Head Start [J]. American Economic Review, 2002, 92 (4): 999 - 1012.

[180] Giannetti M, Liao G, Yu X. The brain gain of corporate boards: Evidence from China [J]. The Journal of Finance, 2015, 70 (4): 1629 - 1682.

[181] Goldberg P K, Pavcnik N. Distributional effects of globalization in developing countries [J]. Journal of Economic Literature, 2007, 45 (1): 39 - 82.

[182] Goos M, Manning A, Salomons A. Job polarization in Europe [J]. American Economic Review, 2009, 99 (2): 58 - 63.

[183] Griliches Z. Issues in assessing the contribution of research and development to productivity growth [J]. Bell Journal of Economics, 1979, 10 (1): 92 - 116.

[184] Griliches Z. Market value, R&D, and patents [J]. Economics Letters, 1981, 7 (2): 183 - 187.

[185] Griliches Z. Productivity puzzles and R&D: Another nonexplanation [J]. Journal of Economic Perspectives, 1988, 2 (4): 9 - 21.

[186] Griliches, Z. Patent statistics as economic indicators: A survey [J].

Journal of Economic Literature, 1990, 28 (4): 1661 - 1707.

[187] Griliches, Z. R&D and productivity: The econometric evidence [M]. Chicago: University of Chicago Press, 1998.

[188] Griliches, Z. The search for R&D spillovers [J]. Scandinavian Journal of Economics, 1992 (94): S29 - 47.

[189] Grossman G M, Helpman E, Kircher P. Matching, sorting, and the distributional effects of international trade [J]. Journal of Political Economy, 2017, 125 (1): 224 - 264.

[190] Grossman G M, Helpman E. Growth, trade, and inequality [J]. Econometrica, 2018, 86 (1): 37 - 83.

[191] Grossman G M, Helpman E. Innovation and growth in the global economy [M]. Combridge: MIT Press, 1991.

[192] Grossman G M, Maggi G. Diversity and trade [J]. American Economic Review, 2000, 90 (5): 1255 - 1275.

[193] Grossman G M. Heterogeneous workers and international trade [J]. Review of World Economics, 2013, 149 (2): 211 - 245.

[194] Hall R E, Jones C I. Why do some countries produce so much more output per worker than others? [J]. The Quarterly Journal of Economics, 1999, 114 (1): 83 - 116.

[195] Hanushek E A, Kimko D D. Schooling, labor - force quality, and the growth of nations [J]. American Economic Review, 2000, 90 (5): 1184 - 1208.

[196] Hanushek E A, Woessmann L. How much do educational outcomes matter in OECD countries? [J]. Economic Policy, 2011, 26 (67): 427 - 491.

[197] Hausman J A, Hall B H, Griliches Z. Econometric models for count data with an application to the patents - R&D relationship [J]. Econometrica, 1984, 52 (4): 909 - 938.

[198] Harrigan J, Reshef A. Skill - biased heterogeneous firms, trade liberalization, and the skill premium [R]. National Bureau of Economic Research, 2011.

[199] Heckman J J, Kautz T. Fostering and measuring skills: Interventions that improve character and cognition [R]. National Bureau of Economic Research, 2013.

[200] Heckman J J, Kautz T. Hard evidence on soft skills [J]. Labour Economics, 2012, 19 (4): 451 -464.

[201] Heckman J J, Moon S H, Pinto R, et al. A new cost - benefit and rate of return analysis for the Perry Preschool Program: A summary [R]. National Bureau of Economic Research, 2010.

[202] Heckman J J, Rubinstein Y. The importance of non - cognitive skills: Lessons from the GED testing program [J]. American Economic Review, 2001, 91 (2): 145 -149.

[203] Heineck G, Anger S. The returns to cognitive abilities and personality traits in Germany [J]. Labour Economics, 2010, 17 (3): 535 -546.

[204] Helpman E, Itskhoki O, Muendler M A, et al. Trade and inequality: From theory to estimation [J]. The Review of Economic Studies, 2017, 84 (1): 357 -405.

[205] Helpman E, Itskhoki O, Redding S. Inequality and unemployment in a global economy [J]. Econometrica, 2010, 78 (4): 1239 -1283.

[206] Helpman E. The mystery of economic growth [M]. Cambridge: Harvard University Press, 2009.

[207] Helpman E. Understanding global trade [M]. Cambridge: Harvard University Press, 2011.

[208] Hendricks L. How important is human capital for development? Evidence from immigrant earnings [J]. American Economic Review, 2002, 92 (1): 198 -219.

[209] Hsieh C T, Hurst E, Jones C I, et al. The allocation of talent and U. S. economic growth [R]. National Bureau of Economic Research, 2013.

[210] Hsieh C T, Klenow P J. Misallocation and manufacturing TFP in China

and India [J]. The Quarterly Journal of Economics, 2009, 124 (4): 1403 - 1448.

[211] Hummels D, Jørgensen R, Munch J, et al. The wage effects of offshoring: Evidence from Danish matched worker - firm data [J]. American Economic Review, 2014, 104 (6): 1597 - 1629.

[212] Iranzo S, Peri G. Schooling externalities, technology, and productivity: Theory and evidence from US states [J]. The Review of Economics and Statistics, 2009, 91 (2): 420 - 431.

[213] Jackson C K, Johnson R C, Persico C. The effects of school spending on educational and economic outcomes: Evidence from school finance reforms [J]. The Quarterly Journal of Economics, 2015, 131 (1): 157 - 218.

[214] Jensen A. How much can we boost IQ and scholastic achievement [J]. Harvard Educational Review, 1969, 39 (1): 1 - 123.

[215] Jones B F. The human capital stock: A generalized approach [J]. American Economic Review, 2014, 104 (11): 3752 - 3777.

[216] Jones R W. The structure of simple general equilibrium models [J]. Journal of Political Economy, 1965, 73 (6): 557 - 572.

[217] Katz L F, Murphy K M. Changes in relative wages, 1963 - 1987: supply and demand factors [J]. The Quarterly Journal of Economics, 1992, 107 (1): 35 - 78.

[218] Krueger A B, Lindahl M. Education for growth: why and for whom? [J]. Journal of Economic Literature, 2001, 39 (4): 1101 - 1136.

[219] Krugman P R. Technology, trade and factor prices [J]. Journal of International Economics, 2000, 50 (1): 51 - 71.

[220] Krugman P R. Trade and wages, reconsidered [J]. Brookings Papers on Economic Activity, 2008 (1): 103 - 154.

[221] Krugman P, Cooper R N, Srinivasan T N. Growing world trade: Causes and consequences [J]. Brookings Papers on Economic Activity, 1995 (1): 327 - 377.

[222] Krugman P. Increasing returns and economic geography [J]. Journal of Political Economy, 1991, 99 (3): 483 - 499.

[223] Kuhn P, Weinberger C. Leadership skills and wages [J]. Journal of Labor Economics, 2005, 23 (3): 395 - 436.

[224] Lagakos D, Waugh M E. Selection, agriculture, and cross - country productivity differences [J]. American Economic Review, 2013, 103 (2): 948 - 980.

[225] Lawrence R Z, Slaughter M J, Hall R E, et al. International trade and American wages in the 1980s: Giant sucking sound or small hiccup? [J]. Brookings papers on economic activity: Microeconomics, 1993 (2): 161 - 226.

[226] Leamer E E. What's the use of factor contents? [J]. Journal of International Economics, 2000, 50 (1): 17 - 49.

[227] Lee E. Trade, inequality, and the endogenous sorting of heterogeneous workers [R]. Job Market Paper, 2015.

[228] Li B. Export expansion, skill acquisition and industry specialization: Evidence from China [J]. Journal of International Economics, 2018 (114): 346 - 361.

[229] Lucas Jr R E. On the mechanics of economic development [J]. Journal of Monetary Economics, 1988, 22 (1): 3 - 42.

[230] Ludwig J, Miller D L. Does Head Start improve children's life chances? Evidence from a regression discontinuity design [J]. The Quarterly Journal of Economics, 2007, 122 (1): 159 - 208.

[231] Lundberg S. Non - cognitive skills as human capital [M] //Education, skills, and technical change: Implications for future US GDP growth. Chicago: University of Chicago Press, 2017.

[232] Mankiw N G, Romer D, Weil D N. A contribution to the empirics of economic growth [J]. The Quarterly Journal of Economics, 1992, 107 (2): 407 - 437.

[233] Melitz M J, Redding S J. Heterogeneous firms and trade [M] // Handbook of International Economics. Amsterdam: Elsevier, 2014 (4): 1 – 54.

[234] Melitz M J. The impact of trade on intra – industry reallocations and aggregate industry productivity [J]. Econometrica, 2003, 71 (6): 1695 – 1725.

[235] Moretti E. Workers' education, spillovers, and productivity: evidence from plant – level production functions [J]. American Economic Review, 2004, 94 (3): 656 – 690.

[236] Mueller G, Plug E. Estimating the effect of personality on male and female earnings [J]. ILR Review, 2006, 60 (1): 3 – 22.

[237] Nandi A, Nicoletti C. Explaining personality pay gaps in the UK [J]. Applied Economics, 2014, 46 (26): 3131 – 3150.

[238] Nelson R R, Phelps E S. Investment in humans, technological diffusion, and Economic Growth [J]. The American economic review, 1966, 56 (1/2): 69 – 75.

[239] Nelson R R. The rate and direction of inventive activity: Economic and social factors [M]. Princeton: Princeton University Press, 2015.

[240] Nyhus E K, Pons E. The effects of personality on earnings [J]. Journal of Economic Psychology, 2005, 26 (3): 363 – 384.

[241] Pakes A, Griliches Z. Patents and R&D at the firm level: A first report [J]. Economics Letters, 1980, 5 (4): 377 – 381.

[242] Ohnsorge F, Trefler D. Sorting it out: International trade with heterogeneous workers [J]. Journal of Political Economy, 2007, 115 (5): 868 – 892.

[243] Quah D T. Convergence empirics across economies with (some) capital mobility [J]. Journal of Economic Growth, 1996, 1 (1): 95 – 124.

[244] Redding S J, Sturm D M. The costs of remoteness: Evidence from German division and reunification [J]. American Economic Review, 2008, 98 (5): 1766 – 1797.

[245] Romer P M. Endogenous technological change [J]. Journal of Political

Economy, 1990, 98 (5, Part 2): S71 - S102.

[246] Romer P M. Increasing returns and long - run growth [J]. Journal of Political Economy, 1986, 94 (5): 1002 - 1037.

[247] Romer P M. The origins of endogenous growth [J]. Journal of Economic Perspectives, 1994, 8 (1): 3 - 22.

[248] Romer P M. Two strategies for economic development: Using ideas and producing ideas [J]. The World Bank Economic Review, 1992, 6 (suppl_1): 63 - 91.

[249] Roy A D. Some thoughts on the distribution of earnings [J]. Oxford Economic Papers, 1951, 3 (2): 135 - 146.

[250] Sachs J D, Shatz H J, Deardorff A, et al. Trade and jobs in US manufacturing [J]. Brookings Papers on Economic Activity, 1994 (1): 1 - 84.

[251] Sampson T. Selection into trade and wage inequality [J]. American Economic Journal: Microeconomics, 2014, 6 (3): 157 - 202.

[252] Schmitt D P, Allik J, McCrae R R, et al. The geographic distribution of Big Five personality traits: Patterns and profiles of human self - description across 56 nations [J]. Journal of Cross - cultural Psychology, 2007, 38 (2): 173 - 212.

[253] Schoellman T. Education quality and development accounting [J]. The Review of Economic Studies, 2011, 79 (1): 388 - 417.

[254] Schultz, T. W. Investment in human capital [J]. The American Economic Review, 1961, 51 (1): 1 - 17.

[255] Schultz T W. Capital formation by education [J]. Journal of Political Economy, 1960, 68 (6): 571 - 583.

[256] Schultz, T. W. Reflections on investment in man [J]. The Journal of Political Economy, 1962, 70 (5): 1 - 8.

[257] Schultz, T. W. The economic value of education [M]. New York: Columbia University Press, 1963.

[258] Slaughter M J. What are the results of product - price studies and what can we learn from their differences? [M] //The impact of international trade on

wages. Chicago: University of Chicago Press, 2000: 129 – 169.

[259] Solow R M. A contribution to the theory of economic growth [J]. The Quarterly Journal of Economics, 1956, 70 (1): 65 – 94.

[260] Spence M. Competitive and optimal responses to signals: An analysis of efficiency and distribution [J]. Journal of Economic Theory, 1974, 7 (3): 296 – 332.

[261] Spence M. Product selection, fixed costs, and monopolistic competition [J]. The Review of Economic Studies, 1976, 43 (2): 217 – 235.

[262] Spence M. Signaling in retrospect and the informational structure of markets [J]. American Economic Review, 2002, 92 (3): 434 – 459.

[263] Stolper W F, Samuelson P A. Protection and real wages [J]. The Review of Economic Studies, 1941, 9 (1): 58 – 73.

[264] Swan T W. Economic growth and capital accumulation [J]. Economic Record, 1956, 32 (2): 334 – 361.

[265] Vandenbussche J, Aghion P, Meghir C. Growth, distance to frontier and composition of human capital [J]. Journal of Economic Growth, 2006, 11 (2): 97 – 127.

[266] Verhoogen E. Trade, quality upgrading and wage inequality in the Mexican manufacturing sector: Theory and evidence from an exchange rate shock [J]. The Quarterly Journal of Economics, 2008, 123 (2): 489 – 530.

[267] Webb L D, Metha A, Jordan K F. Foundations of American education [M]. Upper Saddle River: Prentice Hall, 2006.

[268] Willis R J, Rosen S. Education and self – selection [J]. Journal of Political Economy, 1979, 87 (5, Part 2): S7 – S36.

[269] Xiang C, Yeaple S. The production of cognitive and non – cognitive human capital in the global economy [R]. National Bureau of Economic Research, 2018.

[270] Yeaple S R. A simple model of firm heterogeneity, international trade,

and wages [J]. Journal of International Economics, 2005, 65 (1): 1 -20.

[271] Zhao H, Seibert S E. The big five personality dimensions and entrepreneurial status: A meta - analytical review [J]. Journal of Applied Psychology, 2006, 91 (2): 259.

[272] Zhu S C, Trefler D. Trade and inequality in developing countries: A general equilibrium analysis [J]. Journal of International Economics, 2005, 65 (1): 21 -48.